追梦百年
广西物流的峥嵘岁月

追梦百年

广西物流的峥嵘岁月

朱海强 ◎ 编著

华中科技大学出版社
http://press.hust.edu.cn
中国·武汉

内 容 简 介

本书基于广西物资系统协调部门在计划经济时期、计划经济向市场经济过渡时期、社会主义市场经济建设时期等主营业务的开拓、发展、转变、再发展的脉络，选择其间最具代表性的重大事件，描绘广西物流 70 余年的峥嵘岁月，凸显广西物资物流系统在广西社会经济发展进程中的基础性、先导性作用，及其作为独立产业从无到有、从有到优、从优到变的成长发展过程，展示广西物流业"国之大者"之担当，阐述广西物流行业发展的重大事件、重大举措、重大成绩以及事业发展、行业变迁、历史成就等内容。本书以经济建设、企业发展和政策研制领域专家学者的研究成果为依托，以学术性和通俗性相结合为原则，各章节既有顺序化也有并列式的内容，适宜高等职业院校物流专业学生、物流行业从业人员、成人高等学校经管类专业学生等使用。

图书在版编目(CIP)数据

追梦百年：广西物流的峥嵘岁月/朱海强编著. —武汉：华中科技大学出版社，2023.12
ISBN 978-7-5772-0269-3

Ⅰ．①追… Ⅱ．①朱… Ⅲ．①物流-产业发展-概况-广西 Ⅳ．①F259.276.7

中国国家版本馆 CIP 数据核字(2023)第 238094 号

追梦百年：广西物流的峥嵘岁月　　　　　　　　　　　　　　朱海强　编著
Zhuimeng Bainian:Guangxi Wuliu de Zhengrong Suiyue

策划编辑：张馨芳　宋　焱
责任编辑：周　天　宋　焱
封面设计：原色设计
责任校对：张汇娟
责任监印：周治超
出版发行：华中科技大学出版社(中国·武汉)　　电话：(027)81321913
　　　　　武汉市东湖新技术开发区华工科技园　　邮编：430223
录　　排：华中科技大学惠友文印中心
印　　刷：湖北恒泰印务有限公司
开　　本：787mm×1092mm　1/16
印　　张：17.5　插页：2
字　　数：375 千字
版　　次：2023 年 12 月第 1 版第 1 次印刷
定　　价：98.00 元

本书若有印装质量问题，请向出版社营销中心调换
全国免费服务热线：400-6679-118　　竭诚为您服务
版权所有　侵权必究

作者简介

朱海强 男,汉族,广西博白人,博士、教授,正高级经济师,硕士生导师,广西物流职业技术学院党委副书记、院长,研究方向为马克思主义中国化、现代物流、社会治理等。曾任玉林市人民政府副秘书长,玉林市地产集团董事长,广西物流与采购联合会秘书长,广西物资学校校长、党委副书记等。著有《马克思主义城乡融合理论与西部民族地区城乡一体化研究——以广西玉林为例》等多本专著。

前言

从我国物资系统、物流系统的发展历程来看,计划经济时期,国家主要是以行政手段对各种生产资料的购销、储运、使用等进行计划、组织和控制。从实际工作来看,主要是搞好供、产、销平衡,按质、按量、配套、及时、均衡地供应企业所需的各种生产资料,并监督和促进生产部门在生产过程中合理、节约地使用物资。随着经济社会的发展,尤其是改革开放以来,生产资料逐步丰富,物资储备相关部门、物流相关部门原有的职能和任务定位也逐步发生变化,开始创新企业物资管理模式并使其顺应社会生产的发展潮流,在物资的计划、采购、使用、储备等管理环节上也逐渐向现代物流系统转变,其主业、内涵和职能均发生了较大的变化。

本书共分为八章。第一章为"追溯物流行业发展脉络",主要梳理了原始物流活动形态、古代物流思想流变,以及古代和近代物流活动发展,介绍新中国成立以来各个主要时期的物流发展情况,重点阐述改革开放后我国物流发展的主要成绩、广西物流行业的起步与发展历程。第二章为"广西物流头部企业的创建与发展",主要是梳理原广西物资厅(现为广西现代物流集团)的经营模式探索、内部管理建设、业务转型与拓展、经验成果提炼等内容,阐述区域头部企业的经营管理概况。第三章为"广西物流的初心与使命",重点讲述广西物资系统、物流系统在初创、计划经济建设、改革开放恢复、中国特色社会主义进入新时代等时期,如何传承其在国计民生中发挥的基础性、先导性作用,如何发挥改善民生的职能,如何助力不断满足人民对美好生活的需要,肩负起与国同在、与民同行的国有企业担当。第四章为"广西物流人的精神品格",主要阐述广西物流头部企业以及物流行业所传承、发展、凝聚的精神品格,并通过具体的史迹印证广西物流人精神品格形成和彰显的过程。第五章为"物流产业的社会职能",通过介绍区域性重大物资和物流业务,阐述物流头部企业和物流行业企业在经济社会发展中的主要职能、主要任务、主要贡献,以及其在物资计划与调拨、物资供应与流通、保供应促消费、控成本稳物价、应急物资保供等方面发挥的作用。第六章为"广西物流业的基础设施建设",主要介绍广西物流行业在交通基础设施、物流设施布局、通道枢纽建设、开放共享平台建设、冷链物流服务体系建设、国内国际双循环物流通道建设等方面的建设初衷和建设成绩。第七章为"广西物流的峥嵘岁月",主要介绍广西区域经济发展重大布局中各领域的物流建设情况,并通过物流建设情况来彰显物流行业在系列重大经济建设布局中的贡献和担当,包括中国-东盟自由贸易、"一带一路"建设、北部湾经济合作区、泛珠三角经济区、西部陆海新通道、向海经济、西部大开发、水运航运、守护"菜篮子"工程、智慧绿色物流、美丽广西、边境贸易、科技成果、技术服务、支柱产业、传统产业、新兴产业、特色产业等领域。第八章为"物流业发展与建设壮美广西",主要是围绕广西物流业在"十四五"规划中的发展目标,阐述广西加快构建现代物流产业体系的建设思路、建设目标、主要策略等内容。

广西物流行业发展的内容极为丰富,涵盖基础性领域和作为独立产业领域的内容,应写、该写的内容很多,但受作者的能力和水平所限,书中难免存在疏漏之处,敬请读者批评指正。

2023 年 8 月 8 日

目录

第一章 追溯物流行业发展脉络
- 3 第一节 历史上的物流发展
- 13 第二节 新中国成立初期的物流发展
- 18 第三节 社会主义革命和建设时期的物流发展
- 25 第四节 改革开放后的物流发展
- 32 第五节 广西物流行业的起步与发展历程

第二章 广西物流头部企业的创建与发展
- 42 第一节 经营模式探索
- 48 第二节 内部管理建设
- 53 第三节 业务转型与拓展
- 58 第四节 经验成果提炼
- 63 第五节 彰显国企担当

第三章 广西物流的初心与使命
- 70 第一节 践行"为人民服务"
- 76 第二节 满足"美好生活需要"
- 81 第三节 发挥"基础性先导性作用"
- 85 第四节 着力"改善民生"

第四章 广西物流人的精神品格
- 93 第一节 红色精神的忠实继承者和坚定弘扬者
- 95 第二节 源自红色基因的创业激情
- 97 第三节 用心服务社会的担当品格
- 101 第四节 不服输不畏难的顽强意志
- 107 第五节 始终与时俱进的创新活力

第五章 物流产业的社会职能
- 114 第一节 物资计划与调拨
- 119 第二节 物资供应与流通

| 127 | 第三节 | 保供应促消费 |
| 133 | 第四节 | 完善物流配套体系 |

第六章 广西物流业的基础设施建设

139	第一节	交通基础设施建设
141	第二节	物流设施布局
147	第三节	通道枢纽建设
150	第四节	开放共享平台建设
153	第五节	冷链物流服务体系建设
157	第六节	国内国际双循环物流通道建设

第七章 广西物流的峥嵘岁月

162	第一节	东盟贸易中的广西物流业
167	第二节	"一带一路"倡议中的广西物流业
169	第三节	北部湾经济合作区中的广西物流业
174	第四节	泛珠三角经济区中的广西物流业
177	第五节	西部陆海新通道建设中的广西物流业
183	第六节	向海经济发展中的广西物流业
187	第七节	西部大开发中的广西物流业
193	第八节	水运航运发展中的广西物流业
197	第九节	守护"菜篮子"工程中的广西物流业
203	第十节	智慧绿色物流发展中的广西物流业
208	第十一节	建设"美丽中国"中的广西物流业
217	第十二节	"健康中国"中的广西物流业
220	第十三节	国防建设中的广西物流业
225	第十四节	边境贸易发展中的广西物流业
232	第十五节	科技成果开发中的广西物流业
238	第十六节	技术服务发展中的广西物流业
245	第十七节	助力支柱产业发展中的广西物流业
256	第十八节	新兴产业发展中的广西物流业
262	第十九节	特色产业发展中的广西物流业

第八章 物流业发展与建设壮美广西

参考文献

第一章 追溯物流行业发展脉络

第一节 历史上的物流发展
第二节 新中国成立初期的物流发展
第三节 社会主义革命和建设时期的物流发展
第四节 改革开放后的物流发展
第五节 广西物流行业的起步与发展历程

从字面上来理解，物流是指物质实体在空间和时间上的流动，即物质实体的位移。传统物流的内涵，主要是基于位移展开的，包含商品在运输、装卸和储存等方面的活动过程。现代物流是相对于传统物流而言的。依据现代物流的内涵及范围来看，其有七大构成部分，即运输、仓储、包装、搬运装卸、流通加工、配送以及物流信息。依照此构成，本章将自原始社会追溯伴随人类活动的物流活动形态及其发展历程，通过倒追、分析和顺理，诠释物流的形成、丰富和发展。

第一节　历史上的物流发展

一、原始物流活动形态

在旧石器时代，人类主要的生存活动是采摘原生果实、打猎或捕捞鱼蚌。到旧石器时代中晚期，人类生存劳作开始出现以性别、年龄和体质等为区别标准的简单分工，男性以捕猎野兽、捕捞鱼蚌等活动为主，女性以采摘果实、看守住所、加工食物等活动为主。随着劳动协作效率的逐步提高，人们开始将剩余的食物与用品放置在洞穴中保管。进入母系氏族社会后，人类开始实行原始公社制，平均分配劳动产品。群居人类的食物和用品的简单储存、搬卸，演化出物流的最初形态。

随着新石器时代的到来，人类社会出现了三次大分工，每一次都使生产力的发展实现了不同的跨越。第一次社会大分工以畜牧业和农业分离，促使游牧部落从其他部落中分离出来为标志，促进了劳动生产率的提高，引起部落之间的商品交换，为私有制的产生创造了物质前提，也为原始商业的萌芽奠定了基础；第二次社会大分工以手工业逐渐脱离农业、成为一个专门的生产部门为标志，劳动力不断丰富，生产效率进一步提高，从而为手工业多样化奠定了坚实的基础；第三次社会大分工以出现作为商品交换中间人的商人、促进商品经济的发展为标志，使得整个社会生产力水平提高，社会财富不断向少数人集中，贫富差距不断拉大，也为国家的产生奠定了基础。新石器时代的社会分工是物流发展的阶段性标志，氏族社会组织的诞生，特别是父系氏族和部落联盟的发展，促使人类社会出现仓储、管理仓库以及搬运等分工，逐渐丰富了物流作为产业在储存方面的内涵。

随着农业和畜牧业的进一步发展,人类的剩余产品逐渐丰富,在原始社会游牧部落的迁徙运动中,物质的位移频率也逐渐变高,物流活动得到初步发展。之后,原始农业逐渐代替原始畜牧业,农作物、果实、猎物等也需要通过仓储来保存,这为物质位移的发展提供了更为丰富的趋向,也为人类进行持续的规模生产提供了必要的条件,即储存不仅作用于以剩余物品保存为目的的时间上的位移,还为下一步的生产提供了原始积累。象形文字"仓"看起来就像一个粮仓,其中顶部像苫盖,底部像坎穴,古代一些地区仓储与居所样式相似,常为半地穴式,中部是出入的门扇。我们现在的"廪",古字写作"靣",像露天堆积的粮垛,后来在"靣"上加"广"和"示"成为"廪",本指粮仓,后来引申为粮食。这些象形文字的延伸和发展,在相当程度上印证了物流的最初形态和主要内涵。

二、古代物流思想流变

(一)古代物流的储存思想

我国古代以农业立国,历朝历代都十分重视农业发展。各朝代的最高统治者每年都会主持盛大的祭祀活动,祈求风调雨顺。由于国家重视农业发展,所以粮食的仓储也是历朝当政者需要考虑和解决的重要问题。据史料记载,先秦时期,粮食仓储的发展就达到了较高的水平。先秦诸子在论述"仓储"时,便将其提升到国计民生的高度,将其以公权的形式作为国家建制的主要行政工作、民生的重点内容,甚至治国之策。春秋时期齐国宰相管子提出的"仓廪实而知礼节,衣食足而知荣辱",更是印证了仓储与文化建设、社会治理的关联。在两千多年的封建社会中,"仓储"思想得以延续,是治国方略中的主流思想。《礼记·王制》提到的"国无九年之蓄,曰不足;无六年之蓄,曰急;无三年之蓄,曰国非其国也",也是重视仓储的重要体现。古语有云:"粟米常以九月为本。若贵贱不时,以最贱所之月为本。粟以秋得本,贵在来夏;以冬得本,贵在来秋。此收谷远近之期也,早晚以其时差之。"这体现了时间位移产生的价格变化,古代物品的交换利润或产生的时间价值得以彰显。这些古籍中的思想蕴含古代物流储存的保存、民生、文化及经济思想。

(二)古代物流的流通思想

《尚书·益稷》中的"懋迁有无,化居"指出了买卖货物、互通有无,以其所有易其所无的情况。交换是社会化大生产及大分工的必然产物,也是人们生活水平改善和生产力提高的主要渠道。西汉桓宽根据著名的"盐铁会议"记录整理撰写的重要史书《盐铁论》,主要围绕桑弘羊提倡的国营垄断和自由经济等主要议点展开争论,其中第三回合中有云:"是以多者不独衍,少者不独馑。若各居其处,食其食,则是橘柚不鬻,胸卤之盐不出,旃罽不市,而吴、唐之材不用也。"它的意思是:要使资源多的地方不独自富裕,资源少的地方不独自贫乏,如果人们都是各自住在自己的地方,吃自己出产的东西,那么橘子、柚子就没有人卖,盐就运不过来,市场上不会有毡子和毯子,吴、唐地区的竹子和木材也就用不上了。《尚书·益稷》和《盐铁论》的这些观点,体现了古代社会交换、流通与经济社会运转的关联,以及古代物流思想向物品交换、调拨、流通方向的转变。

(三)古代物流的运输思想

交通运输是实现商品大流通、贸易大繁荣的关键因素,是古代物流真正推动经济贸易发展的基础条件。在漫长的原始社会,人类主要依靠身体功能,即手提、头顶、肩挑、背扛等最原始的搬运方式完成物品的运输。随着社会发展,物品交换日益频繁,流通规模迅速增长,交通工具、运输载体、道路等不断完善,出现了"车马""步辇""舟船"等交通工具。在道路布局思想方面,春秋战国时期的《考工记》有云:"匠人营国,方九里,旁三门。国中九经九纬,经涂九轨,左祖右社,面朝后市,市朝一夫。"在交通运输工具方面,商代甲骨文中已有"舟"字,其形状类似于今天的小船,只是只有船头没有船尾。《诗经·卫风·河广》有云:"谁谓河广,一苇杭之。"这也印证了先秦时期已经出现水上交通运输。《礼记·中庸》中有云:"今天下车同轨,书同文,行同伦。"秦灭六国之后,秦始皇陆续颁布了多条律法,以稳固国家统治,他下令将车辆的轮距一律改为六尺,即"车同轨"。这一举措实施的主要原因,是秦朝统一之前,各诸侯割据势力在各地修筑关塞堡垒,这使得各地之间的物流与人员往来受到严重影响,秦始皇下令拆除阻碍交通的关塞、堡垒的同时,还修筑了以咸阳为中心的驰道,以及用以防御北方匈奴侵扰的由咸阳向北延伸的秦直道。这些道路纵横交错,形成了以咸阳为中心的四通八达的道路网络。

三、古代物流活动发展

物流活动和物流工具的发展促进了历朝历代的经济社会发展,物流行业既作为基础条件为其他领域的发展提供了支撑,也作为专门领域不断纵向发展,创造了极为丰富的实践模式。我们可以从几个标志性事件中了解其发展历程。

(一)水路

春秋战国时期,中原各国陆路交通实现了小区域范围的纵横交错。此时,人们将发展的目光投向运力更大、成本更节约、运行更便捷的水上交通。人们利用各大水系如长江、淮河和黄河等天然河道发展水路交通,开凿了胥河、邗沟、菏水、鸿沟、灵渠等人工运河。

天然河道让人们得到了极大的运输通航便利,但也存在着流向流程无法计划的问题,为弥补这一劣势,统治者开始组织开凿人工运河,以促进和发展物流。据清光绪《高淳县志》记载:"胥河,吴王阖闾伐楚,伍员开之,以通松道。"胥河从苏州通到太湖,经宜兴、溧阳、高淳,穿固城湖,在芜湖注入长江,全长100多千米[①],《中国历史大事编年》将胥河和邗沟并列为世界上最早的人工运河。更为世人所熟知的是灵渠,灵渠是秦始皇统一六国后派戍岭南的军队开凿的。相关资料记载,秦军在攻打岭南的过程中,行军及粮饷运输的山路地形复杂、崎岖,军需物资运输困难,导致秦军在与岭南原居民的战争中未能取得较好的进展。为了高效率运输军需粮饷,秦始皇命人在今天的广西兴安县附近修建人工运河,将湘江与漓江连接起来,即灵渠。灵渠的凿通,连通了湘江、漓江,打通了南北水上通道,大批粮草经水路运往岭南,为战争提供了充足的物资供应。灵渠连接了长江和珠江两大水系,构成了遍布华东华南的水运网,对秦王朝加强南北政治、经济、文化的交流,密切各族人民的往来起到了积极作用。

隋唐时期,我国水路交通进入一个新的历史阶段。隋朝贯穿南北的大运河工程,为南北大规模运输提供了便利。大运河是我国古代水路运输的标志性工程,也是中国古代劳动人民创造的一项伟大的水利工程。大运河是世界上最长的运河,也是开凿最早、规模最大的运河。大运河始建于公元前486年,包括隋唐大运河、京杭大运河和浙东大运河三部分,全长2700千米,跨越10多个纬度[②],流经北京、天津、河北、山东、河南、安徽、江苏、浙江8个省份,纵贯中国华北大平原,将海河、黄河、淮河、长江、钱塘江五大水系连成统一的网络,成为我国古代南北交通的大动脉。在古代,河运给人们带来了交通运输的便利,其省力、经济且载重量大,利于东西南北尤其是南北物资流通,对经济、政治和社会的发展起到了极其重要的作用。

(二)漕运

漕运是我国历史上重要的经济措施,也是重要的物流活动,是古代各朝代官方组织管理的一项重要物流举措。用今天的话来说,它是利用水道(河道和海道)调运粮食(主要是公粮)的一种专业运输方式。漕运起源很早,西汉定都长安后,每年需从关东运输大量谷物以满足关中地区贵族、官吏和军队的需求。漕转关中,费用浩大,耗时很长,动员人力也很多,特别是漕船要经过黄河三门峡砥柱之险,粮食损耗很大。隋初粮食除自东向西调运外,还需要从长江流域转漕北上。因此,隋炀帝动员大量人力开凿通济渠,以联结河、淮、江三大水系,形成沟通南北的新的漕运通道,为之后大运河的开凿奠定了基础。此后,唐、宋、元、明、清历代均重视漕运,漕运发展进入新的阶段,各朝逐步梳理、打通了南粮北调所需的网道,建立了漕运仓

---

① 常州市人文保护管理中心.人文史话丨盘点与常州有关的治水名人[EB/OL]. (2020-07-17)[2023-06-15]. http://wglj.changzhou.gov.cn/html/wgxj/2020/efadjfdc_0717/80873.html.

② 杭州省人民政府.大运河[EB/OL]. (2020-12-04)[2022-09-24]. https://www.zj.gov.cn/art/2020/12/4/art_1229441734_229.html.

储制度。大运河的开凿、维护和管理经过历朝历代的丰富和优化后,漕运得以借助水运、海运的便利条件,沟通南北、畅通全国大部分地区,成为各朝代统治者调剂物资、管理社会、保障民生的有力措施。

两千多年来,漕运仓储制度的建立及发展,成为维系各朝代经济发展必不可少的物质基础。虽然南北经济发展的侧重点不同,政权更替后各朝代所选的京畿重地也有所不同,但漕运对各朝代的统治都具有突出的经济、政治和社会意义。漕运的重要作用之一就是南粮北运,漕粮几乎满足了京城所有居住人员的日常食粮需求,有力地支撑着整个中央政府机关的正常运转。同时,漕运也是当朝军事体系的重要物质力量,历代地方驻军的军饷粮饷往来、边境线攻防体系的军粮支撑、征讨地方和征战边境的各种后勤线,都需要以漕运作为强大的物资后盾。

从经济意义来看,以公粮为主的漕粮,其主要的征集地为农业生产发达、经济富庶之地。这些地区漕运业务繁荣,必须进行水利开发,以与当地的生产灌溉形成良性循环,农业水利和粮食生产之间相互促进,对于当地的商品经济发展也起到了极大的推动作用。据记载,自唐宋以来,漕运中开始出现附载私人货物、商品的情况,特别是到了明清时期,统治阶级逐步认同了公私共运的做法,并制定相关政策对其予以规范。清朝时期,政府对于漕运人员附载"土宜"的数量限制不断放宽,从康熙年间允许的60石到雍正年间的100石,之后又增加到每只漕运船只可附载126石[①],南粮北调之后,回空的船只附载北方货品回南方的情况也越发普遍。伴随着每年的大规模漕运活动,南北商品流通得到了有力的加强和促进。另外,漕运对水路主干道沿线城镇的繁荣和发展也有较大的促进作用:一是与当代社会中的高速公路、高铁沿线、地铁沿线、港口城市等区位优势一样,运河开通、漕运发展、运输条件的不断改善,以及漕运附载政策带来的贸易发展和人员往来,促进了城镇发展,漕运沿线的城镇也因此建设、发展起来;二是漕运的繁荣促进了商品经济、商品贸易的发展,并衍生其他小商品贸易,城镇也因此日趋繁荣。明清时期,江浙地区漕运、盐道、织造等南货北调,以及其所带来的贸易机会,对沿线城镇繁盛起到了积极的促进作用。

明朝、清朝鼎盛时期,河运成为官方物流的主要方式。当朝政府设置专门管理部门,采取积极措施,疏通水路、开发运河,至鸦片战争前,基本形成了较为发达的内河航运系统。此外,明清时期的海运也极为发达,明朝的造船业、航海业,是我国历史上海运水运的高峰。

(三) 道路

我国人工开路已有数千年历史。早在新石器晚期,人们就使役牛马驮物送达目的地而形成小道,即驮运道。彼时,人们经常沿着动物的足迹行走,或者以最便

---

① 苏州市粮食局. 中国古代漕运的社会意义[EB/OL]. (2015-05-06)[2023-04-08]. http://lshcbj.suzhou.gov.cn/szlsj/lysh/201505/dfe1ac5bb1d647de8d43325dd0a14561.shtml.

捷、最省力、最经济的线路行走，久而久之便形成了小径。之后，人们结合需要对小径开展功能性改造，形成了各式各样的道路。西周时期，人类已懂得积土成路，并用石灰来稳定土质。近期人们在殷墟发掘中，也发现了碎陶片和砾石铺筑的路面。从周朝到春秋战国时期，道路规模和水平已有了相当大的发展，出现了相对系统的路政管理，道路以城郊划分：城市道路分为经、纬、环、野四种，城中有九经九纬呈棋盘状，南北称经、东西称纬、围城称环、出城称野；郊外道路分为路、道、涂、畛、径五个等级。秦始皇统一六国后，便以咸阳为中心，修建通往全国各地的驰道网，开启了我国真正意义上的"国道"建设。驰道和秦直道的修建，是秦朝规模宏大的筑路工程，对于陆路交通的发展、经济文化的交流，具有重大意义。隋唐时期，全国已经建成了规模庞大的陆上道路工程。唐太宗曾专门发布诏书，要求在全国范围内保持道路畅通，并实施道路保养及路政管理措施，道路建设和管理抵达新高度、新阶段。著名物流领域教授王之泰认为，唐朝时期的道路建设，是在已有的道路基础上做了系统性扩展；以当时我国享誉世界的丝绸为主要商贸、物流对象的丝绸之路，已不仅仅是一条道路，而是由多条道路、多个商贸点形成的商贸、物流网络。之后，宋、元、明、清各朝代，在道路建设和管理方面均有不同的发展推进。

在封建社会的道路发展中，最为人所熟知的便是驿道和驿站管理体系。驿道也被称为古驿道，是沿途设置了驿站的通途大道。驿道和驿站相结合，构成了古代的主要交通系统。据史料记载，驿道最兴盛时，全国共有1639个驿站，专门从事驿站事务工作的人员达2万人。[①] 同时，古驿道在各朝代也是重要的军事设施和官方通信道路，用于运送军需物品、传递政令军令及布政信息。范金民教授认为，元明建成了以现在的北京为中心的驿路交通网，并综合拓展了汉唐以来的陆路交通线，道路系统比隋唐时期更具规模，效率亦更高。另外，宋朝之前，邮和驿是一体的，驿站兼具邮递功能。从宋朝开始，邮和驿正式分开，驿站主要负责接待各级官员，而邮递则专管政府通信。元朝之后，物流交通与服务业务更为繁盛，交通服务带来的经济收入在当时不可小觑。

（四）纲运

纲运是指成批运送大宗货物的物流活动。每批货物以若干车或船为一组，分为若干组，一组称一纲。从纲运的实践结果来看，凡是达到一定规模、一定数量的物资运送，都可以编纲发运，并纳入纲运制度管理对象。纲运兴起于唐朝，唐广德年间，刘晏兼任度支使、盐铁使和转运使，接管漕运。为避免地方藩镇割据势力干扰，也为了降低土匪流寇盗抢等风险，刘晏将漕粮定量编排、编纲装载、编纲运发。宋朝之后，纲运又有了一个大的发展和普及，宋朝和元朝时期的盐运，采取的就是

---

① 李虎.驿站史话[N].陕西交通报，2019-10-29(1).

纲运制度。同时,宋朝的纲运较之于唐朝,在物资的选定和路径选择上都有了较大的拓展,尤其是编纲运发物资的范围从漕粮拓展到马纲、香药纲、盐纲等,运输渠道也从水路拓展到了陆路。另外,宋朝在纲运方面还探索出一套完整的管理体系,在管理机构、管理人员、编纲对象、纲运组织等方面都形成了一套较为成熟的制度,将纲运的发展推向了一个新阶段、新境界。《水浒传》中"智取生辰纲"的故事情节就描述了纲运这种物流方式,类似的纲运还有花石纲,但以生辰纲最为普遍,这是宋朝纲运制度的一个特点。

(五) 丝绸之路

西汉时期,汉武帝派张骞出使西域,开辟了以长安(今西安)为起点,经甘肃、新疆,到中亚、西亚,并连接地中海各国的陆上通道。其实早在先秦时期,连接东西方国家的通道就已经存在,但中国特产丝绸正式西传则是从张骞出使西域开始的。当时,丝绸的输出源、输出目的地、输出路线都非常清楚,有史可依、有据可查,输出的数量也非常庞大,可以说,东西方的丝绸贸易是有计划、有组织的贸易活动。海上丝绸之路也形成于秦汉时期,顾名思义,海上丝绸之路的主战场在海上,从中国出发向西航行的南海航线是海上丝绸之路的主线。与此同时,还有一条由中国向东到达朝鲜半岛和日本列岛的东海航线,其在海上丝绸之路中占次要地位。宋朝以后,随着中国南部区域的进一步开发、发展,国家的经济重心逐渐南移,从广州、杭州、泉州等地出发的海上航运日益增多,航线越来越长,从南洋到阿拉伯海,最远抵达非洲东海岸,人们把这些海上贸易往来的航线,称为"海上丝绸之路"。

丝绸之路是我国古代形成的连接东西方的物流网络,包括陆上和海上两个大通道。王之泰教授认为,"丝绸之路"是外国人起的名字,并非科学、准确的名称,让很多人误以为它是中国古代一条能够通行骆驼、最多能够通行车马的小路,或者是只进行类似丝绸等轻薄物资的贸易和运输的道路,实际上,它是由不同地区的若干条陆上和海上线路及其扩散线路、辐射道路相互连接而形成的物流网络,是一个以中国为中心、沟通东西方的物流平台。从物流的角度来看,丝及丝制品主要产自中原内地,以丝绸为主要货品与西域、中亚地区进行的贸易,实际是我国中原地区的对外贸易,也就是一种国际物流。丝绸之路有力地促进了东西方的经济文化交流,对汉朝的兴盛发挥了积极的作用,也极大地促进了商品大流通,率先实现了东西方商贸互通和经济往来,开创性地打通了东西方大通道,构建起世界交通网络,对于古代物流尤其是国际物流来说,具有划时代意义。

(六) 郑和下西洋

明代初期,开国皇帝朱元璋励精图治,当时的农业、手工业、矿冶、纺织、陶瓷、造纸、印刷等各方面都实现了较大的发展。海船建造在元末时期就有坚实的基础,到了明朝,尤其是明成祖朱棣继位之后,海船建造规模和技术得到进一步提升,由政府主导的造船官厂规模空前。除南京龙江宝船厂外,江苏其他一些区域也设有造船官厂,这为郑和下西洋打下了坚实的经济基础和技术条件。在外交方面,朱元璋积极发展藩国邦交,采取和平外交政策;在造船技术方面,经过唐、宋、元三个朝代的发展,明朝无论是船型设计、排水量、载客量,还是船上设施设备等,都足以支持远航;在航海技术方面,明朝已经可以把航海天文定位和导航罗盘方向定位结合,提高了方位测定和航向的精准度,达到了当时天文导航的世界先进水平。这些背景和基础,都为郑和下西洋提供了可行性和必要条件。关于郑和下西洋事件的起因,众说纷纭,从实际造成的影响和对经济发展的推动作用来说,郑和七次下西洋和张骞通西域,都是大规模的国际物流活动,为中国打开了更为广阔的天地,极大地推动了经济贸易的发展,提升了商贸流通规模。从国家层面来说,郑和七次下西洋,在外交和军事上,向外界展示了明朝的强大国力,建立了非霸权的强国国际政治体系,拓展了当时海外各国的朝贡规模。在经济上,郑和七次下西洋开拓了海外贸易,改进了国内的生产技术,尤其是新的工艺产品、原料和技术,极大地促进了国内手工业的发展。在文化上,郑和七次下西洋加强了中外文化交流,催生了介绍航海沿岸国家、地区情况的地理著作以及航海图。虽然这次的大型国际物流活动,起初的目的或许并非进行贸易发展,而是出于一定的政治需要,但是在实际发展中,其带来了切实的积极影响,也逐渐发挥了贸易方面(尤其针对大宗的货物运输)的功能。

四、近代物流活动发展

(一)近代物流制度变化

1840年,鸦片战争打破了清朝闭关锁国的局面,清政府开始割地、赔款、商定关税,严重损害中国主权,中国开始沦为半殖民地半封建社会,丧失独立自主的地位,同时传统小农经济逐渐解体。鸦片战争揭开了近代中国人民反抗外来侵略的历史新篇章,无数仁人志士前赴后继、救亡图存,拉开了革命的序幕,社会制度层面的变迁对中国经济和物流的发展产生了巨大的影响。

清政府签订的一系列不平等条约,基本都是割地赔款、开通通商口岸。据不完全统计,从1842年《南京条约》开放广州、厦门、福州、宁波、上海为通商口岸到20世纪30年代,中国通过签订条约形式被迫开放的口岸和自行开放的口岸达到104个,再加上胶州湾、旅顺口和大连湾、威海卫、广州湾等4个租借地和香港、澳门2块殖民地,可供通商贸易的口岸达到了110个。[①] 除了山西、贵州、陕西、青海、宁夏

---

① 吴松弟.港口—腹地和中国现代化空间进程研究概说[J].浙江学刊,2006(5):25-35.

等少数省份,中国绝大部分省份都有多个通商口岸。吴松弟教授认为,尽管各个通商口岸都在现代化进程中扮演了重要的角色,但就全国而言,最重要的还是分布在沿海、沿长江的口岸,特别是沿海口岸。五口通商后,清王朝的关税及税率制定权被西方列强控制,对物流的最大影响便是西方商品倾销中国,中国国内工商业受到极大冲击。自此,商品贸易日益活跃,极大地促进了物流活动以及物流网络的形成,全国各地通过通商口岸与西方国家往来贸易的规模日渐扩大,中国逐步朝着现代化方向迈进。

辛亥革命之后,民国政府出台了一系列政治经济制度方面的措施,比如减免企业税费、鼓励自由竞争、扶持工商企业发展等,这是中国近代史上第二次重要的制度变迁,在政治和经济层面不同程度地促进了国内工商业的发展。从鸦片战争到新中国成立前,物流的自然地理环境、政治制度环境以及经济发展环境等,都经历了巨大的变迁,物流发展到了全新的高度,对中国近代物流发展有着极其重要的意义。

(二)近代造船技术发展

说到1840年之后的技术强国,我们就不得不提洋务运动中造船技术的提升,主要表现在以下几点:一是传统帆船技术的进步;二是轮船技术的学习与引进;三是自制轮船技术的实践革新。洋务运动的核心主张是"师夷长技以制夷",这个时期清政府以官方形式积极组织人们学习西方工业技术。1861年曾国藩创立的安庆内军械所是中国近代机械工业的开端。该军械所在1865年成功自主设计建造了中国第一艘蒸汽机明轮船"黄鹄号",该船试航于扬子江,在不到14小时内逆流行驶了225里,时速约16里,而返回时顺流仅用了8小时,时速约28里[①],它的建造揭开了中国近代船舶工业发展的帷幕。自此之后,李鸿章主持创办的江南制造总局和左宗棠主持创办的福州船政局相继研发和制造了各式各样的轮船,大大地提高了近代造船技术。辛亥革命之后,中国的自主造船能力和技术进一步提高,从"官府号""天朝号""东方号"到"国泰号"(一说为"震旦号"),中国的现代造船技术从无到有,为航运的发展提供了新的技术支持。

(三)近代铁路的兴起

自1825年英国建成世界上第一条铁路之后,短短十余年里,世界各国加快了对铁路建设的探索并产出了一系列成果。中国"开眼看世界"的知识分子先驱也对铁路做了多次介绍。林则徐在《四洲志》中提到美国的"火烟车陆运货物,每点钟可行二三十里,穿凿山岭,砌成坦途",洪仁玕在《资政新篇》中首次提出在中国建设铁路的主张。1876年,上海怡和洋行英商在未征得清政府同意的情况下,采取欺骗

---

① 何国卫.早于西方千年的中国车轮舟[EB/OL].(2019-07-08)[2022-10-12].http://www.zgsyb.com/news.html?aid=500488.

手段在上海擅筑,擅自修建了淞沪铁路(从吴淞到上海),于1876年7月建成通车。1879年,唐廷枢向李鸿章申请修建唐山到北塘的运煤铁路,获得李鸿章支持,但李鸿章奏请时遭到顽固的王公大臣的群起攻击。面对强大的守旧势力,清政府的当权者撤销了原议,决定将铁路缩短,仅修唐山至胥各庄一段。该铁路于1881年建成通车,解决了开平煤矿的运输问题,大大地降低了开平煤矿的物流成本和运输时间,开平煤矿的原煤得以运往中国各地乃至国外,这是近代物流史的标志性事件。自唐胥铁路建成通车到辛亥革命之前,中国修建的铁路共约9100千米,到1949年,全国建成的铁路共22000多千米。①

铁路的建设给近代中国的经济、政治和文化带来巨大的冲击,对近代物流的发展更具有划时代意义:首先,铁路的建成为物流的发展提供了新的载体和平台,打破了以往只有陆路(公路)和水路两种运输渠道的局面;其次,火车的运用和铁路发展,改变了以往只能通过人力、牲畜进行陆路物品流通的局面,打破了古代传统陆路运输的格局;最后,铁路和火车的出现使物流变得更为便捷,尤其是大规模运输,直接推动了传统物流向近代物流发展的进程。

(四)近代公路运输

如前文所述,中国历朝历代都致力于修建贯穿各地的道路,它们是在古代交通运输中占比最大的渠道。道路运输以人力车、畜力车和驮运为主。鸦片战争之后,随着国内外贸易活动日渐频繁,古代的运输体系已不能满足经济社会发展的需求,近代公路运输体系建设由此开端。1901年,中国从国外引进第一辆汽车,1906年清政府在广西修筑了从龙州至镇南关(今友谊关)长约50千米的第一条公路,正式拉开了我国近代运输体系构建的序幕。晚清时期、北洋政府时期、国民政府时期、抗日战争时期及解放战争时期,我国在半殖民地半封建状态下开展了长期的对内对外战争,公路边建边毁,截至新中国成立前期,全国通车里程为75000千米(在抗日战争时期约为13万千米,但在解放战争时期遭到国民党部队的严重破坏)。② 近代公路建设与汽车的发展运用,对于物流发展具有极大的推动作用,具体表现为以下几点:一是公路运输具有速度快、灵活性强、便利性强、受环境影响小等特点,因而成为短途运输的最佳选择,尤其是对于水运不发达以及铁路未通车的区域而言,公路运输凭借其可行性和灵活性,为当地的贸易往来提供了极高的便利性和支撑性;二是公路运输较之于水运、铁运,运输效率更高,尤其是在一些特殊商品运输领域极具竞争力,如生鲜果蔬等;三是公路运输是除天然形成的水路运输之外,建造和运营成本最小的运输方式,是商品经济发展中的兜底选择。

---

① 苗秋林.中国铁路运输[M].北京:中国铁道出版社,1994.
② 魏励勇.新中国建国初期的汽车进口[J].上海汽车,2002(5):42-43.

第二节　新中国成立初期的物流发展

一、新中国成立初期的政治经济环境

（一）政权上面临破坏

新中国成立初期，巩固人民政权是摆在全国人民面前的首要任务。巩固新生政权，一是要彻底清除国民党败退台湾时残留在大陆的各种反革命分子以及潜伏的特务；二是要彻底清剿各地区尤其是西部地区的土匪流寇。届时，新中国面临着国民党残余潜伏势力的不断破坏和干扰，他们在经济上抢夺物资、破坏设施设备，在政治上煽动土匪流寇、游说各区国民党残部，在社会稳定上进行放火、暗杀或窃取国家机密等破坏性活动，严重阻碍新中国建设。据统计，仅1950年一年时间内，全国发生的企图颠覆人民政权的武装暴动就有800余次，全国4万多干部群众被土匪或特务杀害。这严重威胁人民的生命财产安全，严重干扰经济社会发展，是新中国成立初期，人民最期盼解决的重点问题。另外，妄图称霸全球的美国，在其"扶蒋反共"政策失败后，依旧不放弃与新中国、中国人民为敌的立场，不仅不承认新中国，还想尽一切办法阻挠其他国家承认新中国、与新中国结交，竭力阻挠中华人民共和国恢复在联合国的合法席位，对新中国实行政治孤立，这也是新中国在政权稳固方面面临的严峻考验。

（二）军事上面临围困

开国大典之后，全国范围内的解放战争并没有完全结束，国内还有一些地区尚

未彻底解放。渡江战役之前，国民党还有100多万军队在长江以南尤其是西南、华南地区负隅顽抗，在国民党的主力部队被扫除出大陆地区之后，还有一些残余势力在国内不断地进行破坏性活动。就在中国人民展开新中国建设之际，与我国东北相邻的朝鲜半岛，爆发了第二次世界大战后一场影响全球的战争。以美国为首的所谓"联合国军"，不顾中国的一再警告和反对，越过三八线，把战火烧到了中朝边境，美国多次派军机侵入我国东北和山东，美国军机还多次轰炸丹东地区，企图在我国东北端围困和挑衅新中国政权，严重威胁祖国的安全。1958年，美国海军第七舰队硬闯台湾海峡，明目张胆地干涉中国内政，在我国的东南端围困和挑衅新中国政权。

（三）经济上面临封锁

经济上，新中国继承的是一个千疮百孔、一贫如洗的中华大地。历经3年多的解放战争，新中国的社会经济状况比1945年抗日战争取得胜利后更为糟糕。全国的基础设施遭到大规模破坏，生产设备和生产原材料极其短缺，生产活动严重萎缩，工业、农业生产遭到严重破坏，尤其是之前国民党统治的区域，长期的恶性通货膨胀造成物价飞涨、投机猖獗。蒋介石败退台湾前夕，运走了大量的黄金储备，并且将不能带走的、利于新中国恢复经济运行的物资物产销毁炸毁，导致建国之初新中国国库空虚，财政收入极其困难，新生政权面临极为严峻的经济困境。

二、稳定国民经济中的物流发展

从国民经济恢复运行和发展的角度来说，新中国成立之后，最为紧迫的任务之一便是克服极其困难的财政经济状况，应对通货膨胀，稳定金融和物价，将社会生产和物品流通恢复到正常水平。为此，中国共产党组织带领人民，开展了新中国成立前后的经济大战，以稳定经济、稳定社会、稳定民心。

（一）集中抛售中的物流担当

新中国成立前期，党中央已领导人民开展了一次遏制全面涨价的斗争，物流在其中扮演了重要角色。1949年4月，全国各地尤其是平津等地出现了大范围的物价波动。当时渡江战役即将打响，需要大量的军需物资，一些不法商家趁机哄抬物价，囤积货物，严重影响国计民生。在党中央的坚强领导下，中央财政经济委员会迅速从东北、山东等地区调拨大量粮食到天津，并根据价格涨跌适时投放市场，稳定物价，对同样出现价格波动的日用百货、山货等物资也采取同样的做法，以集中抛售应对市场出现的涨价风潮。同时，中央财政经济委员会及时出台折实储蓄业务，大量吸收游资，稳定银根，确保物价稳定，迅速平息涨价风波。在此次应对物价波动的过程中，我党采用金融手段和物流调控手段相结合的方法，为"银元之战"的胜利打下了基础。

(二)"银元之战"中的物流担当

"银元之战"是中国共产党从经济战线上巩固新生人民政权的斗争,是改善人民生活、将人民从通货膨胀的苦难中解救出来的斗争,是无产阶级与资产阶级之间的斗争。1948年8—11月,国民政府也曾针对上海物价波动的问题,指派蒋经国赴上海执行财政经济紧急措施,打击巨商、大官僚以稳定经济,但这个活动最终是半途而废,未取得明显成效。1949年6月,上海再一次出现物价波动,并迅速蔓延至全国各地,这次波动比同年4月份更为严重。上海作为全国经济重镇,其物价是否稳定关系重大,可以直接影响全国经济稳定。当时虽然上海已经解放,但是华东、华南和西南地区正处解放战争用兵之时,加上国内部分区域发生了暴雨、台风等自然灾害,军需物品和赈灾物品都急需补充。然而此时,投机资本又一次哄抬物价、囤积期货,引发粮食价格暴涨。上海的旧经济势力利用人们长期以来形成的担心钞票贬值的心理,掀起了银元投机之风,一时间经济战线硝烟弥漫。针对这种情况,当时担任中央财政经济委员会主任的陈云同志起草了《中共中央关于打击银元使人民币占领阵地的指示》,该指示在分析了大军渡江、南京国民党政府完全垮台后新解放区金融问题的新情况后指出,对待银元的斗争,除政治手段外,还须陆续采取许多经济步骤:明令铁路交通事业及市政公用事业,一律收人民币;税收一律征收人民币;以地方为单位,首先是上海酌发实物公债等。① 在政治手段、经济手段和宣传攻势的配合下,"银元之战"取得了初步胜利。

(三)纱布之战中的物流担当

在"银元之战"中受挫的资本投机者迅速转向大米、棉纱、煤炭等商品领域,同样试图以囤积货物、哄抬物价、扰乱市场的方式控制上海经济。纱布之战的起因,还是全国范围内出现的物价波动,在刚刚结束了"银元之战"后,投机者将投注重点放在了政府收购的纱布上。与银元不同,纱布是上海重要的实业,无法运用"银元之战"的措施来应对,为此,中国共产党采用集结物资、增加供应、集中抛售的方式稳定物价,举全国之力解决"主战场"问题。

在这次经济斗争中,物流的职能和作用再一次彰显。中国共产党迅速将棉花和纱布从全国各个集聚地、生产地调拨至全国经济重镇,如上海、西安、北京、天津、沈阳、武汉等,同时采取贸易停止交易、贷款停止放款等手段紧缩通货、抓紧税收,待时机成熟时集中抛售纱布。抛售之初,投机商大量高价购入,甚至通过高利贷来筹款囤货,但纱布供应仍源源不断,并且价格不断走低,投机商缺乏组织,而且资金财力也不足以与国家抗衡,在这个过程中,一部分投机商扛不住压力开始抛售手上

---

① 吴振兴.陈云领导经济战线上的"淮海战役"[EB/OL].(2016-01-27)[2023-02-25].http://dangshi.people.com.cn/n1/2016/0127/c85037-28089982.html.

囤积的纱布，最终投机商整体溃不成军，只得恳求政府回购纱布。经过此战，投机商元气大伤，几近被歼。此次的纱布之战，中国共产党如"集中优势兵力打歼灭战"一样，迅速稳定了纱布价格，其他货物的价格也随之稳定。在这期间，物资囤积、调拨、供应，稳定物价、保障民生等职能，都是新中国成立伊始物流的红色印迹。

（四）"米粮之战"中的物流担当

1949年秋，在纱布之战取得大捷之际，华北主粮区遭遇自然灾害，粮食歉收，使得原本就捉襟见肘的粮食储备形势更加严峻。尤其是作为经济中心的上海，粮食的供应甚至支撑不了人们一个月的需求，全国各地尤其是大城市也面临着同样的问题。这一情况又一次引发了虽元气大伤但居心不死的投机商人的投机倒把活动，他们囤积大量的粮食，集中能动用的财力，准备进行新一轮的反扑。

1949年12月12日，财政部召开第一次全国粮食会议，拟定了1950年公粮调度计划，对全国范围内粮食的统一调度进行具体部署。在陈云同志的具体安排下，在两个月时间内，中央人民政府从东北、内蒙古、中南、四川等地调拨粮食运往北京、天津、上海等地，并迅速从国外增购大米，同时在上海部署了"三道防线"：一是从杭州、嘉兴、苏州、无锡等地调拨存粮；二是继续从周边省份如浙江、江苏等地调拨运粮；三是扩大范围，从华中、四川、东北等地继续组织抢运。"三道防线"在时间供应和空间支持方面都足以周转一年以上，同时，北京、天津、武汉等地的粮食也得到了足够的支援和补充。这次"米粮之战"的结果是投机商万万没有想到的：一是没有想到中央有如此强大的物资采购和调拨能力；二是没有想到中央对稳定上海等大城市物价的决心如此强大；三是低估了国家粮食储备的规模和实力。结果跟纱布大战一样，投机商想在粮食上大捞一把，想尽一切办法大量囤积粮食，坐等价格上涨，但结果适得其反，在他们原计划粮食储备与供应"到期"见底的时间点，粮食价格非但没有上涨，反而持续下跌。上海通过设立大量的国营店持续抛售粮食、压低价格，使得投机者在亏本的情况下抛售粮食、元气触底。在此次"米粮之战"中，物流的红色功能得到进一步彰显，尤其体现了大量物资的采购、储备、调拨能力，以及通过物资调拨和流通等手段发挥的预防恶性通货膨胀的作用，是新中国成立后在经济领域赢得的最为精彩的一战。

（五）统一全国财经中的物流担当

新中国成立初期，党和人民在上海三次经济大战中取得大捷，各地各项基础设施逐渐恢复或者开展建设，铁路、公路、水路逐步恢复，空运也即将开展，稳定和发展国家经济、统一财政成为大势所趋。1950年2月13日至25日，中央财政经济委员会在北京召开新中国成立后的第一次全国财经会议，会议决定节约支出，整顿收入，统一管理全国财政经济工作，以实现国家财政收支平衡、物资供求平衡和金融物价稳定。1950年3月3日，政务院做出《关于统一国家财政经济工作的决定》，该决定主要内容为：统一全国财政收入，使国家收入的主要部分集中到中央，用于国家的必要开支；统一全国物资调度，使国家掌握的重要物资从分散状态集中起来，合理使用，以调剂余缺；统一全国现金管理，一切军政机关和公营企业的现金，除留若干近期使用者外，一律存入国家银行，资金的往来使用转账支票经人民银行结算。这个决定建构了以集中统一为基础的财经管理体制的雏形。

根据上述决定，1950年3月，政务院颁布了《关于全国仓库物资清理调配的决定》，这是国家为合理使用国家资财、克服囤积浪费现象所采取的措施；同时这次会议还决定成立全国仓库物资清理调配委员会。清查出的所有物资器材，统归全国仓库物资清理调配委员会，商请中央财政经济委员会或中央人民政府人民革命军事委员会统一调配，各地国营贸易机关的业务范围与物资调动由中央人民政府贸易部统一指挥，逐步建立起全国财政经济由中央统一管理、高度集中的经济管理体制。

第三节 社会主义革命和建设时期的物流发展

一、国民经济恢复时期(1949—1952年)

随着建国初期经济战线物价稳定战的胜利,以及全国各区域的逐步解放,部分工业和农业的生产、交通运输逐步恢复,各行业百废待兴,逐渐进入正轨。出于物流业务的需要,全国各地开始修建仓库、集中调配房屋或租用民房来储存商品物资。在陆路运输方面,各地开始购置车辆、完善物资调配基础设施,各级机关和企事业单位逐步成立储运部、汽车队等。一些人口规模较大的省份成立了仓储公司、储运公司等,但在全国范围来看,物流行业在当时尚未形成较大规模,进行的还是传统的储运活动,主要是物资运送、保管、装卸等活动。总的来说,经济发展还在恢复期,工农业生产水平还比较低,物流业的发展尚处于萌芽阶段。

从中央层面来看,中央人民政府在此期间针对物流及相关领域做出的一系列措施主要是应对建国初期连续发生的物价大波动,稳定经济。建国初期,我国除了面对"一穷二白"、百废待兴的境况之外,还要面对朝鲜战争爆发后西方敌对势力对我国的经济封锁和禁运,这时候市场上各种物品价格持续波动,商品物资紧缺。面对军需扩大、政治动荡、经济封锁、物资禁运、外交"一边倒"、市场不稳定等严峻形势,中央人民政府主要就以下问题展开梳理,并推行一系列措施。

(一)恢复并初步建设物流网络

恢复和发展交通事业,是建国初期我党进行经济建设的重点任务之一。该时期主要是恢复铁路交通,畅通原有的铁路网络,并针对原有的水陆交通进行统筹管理,初步构成铁路、公路和水路结合的交通运输体系。成渝铁路就是新中国铁路建设的一个缩影。新中国成立之初,重庆百废待兴,面对交通梗阻、工厂难以开工和工人失业等问题,主政西南的邓小平做出一项重大决定,向中央反映四川人民的心声——"以修建成渝铁路为先行,带动百业发展"。中央批准后,成渝铁路于1950年6月15日正式开工。虽然没有大型机械化设备,施工条件极端艰苦,路料运力极为匮乏,但3万军工和10万民工在中央人民政府和全国人民的支持下,坚持"依靠群众,群策群力,就地取材,修好铁路"的方针,仅用两年时间便建成全长505.06千米的成渝铁路。成渝铁路建成通车后,西南地区又先后修建了川黔、黔桂、贵昆、成昆、湘黔、枝柳等铁路,使四川与全国各省份连为一体。同一时期,全国各地的水路、公路和铁路逐步形成物流运输体系。

(二)调整过渡时期的流通格局

新中国成立之初,党通过打击投机资本、稳定物价、统一全国财经工作等举措,使得国民经济逐步恢复,社会秩序逐渐好转,国营经济领导地位日渐巩固。但是,在社会经济结构新旧转换的过程中,我国私营工商业出现了不可避免的阵痛,生产经营面临严重困难,商品生产及其流通也遇到巨大挑战。党的七届三中全会针对此种情况,对工商业做出调整,在巩固和强化国营经济领导地位的前提下,采取了一系列措施,如建立以国营商业为主体,合作商业为辅,个体经济、民族资本主义经济、国家资本主义经济并存的流通格局。1950年至1952年底,全国性的国营商业专业公司达到28个,确立了国营商业在市场上的领导地位,同时,私营商业增加28万户,极大地缓解了商品供应短缺的困难局面。[①]

(三)实行高度集中统一的流通管理体制

新中国成立后,中央人民政府根据需要设置的首批部门中,就有中央人民政府贸易部(已于1952年撤销),其主要职权之一就是集中统一管理和调度全国国营贸易资金和存货,对国内外贸易实行统一计划、统一经营、统一管理,实行高度集中统一的流通管理措施。从1950年2月开始,在原有各大行政区和省(自治区、直辖市)一级贸易公司及没收的官僚资本主义企业基础上,中央人民政府先后建立了盐业、粮食、油脂、百货、花纱布、煤建、土产、石油、工业器材、畜产、矿产、进口、进出口等13个专业公司,其中畜产公司由原皮毛、猪鬃、蛋品等3个公司合并而成。这13个专业公司在中央人民政府贸易部的统一领导下开展工作,分别经营国内商业和对外贸易。各个专业公司根据其具体业务需要,在省、专区、市、县分别设立各级分

---

① 人民咨讯.计划经济时期流通业在缓慢恢复中发展[EB/OL].(2021-05-11)[2023-04-07].https://baijiahao.baidu.com/s?id=1699428250719258488&wfr=spider&for=pc.

支机构,由各全国总公司统一管理、统一经营,并在全国范围内施行统一核算。1950年7月,中华全国合作社工作者第一届代表会议正式召开,成立了中华全国合作社联合总社,统一领导和管理全国的供销、消费、信用、生产、渔业和手工业合作社。至此,全国范围内自上而下形成了一个完善的组织系统,成为国营商业的重要推动力和重要组成部分。

(四)突破西方国家经济封锁和禁运

朝鲜战争爆发后,以美国为首的西方资本主义国家在经济上对我国实行全面封锁和禁运。中国政府坚持独立自主的原则,采取一系列有力措施,有针对性地开展反对帝国主义封锁、禁运的斗争。如,积极拓展与社会主义阵营国家的贸易,尤其是加强与苏联的贸易往来,为我国巩固新生政权、冲破经济封锁打下了基础。另外,中国政府打开了与毗邻的东南亚国家的贸易缺口,争取到一部分军需物资、战备物资以及其他重要且紧缺的物资。当时港澳工委设立的香港华润公司、澳门南光公司,积极组织货源,众多港澳爱国企业家不避风险,鼎力相助,内地建设所需大量物资,包括中国人民志愿军在朝鲜前线急需的药品、油料、轮胎等"禁运"物资,被秘密运往内地,而内地出口的货物主要是农副产品,也大都通过香港转口。此外,我国还大力加强与其他西方国家的民间贸易往来,为冲破经济封锁和禁运增加了补充性的措施,并取得了较好的效果。在开展一系列对外贸易活动的过程中,我国的内部管理机构和进出口经营等机制体制也逐步丰富,最终形成了适合我国国情的对外贸易管理方式。

二、计划经济时期(1953—1978年)

新中国成立后,我国逐步走上计划经济体制轨道。计划经济即指令性经济、命令经济,是政府来做出所有关于生产和分配决策的经济,是对生产、资源分配和产品消费事先进行计划的体制,是高度集中、实现高效率的社会经济体系。在计划经济中,政府拥有相当大部分的生产资料(土地和资本),也拥有大多数行业企业,并指导其生产经营;政府成为大多数工人的雇主,告诉他们如何工作;政府决定社会的产出如何在不同的物品与劳务之间进行分配。在计划经济时期,我国的物流随着国民经济的发展而发展,也在国民经济的恢复、稳定、发展中巩固了"红色"底色。

(一)重要物资统一调配

在"一五"时期,我国初步建立起国家统一管理重要物资(如重要设备、燃料、原材料以及其他重要的生产资料等)、以计划调拨为主的物资供应管理制度。在这种统一调配的模式下,重要物资由计划部门统一分配,再由物资部门调拨供应,保障了计划经济模式下国民经济的恢复和发展,保障了社会主义革命时期国家经济计划的顺利完成。

计划经济模式下实施的统一调配,在物资管理方面是以计划性的分配、调拨、供应替代市场自由流通。这一时期,国家在物资管理链上实行三级管理:一级物资由国家统一分配,即统配物资,也就是重要物资;二级物资由各部(委)主管分配,即部管物资;三级物资由各省、自治区、直辖市进行平衡分配,即地管物资。地管物资的调配和产销主要是在当地,而统配物资和部管物资则需要远途调拨、跨区域调拨,涉及大宗物流运转。第一个五年计划确定之后,国家开始进行大规模的经济建设。早在1950年10月,国家就将煤炭、钢材、水泥、机床等8种物资确定为关乎国计民生的重要物资,"一五"时期,这种重要物质的数量增加到55种。1952年11月,国家计划委员会成立。次年5月,原属中央财政经济委员会的国家物资分配局划归国家计划委员会,负责编制物资平衡计划和物资分配计划,此后拓展出物资分配综合计划协调、重工业产品分配、燃料电力分配、机电设备分配等职能。中央各个方面的计划管理,主要是通过设置销售局、供应局或供销局等方式予以实施。在物资销售机构方面,中央人民政府重点设置了12个工业部,如冶金、煤炭、石油、化工、建材、一机、二机、机电、森林等;建立起销售体系,只负责部管物资销售,有纺织、轻工和食品工业部。在物资供应方面,凡是被列为物资申请部门的,基本都会设置物资供应机构,除了负责直属企业的物资供应之外,还负责仓储周转物资。

(二)物资协作发展

物资协作是地区之间、部门之间、企业之间在自愿互利的基础上调剂余缺的物资交换方式,也指国内有组织的换货贸易。高度集中的物资管理计划无法满足各区域、各行业或各层级在经济发展过程中对生产物资的灵活需求,一些区域和部门便通过计划外的渠道寻求协作调配。这种物资协作也是国家在物资计划、分配和平衡中的重要补充,是在国家计划指导下进行的有条件的物资交换。物资协作的产生和发展,主要有以下几点原因。一是在高度集中的计划管理下,物资分配和调拨由中央计划管理,物资流通方面出现统得过多、管得过严的问题。经济运行一段时间后,中央很快就发现了这种情况,于是通过中央和地方之间的计划协调、行政分权等方式,优化资源配置,在不同层级间收放和集散,增强经济在统一规划下的柔性和灵活度。计划经济期间,比较完整的收放周期有两个:一个是"一五"时期到"二五"时期;另一个是"四五"时期到"五五"时期。二是新中国成立初期,生产力水平较低,物资短缺形势严峻,尤其是重要物资、稀缺物资缺乏,因此在大城市、大行业中,物资短缺往往会催生计划外的物资协作,这也是资源配置的市场雏形。三是相对于中央计划配置的大企业、大城市,地方的小企业、基层社队等组织在物资申请无法满足其发展势头的情况下,更容易使用物资协作方式来推动自身运转和发展。

在物资协作的形式方面，因为各行业都面临发展与物资短缺之间的矛盾，所以产生了多种协作的运转方式。计划经济时期，关于地方各行业间物资协作运转方式的作用，张学兵教授认为，一是求援，相互支援、互通有无，以补充自己所紧缺的物资；二是串换，包括同物资不同类型、规格、品种之间的串换，不同物资不同品种之间的串换，生产资料和生活资料跨领域之间的串换等，串换对应的价格则根据协商完成。①

（三）物资分配权变革

1958—1960年，我国处于"大跃进"时期。"大跃进"之前，我国按照条、块两个系统编制本部门或本地区所管辖的生产建设和发展计划，1958年之后，我国实行经济计划管理体系改革，企业下放到地方，实行双轨制管理。在物资供应计划方面，国家计划委员会负责安排统配物资在全国的分配、进口、出口的数量，各部负责安排统配物资在各个地区之间的调出和调入。各地方负责安排地区内各个企业、事业单位的物资统配供应工作。不论是中央企业、事业单位，还是地方企业、事业单位，都要统一向地方申请物资，并由地方统一供应（少数特殊部门的中央企业例外）。

此期间，物资分配权的改革经历了分配权下放和回收的阶段。一是适度下放。这种分配方式主要是将地方的物资申请和分配权下放到地方，统配物资和部管物资依然按照重要物资分配的方式，向中央和各部委做申请后分配。二是大规模下放。这种做法主要是为了加快我国经济发展和社会主义建设，提早实现工业化而进行的变革。在物资申请和分配权上，除了特殊性质的企业仍归中央管辖，其他的全部下放地方管理。但这一改革因为做法转变太快，中断了正常的物资供应，加剧了供需矛盾。三是收回部分分配权。主要做法是将中央各工业、交通部门的直属企业和事业单位所需的物资，由中央统一分配，不再由地方负责。如煤炭工业部、水利电力部、农垦部、一机部等24个部委基本建设需要的物资由中央统一分配，其余部门仍由地方负责申请、分配。四是采用"一竿子插到底"的物资分配方法。即增加统配物资和部管物资品种，下放的企业、地方企业的生产和基建所需要的物资，以各部为主，按行业归口的方法安排，由各部提交该行业在各省（自治区、直辖市）的生产和基建计划，实行"一竿子插到底"的物资分配办法。五是实行归口安排、统一下达、分户记账、分别订货、地方调剂的物资分配方法。省（自治区、直辖市）物资局统一组织订货取代了省（自治区、直辖市）各专业厅局订货，地方的物资调度权改为物资调剂权。

经过工业调整，国家经济形势逐步好转，物资供应工作也呈现新局面，各类重

---

① 张学兵.物资协作：中国计划经济时期的一种非正式经济运作形态[J].中共党史研究，2020(5)：49-61.

要物资的供应量有了明显增加。企业及其他各方面所需的统配、部管物资，按企业隶属关系分配，即中央各部直属企业所需要的物资以及出口和援外等需要的物资，分配给主管各部；地方企业、农业等需要的物资，分配给地方。1961年，中央调整了物资分配方式，做出新的规定：凡属中央直属企业生产的物资和国家进口的物资，由中央进行全国平衡，直接分配；凡属地方企业生产的物资，实行以大区为单位的地区平衡、差额调拨、品种调剂的办法。

按照中央的规定和各类产品的生产、运输、销售特点，统配物资和部管物资将实行三种不同的分配调拨办法：一是统筹统支，凡属纳入国家计划的物资资源，均由中央直接掌握和调度；二是区间差额调拨，即在国家统一计划下，实行地区之间差额调拨的办法，各地区在保证外调任务的前提下，留足当地自用的部分，其余部分由地方自行调度；三是统筹统支和地区平衡相结合的办法，即重点企业或重点产区的产品由中央统一分配调度，其余部分由地方平衡，多余部分调出，不足部分由国家分配补助。

（四）建设城乡供销体系

新中国成立之初，百废待兴，国民经济恢复和发展的形势严峻而复杂，新生的人民政权采用多种措施保障物价稳定、物资流通、工农业生产，但仍面临生产水平落后、设施设备不足、物资短缺等困难。尤其是在土地改革完成以后，农民分得了田地，生产的积极性空前高涨，但是生产资料的供应、物资运输流通、产品的销售等方面还存在较大的困难，农民很难单独进行生产，迫切需要采用合作化的形式实现生产。此外，中国在之前长期遭受西方列强的压迫，饱受内忧外患，长期的战争破坏了原本的交通系统，导致道路不畅、物品流通不顺，严重制约工农业的发展，甚至出现了城市工业品滞销、农副产品供应不足等情况，这就迫切需要打通城乡的物资流通系统，但这仅靠国家计划统筹和国营商业力量是难以实现的，必须继续发展供销合作的方式，与国营力量携手。再有，从国家经济发展战略来看，工业化道路是强国的必由之路，要实现工业化，不仅需要畅通的生产资料供应体系，还需要工业原料、农业原料和大量的生活资料，而这些物资的供应，仅靠国家部门统筹生产和采购也难以支撑，且工业主体较为分散，调拨成本高、难度大，也须通过供销合作的形式降低成本、提高效率，促使大宗农业物资和各类农副产品流向工业领域，提速工业化进程。可以看到一系列问题，从政治、经济和保障条件来说，都需要继续采取供销合作社的方式来解决。

为此，毛泽东、刘少奇等人围绕"建立和发展供销合作社"主题，从理论和实践两个维度进行探索，形成了适合我国实际国情的供销合作理论和一整套发展措施，从人事、资金、利息、货源、价格、运输、税收等各个方面，规定了优待合作社的办法，有力地推动了供销合作事业的发展壮大。1950年7月，中央合作事业管理局召开中华全国合作社工作者第一届代表会议，通过了《中华人民共和国合作社法（草案)》《中华全国合作社联合总社章程(草案)》等重要文件,成立了中华全国合作社联合总社,统一领导和管理全国的供销、消费、信用、生产、渔业和手工业合作社。1954年7月,中华全国合作社召开第一次代表大会,修改了社章,将中华全国合作社联合总社更名为中华全国供销合作总社,建立了全国统一的供销合作社系统,重点是对重要农业生产资料、农副产品经营进行组织、协调和管理,全面贯彻"为农业生产服务"的方针,提高农业生产资料的供应效率,完善供应体系,提升供应种类和规模,促进生产资料和扶持农副业生产相结合,同时加强对农业生产的科技培训和指导,推广新式农具。此外,还推行结合合同,即供销合作社根据农民的需要,与农民签订各种形式的供销结合合同,解决农民供产销的困难,更把小生产者纳入国家计划,提升了供销合作社的经营计划性。另外,供销系统还承担了生产救灾的职能,这与其商业化的职责关系不大,但体现了与国家和人民同呼吸、共命运的担当,也彰显了其"红色"本质。其间,供销系统建立了生产救灾领导机制和工作机制,一旦出现灾情,国家就可以通过供销业务支援灾区农民防汛、抗旱、抢险、排渍,保障抗灾物资供应,并在灾后协助农民生产自救,重建家园,实现救灾与发展的结合,既保障民生又发展经济。事实证明,供销合作社的设立和发展是一种特殊形式,其既承担经济职能,还利用自身体系的优越性,承担更多国计民生的重任,在一段时期内发挥了不可替代的作用。

第四节　改革开放后的物流发展

改革开放40余年来,中国物流业发展成就显著。物流业的发展不仅促进了国民经济持续快速发展,而且为国民经济中长期发展打下了坚实基础。作为基础性、战略性、先导性的物流业,其红色底蕴已经延伸至国民经济和社会发展的方方面面,充分彰显了与祖国甘苦与共、与时代风雨同舟的红色血脉,在40多年的国民经济高速发展过程中,发挥了不可替代的作用。

一、改革开放40余年物流发展概况

(一) 初步探索期(1978—2001年)

1978年12月召开的党的十一届三中全会开启了我国改革开放的伟大征程。1978年11月、1979年6月,国家物资总局两次派出考察团赴日本参加国际物流会议,"物流"这一概念由此引入中国。改革开放初期,大量外国资本进入我国,国民经济全域发力,对现代物流业的发展起到了巨大的推动作用。但当时的中国正处于经济发展模式的转型期,从计划经济向社会主义市场经济过渡,国内的物流企业与国外的企业发展需求在标准、运作模式、功能定位上都极不对称。这种情况下,我国开始从理论和实践上学习、借鉴国外的物流发展理论及技术,结合国情对标对表,逐步与世界接轨。

十一届三中全会之前,我国主要实行的是计划经济体制。改革开放之后,我国的国民经济建设开启了新征程,经济迅速恢复并强势发展,走出了"实现四个现代

化"的新路子,经济建设逐渐成为国家各项工作的重心。1978年以后,我国实行"搞活企业、搞活流通、培育市场"系列改革,逐步改变计划经济时期采用的"计划分配、统一定价"的物资管理体制,企业的自主权也随之扩大。到1988年,物资部(现已撤销)成为物流的行政管理部门,开始切实推进物资配送工作。同年,国家开展了物资流通的综合改革试点工作,设立城市配送中心,通过物资配送来降低企业库存量,加速企业的资金周转,从而达到提高社会生产效益的目的。1991年,"八五"计划提出"积极发展配送中心",物流业的发展迎来了新一轮的契机。该计划专门针对各大城市商品供给不及时等突出问题,开展城市配送工作,此时也有大量的民营企业进入仓储和运输行业,物流的整体规模得到了壮大。物资配送成为当时推进流通体制改革和物流发展的一项重大改革举措,物流对生产和消费的促进作用得以彰显。创立于1992年的华田航空代理公司(2002年更名为大田集团)开始经营国际包机、空运普货业务,开启了非官方物流空运的先河。1993年快客达成为第一家民营快递企业,1994年成立的广东宝供储运有限公司在全国布局储运网络,1994年成立的宅急送建立了全国快运网络;个体车主更是在"货多车少"的状态下享受到了物流发展的红利,并自发形成各类城市的物流或配送中心。1996年,国内贸易部(1998年改组为国家国内贸易局)草拟了《物流配送中心发展建设规划》,提出了发展建设物流配送中心的指导思想和原则,确定商业储运企业向现代物流配送中心转变,对物流配送中心进行统一规范。不过,当时的物流行业依然受到传统体制的制约,到1999年,我国首次在官方层面提出"发展现代物流",之后"物流"一词的使用及标准得以全面铺开。同年,广东宝供储运有限公司更名为宝供物流企业集团有限公司,是第一个在公司名称中加入"物流"一词的公司;海尔集团成立了专业的第三方物流——海尔物流。2000年,教育部正式批准北京物资学院开设物流管理专业,这是第一家开设物流管理专业的高校;2001年,教育部又正式批准大连海事大学和武汉理工大学开设物流工程专业,物流开始全方位得到国家层面的认可。

  从发展的效果来看,1992年,邓小平同志发表南方谈话。同年,党的十四大确定了建立社会主义市场经济体制,之后流通企业逐步扩大物流外包、改善物流管理。跨国物流公司开始进入中国商贸物流市场,并带来了先进的物流技术和理念。随着社会主义市场经济的逐步探索和发展,民营企业尤其是民营物流企业雨后春笋般涌现,传统的国营物资、物流类企业开始学习新技术、新模式,转变发展观念,向现代物流企业转型发展。20世纪末,深圳、上海、天津等地把物流列入支柱产业或新兴产业,领导并积极推动该行业发展。青岛海尔、天津天汽、中外运、深圳中海等一大批企业开始进入物流行业,美国总统轮船公司、英国英运、荷兰天地、日本日通等国际大型物流企业也进入中国市场。到2001年末,我国的物流企业领域呈现国有物流企业、民营物流企业、外资物流企业共同发展,多主体全方位开放型竞争的演进态势。

此外,20世纪90年代末期,电子商务在我国蓬勃兴起。在互联网的推动下,物流业的发展迎来了巨大的机遇,也面临巨大的挑战。新世纪伊始,中国加入世界贸易组织(WTO),现代物流开启了新征程。2001年3月,国家经贸委等六部委联合印发《关于加快我国现代物流发展的若干意见》。这是我国政府部门就物流发展发出的第一个专题文件,该文件明确提出了"现代物流"概念,要求加快建立多层次的社会化、专业化现代物流服务网络体系。同年4月,中国物资流通协会更名为中国物流与采购联合会,并成为我国物流行业第一家综合性社团组织。在一系列政策推动、技术促进、环境助推下,物流业改革不断深化,开放力度也不断加大,改革开放、互联网、物流信息化和电子商务应用为物流业带来了巨大的推动力,物流的服务能力得到快速提升,物流基础设施建设也得以全面展开。

(二)快速发展期(2002—2012年)

2002—2012年是中国经济发展的黄金十年。十年间,我国国内生产总值(GDP)年均增速达10.45%。到2010年,我国GDP超过日本,成为世界第二大经济体。2012年,我国制造业产值超过美、德、日等国,成为全球制造业中心,世界500强企业大部分进入中国市场。这十年,我国社会物流总额、社会物流总费用、物流业增加值的增长幅度都在20%左右,物流企业集中度显著提高,涌现一批做大、做强、做优的物流企业。经济的高速发展为物流业发展带来了更大的需求,不断完善的基础设施也为物流发展提供了条件,互联网、电子商务、现代物流技术的应用更为物流业的发展注入了强大的动力。

这一时期,现代物流业快速发展,物流企业由少到多、由小到大、由弱到强、由无序到有序。经过多年的激烈竞争与兼并、重组、上市、跨界整合,物流各行业领军企业基本形成,各大城市建立了各种物流园,各种制造业企业异军突起,出现了三通一达、顺丰、德邦、安能等知名快递物流企业,此外还有物联网企业大力发展的物流事业,如阿里巴巴、京东、苏宁等。物流发展呈现百花齐放之势。第二次全国经济普查结果显示,我国在这一时期的物流企业有13万家之多。这一时期,我国物流服务系统基本完善,基础设施建设越来越完善,物流发展的现代化内涵也愈加丰富。在交通运输方面,我国对物流基础建设进行了大量的投入,铁路营业里程从2002年的7.19万千米增长到2012年的9.76万千米,增长了35.7%[1];公路里程从2001年的169.8万千米增长到2012年的423.75万千米,增长了149.6%[2];高速公路里程从2002年的1.94万千米增长到2012年的9.62万千米,增长了

---

[1] 中国历年铁路运营里程(1949年—2021年)[EB/OL].(2022-07-31)[2022-11-12].https://www.shujujidi.com/hangye/100.html.
[2] 中国历年公路里程(1949年—2021年)[EB/OL].(2022-08-10)[2022-11-12].https://www.shujujidi.com/hangye/165.html.

395.9%①;定期航线里程由155.36万千米增长到2012年的328.01万千米,增长了111.1%②。在交通运输方面取得了巨大的进步,中国由此迈入交通大国行列。在交通枢纽建设、港口建设、机场建设、物流园区建设等方面,我国也取得了新的突破,部分物流基础设施进入世界前列。这一时期,物流技术与装备尤其是交通运输技术装备,相比于上一时期,发生了翻天覆地的变化,特种运输、厢式挂车、集装箱等运输方式层出不穷,物联网技术、互联网技术、智能机器人、自动识别系统、系统集成化、现代仓库等为物流的发展带来了高科技的驱动力。这一时期,物流服务的运作主体开始呈现多维度、多元化趋势,第三方物流、第四方物流开始出现,大量制造业企业、服务业企业也开始进军物流业,开辟自主的物流业务,自给自足之余逐步面向其他行业、面向市场开展物流服务。这一时期,物流市场化程度有了较大提高,国务院发布的《物流业调整和振兴规划》提出,充分发挥市场配置资源的作用,调动企业的积极性,从满足物流需求的实际出发,注重投资的经济效益。政府要为物流业的发展营造良好的政策环境,扶持重要的物流基础设施项目建设。在创新服务方面,我国也形成了以满足生产者和消费者不断增长的物流需求为出发点、不断创新物流服务方式、提升服务水平的发展思路,通过积极推进物流服务的信息化、现代化、合理化和企业社会责任建设,提升物流的整体运行效率,降低全社会物流总费用占GDP的比例。

  这十年间,我国的物流基础设施网络基本形成,物流专业化分工全面加速,市场化分工越来越精细,对外开放的程度越来越高,国际化物流覆盖面也越来越广,物流企业的实力得到进一步增强,第三方物流、第四方物流加速发展,物流快递和电子商务的契合度越来越高,创新型物流业态不断出现,物流企业的规模和水平快速提高,物流业的网络化、信息化、自动化水平明显提高,物流在国民经济中的先导性、基础性作用越发明显。

(三)全面深化改革期(2013—至今)

  2012年党的十八大召开,中国特色社会主义进入新时代,中国的物流业也进入新的发展时期,在全面深化改革中发展,在发展中不断壮大,在壮大中不断夯实迈向物流强国新征程的基础条件。

  党的十八大以来,习近平总书记等党和国家领导人多次考察物流企业,从国家战略高度对物流业发展提出明确要求。2013年9月和10月,习近平总书记在出访中亚和东南亚国家期间,先后提出共建"丝绸之路经济带"和"21世纪海上丝绸之

---

① 中国历年高速公路里程(1988年—2021年)[EB/OL].(2022-08-10)[2022-11-12].https://www.shujujidi.com/hangye/163.html.
② 中国历年民航航线里程(1950年—2021年)[EB/OL].(2022-08-10)[2022-11-12].https://www.shujujidi.com/hangye/166.html.

路"的重大倡议,强调"五通"建设,其中提到的设施联通、贸易畅通,作为最直接的关联指示,为物流业发展赋予了新的使命,提供了新的发展思路。"一带一路"重大倡议成为物流业发展的新的突破口,也是未来十多年物流发展的重要走向,在围绕其展开的系列建设规划中,中国的物流业必将迈入世界前沿。2013年9月,中国(上海)自由贸易试验区正式成立,其中,物流和供应链是自由贸易试验区建设的核心内容之一。2014年9月,国务院发布《物流业发展中长期规划(2014—2020年)》,进一步明确物流业的产业地位,将其提升到了国民经济发展的基础性、先导性和战略性高度。2014年以来,习近平总书记在联合国大会、G20峰会、金砖国家领导人非正式会晤、APEC领导人非正式会议、达沃斯论坛等重要多边场合发表演讲,论及"一带一路"倡议和建立人类命运共同体时,多次谈到价值链和供应链。2015年,党的十八届五中全会提出以人民为中心的发展思想,强调必须牢固树立并切实贯彻创新、协调、绿色、开放、共享的发展理念。该理念在各行业的贯彻实施都需要物流业的高速、全面、健康发展来支撑,这让现代物流业的发展有了理念先导性。同年7月,国务院印发《关于积极推进"互联网＋"行动的指导意见》,把高效物流列入"互联网＋"重点行动之一。同年11月,习近平总书记在参加中央财经领导小组第十一次会议时明确提出,在适度扩大总需求的同时,着力加强供给侧结构性改革,着力提高供给体系质量和效率,增强经济持续增长动力,推动我国社会生产力水平实现整体跃升。2016年以来,国务院办公厅及政府有关部门陆续出台以"降本增效"为核心的支持物流业发展的政策措施。2017年,在党的十九大报告中,习近平总书记明确提出加强包括物流在内的诸多基础设施网络建设,要在现代供应链等领域培育新增长点、形成新动能,这标志着我国物流业发展进入了供应链时代,也为物流的发展再一次做了具体的指示。2018年,国务院大督查把物流业降本增效作为督查工作的重点之一。物流业的产业地位逐步提升,营商环境持续改善,这为物流业供给侧结构性改革创造了条件。

这一时期,物流互联网平台成为投资热点,越来越多的物流类企业加入资本市场。截至2023年7月,掌链《物流股市》按照总部设在中国、营业收入的主要来源为物流或供应链运营业务进行统计,我国物流与供应链上市公司共计85家,其中,境内64家、港股17家(不完全统计)、美股4家(不完全统计)。这些企业通过上市融资或者兼并重组等方式,不断提升企业的核心竞争力和科技水平。另外,大量新技术、新设施进入物流领域,AI、人工智能、物联网、云计算等技术已在规模以上物流企业铺开,现代供应链、智慧物流、托盘共享等新模式、新技术、新业态逐渐普及。应急物流、绿色物流、军民融合物流逐渐打开新局面。

这一时期,我国物流业发展的主要矛盾随着中国特色社会主义进入新阶段而变化,物流业也是全面深化改革在各行业落地实施的重要对象。新时代社会的主要矛盾是人民日益增长的美好生活需要和不平衡不充分的发展之间的矛盾,物流业的发展关乎人民美好生活的需要能否得到满足,也关乎平衡和充分的发展能否实现。人们对美好生活的需要，既包括物流服务的需要，也包括物流业自身发展过程中数量庞大的物流工作者的生活和工作的需要。改革开放初期，我国物流业面临的主要矛盾是各行业对物流的需要与物流服务供给不足之间的矛盾，主要的解决措施是大量发展物流企业，包括企业自身拓展物流板块，在规模、数量上满足经济发展对物流业的需求。在新时代，随着社会主要矛盾表述的变化，物流业的主要矛盾可以对应表述为"经济高质量发展对高质量的物流服务需求与物流不够高质量发展、均衡发展、充分发展之间的矛盾"，对于这种矛盾，应该从物流服务自身的高质量发展方面着手解决。

这一时期，物流业致力于高速发展、高质量发展，以保障国民经济发展需求，这主要体现在以下几个方面：一是物流业的发展在规模、速度上已经达到世界之最，其基础性、先导性和战略性的地位愈发明显；二是物流业正从过去规模化、体量大的发展方式转向高效率、高科技、高质量的发展，这期间出现了不少头部企业、领军企业，它们在国际国内都具有领先优势，引领行业发展；三是这期间出现了大量供应链平台，响应了习近平总书记的指示，物流业进入供应链时代。

这一时期，国内现代物流体系基本形成，现代物流基础设施网络水平跻身世界前列，物流行业大量应用高科技，物流企业高质量发展取得突破，物流新业态不断出现，物流服务的质量和效率均有效提高。

经过多年的发展，我国物流业发生了根本性变革，取得了举世瞩目的成就，走出了一条具有中国特色的物流发展道路。

二、改革开放40余年物流发展成绩贡献

一是为增强综合国力、改善人民生活做出了重大贡献。2021年，我国社会物流总额超过330万亿元，较2012年的177.3万亿元翻了近一番，年均增长7.2%，社会物流总费用与GDP的比率为14.6%，较2012年下降3.4个百分点，与世界主要经济体差距不断缩小。货运量、货物周转量、快递业务量等位居世界前列，物流业总收入将近12万亿元，成为全球最大的物流市场。其中，工业品物流总额约占社会物流总额的90%，总体保持平稳增长，支撑我国连续12年位居世界第一制造业大国。①

二是建成了世界一流的物流基础设施网络。改革开放之初，我国的物流基础设施严重落后，公路、铁路、水路、空运能力严重不足，电力供应、港口数量和疏港能力等严重制约物流的发展。截至2021年，我国物流基础设施的规模和质量已经迈入世界一流行列。这具体体现为：第一，建成了世界一流的公路网和铁路网，全国

---

① 2023年中国物流行业发展现状及重点企业分析［EB/OL］.（2023-05-17）［2023-05-26］. https：//business.sohu.com/a/676398476_120113054.

公路里程达 528.07 万千米,包含高速公路达 16.91 万千米,铁路总里程 15 万千米,其中高铁营业里程达到 4 万千米;第二,建成了世界一流的港口、机场等,截至 2021 年,我国全国港口货物吞吐量 155.45 亿吨,全年民航运输机场完成货邮运输量 731.84 万吨。①

三是建成了世界一流的现代物流服务体系。从改革开放初期第一家现代意义的物流企业成立至 2018 年,全国物流相关法人单位已有大约 40 万家。按照国家标准评审认定的 A 级物流企业有 5355 家,其中代表国内最高水平的 5A 物流企业有 293 家,一批综合实力强、引领作用大的龙头骨干企业正在加速成长。② 在电商、快递、汽车、冷链等细分市场领域,出现了一批追赶或达到世界领先水平的标杆企业。

四是提供了大量就业岗位且物流人才队伍加速成长。据中国行业信息统计协会统计,中国物流相关从业人员超过 5000 万人,对稳岗就业具有重要意义。特别是疫情期间,现代物流在保障生活物资供应、维持正常生产生活秩序等方面发挥了重要作用,与水电气等重点行业一样,成为保障社会民生的重要支撑,成为服务业就业的主渠道之一。到 2019 年,全国已有 610 多所本科院校、2000 多所中高职院校开设了物流专业,形成了从中职、高职、专科、本科到硕士、博士、博士后全系列物流人才的教育培养体系。③

---

① 交通发布.权威发布! 2021 年交通运输行业发展统计公报[EB/OL].(2022-05-25)[2023-05-12]. https://baijiahao.baidu.com/s?id=1733776590515764606&wfr=spider&for=pc.
② 脉脉.40 年物流行业沉浮,"物流强国"的路在哪里?[EB/OL].(2022-05-25)[2023-05-12]. https://maimai.cn/article/detail?fid=905187478&efid=5SqQNhzkH7cUj3WQLOgGYQ.
③ 中国物流与采购联合会.崔忠付:第六届四次理事会工作报告[EB/OL].(2019-11-13)[2023-06-18]. http://www.chinawuliu.com.cn/lhhzq/201911/24/345604.shtml.

第五节　广西物流行业的起步与发展历程

一、计划经济时期

1953年,广西省财政经济委员会设立物资组,负责物资的计划调拨。

1954年,广西省计划委员会设立物资组,负责全省重要物资的计划平衡和分配调拨。

1956年5月2日,广西省人民委员会决定建立广西省物资供应局,作为广西省人民委员会的直属局,负责全省统配、部管物资的综合平稳和计划分配,组织统配物资的订货、调运、供应、节约利用和回收工作。

1960年11月,组建南宁、柳州、桂林、贵县(现贵港)4个收购供应站(即二级站),主要职能为按计划收购国家统配物资和自治区管理的物资,承担和办理物资购入、储存、供应和调度、运输的任务,代办国家物资一级站委托的相关业务。

1962年2月5日,自治区党委和自治区人民委员会批准建立物资供应专业公司,分别是:广西金属材料公司、广西建筑材料公司、广西机电设备公司、广西木材公司、广西储运公司。其中,广西金属材料公司、广西建筑材料公司对外统称"广西原材料公司"。

1963年6月29日,自治区物资供应局决定:自治区局直属4个二级站分别成立储运公司、机电(南宁站除外)和原材料供销站。10月17日,自治区物资供应局明确,凡是专区、市以上的国营工矿企业及国防建设工程等所需物资,由物资部门负责供应。

1965年12月30日,国家有关部门决定:将钦州、灵山、东兴、合浦、北海等5个物资局,从广东省物资厅划入广西壮族自治区物资局。

1972年12月25日,南宁、柳州、桂林、贵县四地收购供应站站更名为南宁、柳州、桂林、贵县二级站。

二、改革开放后

1979年9月6日,自治区物资局向自治区计划委员会申报,并经自治区编制委员会批准,开始筹建广西物资学校,地址设在南宁市西乡塘大道大岭路3号(后更改为大学路75号)。

1980年1月,自治区党委、自治区人民政府决定,将自治区革命委员会物资局更名为自治区物资局。9月20日,广西物资学校开学,第一届招生3个班共190名学生,其中物资经营管理专业2个班、财务会计1个班。

1988年5月,自治区人民政府决定将自治区物资局更名为自治区物资厅,担负起统管全自治区物资流通的政府职能。

1991年7月15日,自治区计划委员会批准建立自治区物华贸易公司,业务范围主要是边境贸易,兼营国内与国外贸易。该公司的建立,打破了物资部门没有外贸经营权的局面。

1992年8月20日,经自治区计划委员会批准,自治区物资厅直属的金属材料公司、化工建材公司、机电设备公司、燃料公司、物资储运公司等5个专业公司更名为"总公司",下属的南宁、柳州、桂林、贵港分公司更名为"公司"。

1995年3月27日,自治区党委、自治区人民政府决定撤销自治区物资厅,组建广西物资集团总公司(以下简称集团总公司),赋予行业管理职能,提出了自治区物资厅成建制组建集团总公司的任务。8月9日,自治区党委决定,撤销中共广西壮族自治区物资厅党组,成立中共广西物资集团总公司党组。10月17日,自治区人民政府同意集团总公司作为广西壮族自治区现代企业制度试点企业。

1996年3月18日,广西物资流通协会在南宁成立。3月25日,自治区人民政府下发《关于组建广西物资集团总公司的通知》,由原自治区物资厅及其所属的企事业单位组成广西物资集团总公司(以下简称集团总公司),作为大型一类企业,直属自治区人民政府领导。授权集团总公司经营管理原自治区物资厅及其所属企业的国有资产,并作为广西实行国有资产授权经营的试点单位。4月22日,自治区人民政府决定成立广西物资集团总公司董事会,并任命了7位董事。5月23日,自治区人民政府向集团总公司委派监事会主席和监事。6月19日,集团总公司挂牌成立。6月28日,广西钢材市场、广西建材市场、广西汽车市场开业。10月8日,启用集团总公司及其机关内设职能处室印章,同时废止原自治区物资厅及其各部室印章。

1997年7月19日,集团总公司同意成立广西金属回收有限责任公司,这是集团直属的第一家由职工和集团共同投资的公司制企业。年内集团总公司按此模式共改制了5家企业。7月17日,集团总公司全面展开现代企业制度试点工作。10月8日,自治区贸易厅同意成立广西机动车拍卖中心。

1998年5月11日,自治区人民政府同意集团总公司继续维持行业管理职能。12月23日,集团总公司印发《广西物资集团总公司企业改革整顿总体方案》,聚焦人事用工、资产重组、分配制度等进行改革。

2000年,桂林储运总公司兴办了桂北地区最大的钢材市场。

2001年,集团总公司汽车销售突破10000辆。

2002年12月23日,集团总公司获得自治区外经贸厅"2002年度出口明星企业"称号。红卫生产资料市场被柳州市政府批准为现代物流基地,成为柳州市五大生产资料重点批发大市场之一。

2004年10月,集团总公司和机电总公司协办了2004年南宁国际民歌艺术节。同年,集团总公司煤炭销售额首次突破亿元大关,开发了越南煤渠道。集团总公司旧机动车交易首次超万辆,达到12560辆。

2006年,集团总公司开始对各企业实行企业领导人员年薪制,工资总额与经济效益挂钩。

2007年3月6日,集团总公司决定将自治区机电设备南宁公司与机电有限公司分离,升格为集团总公司直属总公司,管理广西机电设备柳州、桂林、贵港、北海公司。5月17日,自治区国资委委派的广西物资集团总公司监事会正式进驻集团总公司。集团总公司在人事部和中国物流与采购联合会共同组织的全国物流行业先进评选活动中,荣获"全国物流行业先进集体"称号。

2008年,集团总公司被自治区商务厅评为"广西保供应、促消费先进流通企业"。

2009年6月,广西资源再生综合利用中心项目建成并投入使用,当年回收报废汽车2193辆。

2010年9月,集团总公司争取到商务部再生资源回收体系建设试点项目,选址在南宁市邕宁区五合临港产业园。12月30日,集团总公司投资建设的广西第一条旧家电拆解生产线实现投产。

2011年1月7日,华昇节能公司"锅炉燃用高硫高灰劣质煤的开发研究与应用"科技成果荣获广西科技进步奖二等奖。3月31日,经自治区工商局核准,广西物资集团总公司更名为广西物资集团有限责任公司(以下简称集团公司)。6月11日,集团公司被认定为南宁市总部企业。8月30日,集团公司代管的自治区人民政府驻贵阳办事处移交自治区人民政府办公厅管理,结束了代管自治区人民政府驻外办事处的历史。9月16日,中国共产党广西物资集团有限责任公司第一次代表大会在南宁举行。12月26日,自治区统筹推进的重大项目——再生资源循环产业园一期建成投产,广西废弃电器电子产品回收拆解基地、南宁再生资源回收利用基地同时正式运行。

2012年8月8日,集团公司获得首批"自治区直属企业文明单位"称号。11月2日,广西农业机械钦州公司整体并入集团公司。12月7日,集团公司通过ISO9001:2008、GB/T19001—2008质量管理体系认证。12月31日,集团公司全年实现营业收入107.46亿元,首次进入百亿企业行列。

2013年3月1日,贵港机电公司新汽车城开业运营。4月2日,桂物循环公司广西废弃电器电子拆解项目通过国家环保审核并正式生产运行。5月9日,广西旧机动车交易市场有限责任公司荣获"全国二手车交易市场百强企业"。5月13日,桂物金岸公司成为国家合同能源管理备案单位,成为广西制冷行业唯一一家节能服务公司。6月,桂物民爆公司成为广西第一家获得一级爆破资质的单位。9月,贵港市二手车交易市场项目竣工并投入使用。11月24日,集团公司获得中国物流与采购联合会授予的中国物流企业创新奖。12月19日,河池东江机制砂项目开工,集团公司正式进军碳酸钙及绿色矿山产业。12月25日,华昇节能公司"锅炉燃用高硫高灰劣质煤的开发研究与应用"科技成果,荣获国家科学技术进步二等奖。

2014年5月,集团公司对业务板块进行了重新归类,确定储运、机电、技术服务、贸易营销、资源及投资五大业务板块。5月28日,集团公司获得"广西企业文化建设示范基地"称号。6月17日,集团所属的广西旧机动车交易市场有限责任公司荣获"全国二手车交易市场百强企业"称号。7月,广西物资学校被教育部授予首批"国家中等职业教育改革发展示范学校"称号。9月2日,广西物资学校荣获"全国教育系统先进集体"荣誉称号。

2015年3月18日,集团公司东盟物流园项目开工,项目位于南宁市广西-东盟经济技术开发区,总投资5.8亿元,占地13万平方米,主要建设物流仓储区、冷库、物流中心及相关配套设施。5月18日,集团公司召开"十三五"发展规划项目启动会,全面启动"十三五"发展规划编制工作。8月28日,集团公司获评国家AAAAA级物流企业资质,成为广西第一家获得5A级资质的仓储型企业。10月29日,集团公司成为全国(首批)流通G20+联席会议创始成员单位,并荣获2015中国流通领域社会责任贡献奖。12月25日,广西物资集团桂林储运总公司物流园、红卫生产资料物流园等园区,被认定为广西首批示范物流园区。12月25日,机电板块正式挂牌成立广西桂物机电设备有限公司。

2016年3月26日,桂林市工艺美术创意产业园揭牌。4月21日,集团公司发布"十三五"规划,举办为期两天半的全封闭式培训班。4月23日,集团公司确定构建以"活力、创新、包容"为核心的企业文化。4月29日,集团公司与云南物流产业集团签订战略合作框架协议。6月13日,广西物资集团与云南物产集团、贵州物资集团签署合作协议,共同建立中国西南商贸物流产业联盟。7月26日,桂物

·广西二手车市场开业,原安吉大道41号二手车市场商户搬迁入驻。8月12日,集团公司与云南物产集团、贵州物资集团共同建立"中国西南商贸物流产业联盟"。9月12日,集团公司与贵港市签订项目合作协议,将在贵港市投资建设港口物流园、临港产业工业园及广西现代物流职业技术学院项目。11月6日,集团公司获得"2016中国物流杰出企业"称号。12月9日,集团公司在武汉与中国一冶集团签订战略合作协议。12月23日,广西汽车拖拉机研究所划入集团公司,成为集团公司新成员。12月28日,广西桂物储运集团有限公司揭牌,成为集团公司第一家子集团公司。

2017年1月18日,五象汽贸园开工。3月3日,自治区国土资源厅批复集团公司改制土地资产处置总体方案,同意集团公司仓储、办公、商服类划拨土地使用权,可采取国家作价出资(入股)方式处置。3月23日,集团公司与贵港市政府就在贵港市建设广西物流职业技术学院项目签订合作办学协议。4月25日,集团公司社会科学界联合会揭牌。5月20日,"梦想储运站"发布会在桂林储运公司举办,桂林国际文化创意产业园项目正式启动。5月25日,广西桂物储运集团南宁园区大学东路35号旧城改建项目征拆工作顺利收官。6月28日,广西物流公共信息服务平台——"行·好运"网在南宁发布上线。7月7日,公安部主办的2017年全国公安机关爆炸物品安全管理信息化现场会在集团公司所属的桂物民爆公司大型矿山作业现场举行,桂物民爆公司爆破信息化安全管理经验及爆破作业"20步工作法"被公安部作为典型经验和模式向全国推广。9月22日,柳州红卫物流园、广西物资集团桂林储运总公司物流园和广西物资集团贵港储运贸易总公司物流园,被认定为自治区首批现代服务业集聚区。10月9日,广西现代物流产业孵化中心项目整体封顶。10月12日,广西现代物流职业技术学院项目开工。

2018年2月23日,自治区现代服务业集聚区——贵港物流园揭牌。4月17日,集团公司承办的中国-东盟物流论坛首次获得财政资金支持。5月2日,桂物民爆公司成功实施八尺江污水管道164米沉管工程水下爆破项目。5月10日,广西物流与采购联合会和越南物流协会签订合作框架协议,加快推进"南向通道",畅通广西与东盟之间的物流通道。5月30日,广西物流与采购联合会和防城港市政府签署战略合作框架协议,双方将在生鲜冷链、物流信息化、物流产业发展基金、绿色矿山开发、城市照明节能建设、中国-东盟物流合作论坛等领域,展开全方面战略合作。5月31日,集团公司与四川省商业投资集团签署战略合作协议,共同推进"南向通道"建设。5月31日,广西桂物机电设备有限公司更名为广西桂物机电集团有限公司,成为集团公司第二家子集团公司。6月22日,集团公司与上汽通用五菱宝骏签署战略合作协议,双方将在新能源汽车生态建设等领域开展全面深入合作。7月24日,自治区人民政府批复同意由广西物资集团筹资建设广西物流职业技术学院,属于公办性质的高等职业学校。学院位于广西贵港市西江教育园区内,规划占地约66万平方米,建成后可满足全日制在校生1.2万人和在职培训3000

人以上规模需求。7月26日,广西物流信息服务平台——"行·好运"网防城港分站上线。7月26日,绿色矿山主体企业——广西上思物投矿业发展有限公司挂牌成立。9月27日,第六届中国-东盟物流合作论坛在广西南宁举行。10月8日,广西现代物流产业孵化中心落成启用,举行揭牌仪式。10月11日,美居物业公司与广西建工集团签订了国有企业职工家属区"三供一业"物业分离移交协议,涉及85个家属区、住户34293户,总建筑面积254.61万平方米。11月28日,广西冷链协会成立大会暨第一次会员大会召开,广西冷链物流领域首个自律组织——广西冷链协会在南宁成立。12月14日,广西物资集团物创建材上思项目公司——广西上思物投矿业发展有限公司在防城港市公共资源交易中心,以1460.59万元成功竞得上思县三化矿区南矿段石灰石矿采矿权,标志着广西物资集团在钦北防一带的新型环保产业布局中迈出了重要一步。

2019年1月15日,广西物资集团第五届第三次职工代表大会确定"两转一创"(转折发展、转型升级、二次创业)发展战略。4月3日,自治区人民政府批复同意组建广西环保产业投资集团有限公司。5月5日,自治区副主席到广西物资集团调研,听取集团公司生产经营情况汇报,为下一步深化改革加快发展指明了方向,提出了要求。5月6日,2019广西"5·6"物流节暨钦州物流投资推介会在钦州开幕。会议围绕如何推动广西物流业高质量发展进行探讨和交流,旨在为广西加快构建南向、北联、东融、西合全方位开放发展新格局提供有力的物流支撑。5月13日上午,广西桂物智慧科技有限公司在广西现代物流产业孵化中心举行增资扩股签约仪式,此次引入的战略合作伙伴,将为桂物智慧公司实现跨越式发展以及提升"行·好运"知名度打下扎实的基础。5月23日,广西物产投资发展集团所属的柳州桂中海迅物流公司成功获得柳州新红卫钢材市场项目用地。该项目位于柳州市柳北区钢城北路北面,本次摘牌地块面积4.72万平方米,属仓储用地,规划建成1.8万平方米钢结构加工厂房和1.38万平方米配套办公及商业铺面。5月23日,广西物资集团所属的广西南宁美居物业服务有限公司与北部湾港务集团所属的南宁化工集团有限公司,举行南宁化工集团有限公司职工家属区物业管理、资产及人员整体分离移交协议签约仪式,广西南宁美居物业服务有限公司接管南宁化工集团5个职工家属区共10万平方米区域。5月30日,广西环保产业投资集团揭牌仪式暨政银企对接会在南宁举行,成果丰硕,各级地方政府、金融机构、区内外知名环保企业积极支持广西环保事业发展,现场共有17家单位进行环保产业战略合作协议签约,各金融机构给予广西环保产业投资集团授信额度超过1000亿元。5月31日,自治区发展和改革委员会和自治区商务厅联合印发《关于下达2019年自治区服务业发展专项资金投资计划的通知》,五象汽贸园二期项目获得自治区服务业市场体系建设类发展专项资金支持300万元。6月19日,广西物产投资发展集团有限公司揭牌,广西桂物储运集团有限公司正式更名为广西物产投资发展集团有限公司。物产集团由此从传统仓储物流转型为综合性现代化物流产业企业,承载起打造广西最具影响力的供应链运营商的新的历史使命。6月20日,自治区副主席黄俊华到广西物资集团广西物流职业技术学院项目现场调研并指导筹建工作。他指出,及时做好周边配套基础设施,扎实做好学院高起点筹设工作,充分发挥国有企业办职业教育的优势,努力推进高水平职院的建设,在践行和落实国家职业教育改革实施方案中做出新的成绩和新的贡献。6月28日,"行·好运"网上线运营两周年暨成交货值突破1000亿庆祝活动在广西现代物流产业孵化中心隆重举行。7月9日,广西环保产业投资集团与自治区生态环境厅在南宁签订战略合作框架协议,双方将开展多领域、多方式、多层面的战略合作,以实际行动贯彻落实习近平总书记生态文明思想,共同推动广西环保产业做强做优做大。7月10日,广西环保产业投资集团与北控水务(广西)集团签署战略合作框架协议。双方将在乡镇污水处理、智慧水务、固废处置、环保技术转移示范、东盟环保市场开发、人才交流任职、合作成立环保研究院等方面开展全方位、多层次的合作。7月12日,广西物资集团获得广西壮族自治区人民政府高等学校专项债券资金5000万元,这是广西国有企业首次获得高等学校专项债券资金支持。这笔专项资金用于广西物资集团建设广西物流职业技术学院项目。8月13日,广西环保产业投资集团与中冶天工集团签署战略合作框架协议,将在国内外环保工程施工、环保技术和人才、环保金融、大型环保项目等开展深度合作。11月19日,在桂林市举行的2019年广西(桂林)文化旅游重大项目招商推介会暨签约仪式上,广西物资集团与自治区文化和旅游厅签署战略合作协议,共同推进广西汽车旅游产业发展。

2020年1月6日,广西环保产业投资集团与重庆环保投资集团有限公司签署战略合作协议。双方就西部陆海新通道污水处理厂、环保产业基金运作等方面开展全方位、多层次的合作。1月10日,广西城乡规划设计院、广西建筑工程质量检测中心移交广西物资集团。5月20日,自治区统筹推进的自治区"五网"建设三年大会战、物流网重点建设项目——广西北部湾国际生鲜冷链园区项目(一期)39.8184万平方米土地在防城港市自然资源交易中心成功摘牌。6月5日,广西生态环保产业孵化中心启动,广西环投蝌蚪生态科技有限公司开业,提供一站式综合解决方案,为政府、园区、企业当好"管家"。6月19日,广西物资集团召开"桂物人70年"纪念大会,纪念广西物资系统成立70周年,吹响打造百年企业的号角。7月3日,广西物资集团与贵港市签订贵港生态科技产业园项目合作框架协议。该项目总投资超1000亿元,规划用地8.4平方千米,是入驻贵港市的第一家生态科技项目,打造立足广西、面向东盟、融入"一带一路"和粤港澳大湾区、具有区域性和国际影响力的节能环保产业投资及示范园区,包括环保装备制造区、产学研孵化区、总部基地区、物流仓储服务区、生态治理示范区等五个功能区。10月11日,同年揭牌成立的广西物流职业技术学院开学,顺利完成自治区教育厅下达的800人招生指标。这意味着广西物流领域的第一所大学、自治区直属国有企业创办的第一所大学、贵港市的第一所大学正式"营业"。11月26日,广西物产投资发展集团有限公司荣获由国家人力资源社会保障部、中国物流与采购联合会授予的"全国物流行业先进集体"称号，是广西唯一一家获此殊荣的企业。11月26日，广西北部湾国际生鲜冷链园区（一期）项目开工。11月27—30日，由对外合作与交流中心、自治区生态环境厅、中国-东盟博览会秘书处主办，广西环保产业投资集团承办的2020年中国-东盟国际环保展在南宁国际会展中心举行。本次展会首次由环保企业具体承办，占地2600平方米，共有标准展位26个、特装展位15个，创新举办16场专题技术推介会、4场战略合作签约、7场技术服务项目签约。12月5—6日，2020年广西汽车旅游大会在南宁市龟山江滨公园举行。本届大会接待业内专家300多位、专业观众5000多人，普通游客近15万人次，吸引参展企业563家，参展车辆500辆，总订单成交额超过1000万元，签约合作项目30多个，达成投资合作金额20亿元，获得了CCTV13、《人民日报》、国务院国资委网站等240多家媒体和平台关注，线上线下传播量破1000万人次。12月8日，自治区人民政府第71次常务会议审议通过《广西现代物流集团有限公司组建方案》。12月18日，自治区重点项目——五象汽车生活广场一期开业，标志着西南最大车市、广西首个大型一站式汽车文旅生活综合体正式亮相。12月19日，广西物资学校迎来建校40周年。12月29日，人力资源社会保障部、中国物流与采购联合会表彰全国物流行业先进集体、劳动模范和先进工作者，广西物资集团党委副书记、总经理刘鑫荣获"全国物流行业劳动模范"称号，广西物产投资发展集团有限公司荣获全国物流行业先进集体，广西物流与采购联合会秘书处冯春美荣获全国物流行业先进个人。

2021年2月25日，经自治区党委、人民政府同意，广西现代物流集团有限公司、广西供应链服务集团有限公司揭牌成立。8月12日，广西现代物流集团发布"十四五"规划。10月12日，广西现代物流集团发布企业文化建设纲要。

2022年5月19日，经自治区人民政府同意，重新组建广西供应链服务集团有限公司，赋予广西大宗商品供应链管理服务平台的新定位。

第二章　广西物流头部企业的创建与发展

第一节　经营模式探索
第二节　内部管理建设
第三节　业务转型与拓展
第四节　经验成果提炼
第五节　彰显国企担当

新中国成立70多年来,社会主义建设和改革开放都取得了举世瞩目的成就,社会经济发生了翻天覆地的变化。在新中国波澜壮阔的发展历程中,特别是1978年改革开放以来,广西物流行业也发生了翻天覆地的变化,其从萌芽到快速发展,为地方和国家经济的可持续发展提供了有力支撑。2022年8月,习近平总书记在辽宁考察时指出:"要讲好党的故事、革命的故事、英雄的故事,把红色基因传承下去,确保红色江山后继有人、代代相传。"[1]红色是中国共产党、中华人民共和国最鲜亮的底色,是中华民族宝贵的精神财富。对广西物流过去70多年发展历程的回顾,实则是用历史映照现实、远观未来,看清楚过去我们为什么能够成功、弄明白未来我们怎样才能继续成功,用物流前辈艰苦奋斗的历程、不忘初心的坚守、开拓进取的斗志鼓舞新一代的物流企业和员工,在新征程上更好地担负起我们这一代人的使命。

---

[1] 把红色基因传承下去[EB/OL]. (2022-05-25)[2023-05-12]. http://dangjian.people.com.cn/n1/2022/0822/c117092-32507812.html.

第一节 经营模式探索

1949年新中国成立后，在计划经济体制下，国家对生产资料和主要消费品的生产、分配等实施计划管理，计划部门管指标、物资部门管调拨、交通部门管运送。这一时期，我国初步建立了以铁路和水运为主要途径的运输体系，包括河运、海运、管道运输、公路和铁路运输等。

一、广西物流业初创时期

广西地处中国西南边陲，新中国成立后不久，广西也得到了全面解放。1949年的广西，历经多年战乱后，千疮百孔，物资匮乏、民生凋敝，当时的广西人民对生产生活的物资稳定供应有着急切的期盼。于是，1950年4月，广西省人民政府成立广西仓库物资清理调配委员会，负责清理和调配全省仓库物资，增加市场供应。广西仓库物资清理调配委员会是广西物流业发展的最初开拓者，是第一代桂物人，他们军装换工装，带着人民军队的红色基因，忠于祖国、忠于党，献身社会主义事业是他们不变的初心！在广西物资系统成立后，他们又即刻投入平抑物价和统一财经工作的战斗，迅速改变了建国初期资金与物资管理上混乱的状态，全省的物价开始回落并逐渐趋于平稳，持续十几年的通货膨胀在此时终于告一段落。桂物人始终不忘初心、牢记使命，坚决服从国民经济建设大局，服务于国家和广西重大战略部署。1953年，广西省在省财政经济委员会内设立物资小组，负责物资的计划调拨。1954年，广西省计划委员会成立，物资申请和平衡分配工作转由省计划委员会负责。1956年5月，广西省物资供应局成立，作为省人民委员会的直属局，负责全省统配、部管物资的综合平衡和计划分配,组织统配物资的订货、调运、供应、节约代用和回收工作。同年,广西省物资供应局设置了10个职能科室,在南宁、柳州、桂林设立储运站,在北京、上海、武汉、广州设采供供应组。

二、计划经济建设时期

1949年中华人民共和国成立到1978年改革开放之前,我国根据当时的国内外形势,对如何进行社会主义建设进行了积极探索,并实行计划经济体制。对于刚刚取得革命胜利、努力走出贫困落后境地的新中国而言,计划经济在推动社会经济发展方面起过非常重要的作用,但后期又对我国经济发展构成了严重的束缚。

在这样的大环境下,中国的物流业,特别是交通运输业得以恢复并开始大规模建设,初步建立了以铁路和水运为骨干,由铁路、公路、海运、内河航运和管道共同构成的运输体系。其中,铁路运输的16种主要物资的储存与调拨,取得了明显成效,满足了经济恢复与社会主义建设特别是抗美援朝对物流的需要。

1957年底,广西省对物流行业进行直辖管理,集中购物,调整精简,撤销了省物资供应局,其业务分别由省计划委员会和省商业厅负责,仍对物资实行计划供应,生产基建的物资需要基本得到了保证。1958年3月,广西壮族自治区第一届人民代表大会第一次会议宣告,广西壮族自治区成立。1960年11月,自治区分别组建了南宁、柳州、桂林、贵县(现贵港)4个点的收购供应站(即二级站),主要职能就是按计划收购国家统配物资和自治区管理的物资;承担和办理物资购入、储存、供应和调度、运输的任务;代办国家物资一级站委托的有关事宜。1962年2月,自治区党委和自治区人民委员会批准建立了一批物资供应链专业公司,分别是:广西金属材料公司、广西建筑材料公司、广西机电设备公司、广西木材公司、广西储运公司。1963年10月,自治区物资供应局明确,凡是专区、市以上的国营工矿企业及国防建设工程等所需物资,皆由物资部门负责供应。心系国家发展,情牵人民生活,为实现"国富民强",广西物资系的所有人都在努力。1961—1964年,南宁邕江大桥作为广西物资系统优先保障物资供应的基本建设重点项目建成通车;南宁化工厂、柳州水泥厂、南宁糖厂等14个大中型项目也先后建成;桂物人通过与贵州、河南等省进行协作加工和调剂串换,填补了广西煤炭需求的缺口;合山矿务局联合专用线竣工通车,广西运煤能力由原来的85万吨提高到设计能力300万吨,缓解了广西煤炭供需矛盾。1971年9月,广西壮族自治区成立自治区南宁市革命委员会物资局。"文化大革命"期间物资供需矛盾突出,广西物资局在动荡中仍承担使命责任,坚持编制物资计划和监督执行情况,"三五"至"四五"时期,共支援完成大中型基建项目76项。

1958—1978年,在"大跃进""文化大革命"这样艰难的时期,国内、区内物资供给与需求之间的矛盾非常突出,物资管理的机构和管理办法变动频繁,当时广西的物流系统在极其艰难的环境中曲折发展。总体而言,这一时期中国的物流是较为落后的,主要有以下一些特点。

一是高度集权。当时,国家的各种物资都是统一计划、生产、分配,统一安排物流的。计划部门管指标,物资部门管调拨,交通部门管送达。所有企业均无权生产计划外的产品或进行物资调运、产品交易。

二是分割管理。计划经济时期,我国实行城市与农村、生活资料与生产资料分割管理,货物运输也分别由交通、铁路、邮电、民航等部门进行管理,所有物资均按国家指令和地方指令分配,设置一级物资储备站和二级物资储备站。如前所述,1960年11月,自治区分别组建了南宁、柳州、桂林、贵县(现贵港)4个点的收购供应站(即二级站),收购和管理国家物资。

三是政府定价。在社会消费品零售总额、生产资料销售总额和农产品收购总额中,政府定价的比重分别为97%、100%和94.4%。运输和仓储价格也均由政府确定。

四是以公有制企业为主。当时物流各环节所设立的运输、仓储、装卸、包装、货代等企业都是公有制企业。

五是大而全、小而全的商业运作模式。当时我国是从小农经济社会走过来的,借鉴了苏联的计划经济模式,无论工业还是服务业,均是大而全、小而全模式,社会化程度低,每个企业都自己设库、建车队,只要自己能干的就不会外购、外包。

计划经济的实施是符合我国当时的国情的,但是长期实行计划经济显然不能适应我国经济发展的形势,所以在这一阶段的后期,我国物流业发展陷入了困境,远远落在了发达国家后面。

三、改革开放后中国物流业的腾飞

1978年12月十一届三中全会召开,邓小平同志在会上提出了"解放思想、实事求是、团结一致向前看",由此揭开了我国改革开放的序幕。"改革开放"成为当时国家发展的一个关键词,广西物资系统也与时俱进,迈出了改革开放的步子。1979年底,全自治区4个辖市、8个地区、2个县级市、72个县、8个自治县、17个市辖区的物资机构先后得以恢复,使得改革开放后全广西的物资流通得到保障。1978年,"物流"概念开始引入中国,物流行业在中央支持下开启了现代物流业探索与实践的新征程。

1979年9月,广西物资局报批获准筹建广西物资学校,桂物人在艰难中忠于职守、勇于变革、开拓创新的精神品质得以通过教育事业传承、发扬。1987年10月,党的第十三次全国代表大会召开,提出了正确认识我国现在正处于社会主义的初级阶段,确定了一个中心、两个基本点的基本路线,确立了"三步走"的经济发展目标,明确了社会主义有计划的商品经济体制是计划与市场内在统一的体制。

1990年,邓小平的南方谈话将中国经济体制改革的目标确定为建立社会主义市场经济体制。这是我国物流业发展的大时代背景。

在这一阶段,我们通过学习、引进、借鉴国外物流先进理念、技术、模式,逐步认识到了物流的重要性。1984年,我国提出了物资管理科学化、现代化的概念,1997年提出物资业要发展代理制和配送制,建立新型工商关系,以更好地为经济建设服务。1995年9月28日通过的《中共中央关于制定国民经济和社会发展"九五"计划和2010年远景目标的建议》提出积极发展配送中心,2000年10月通过的《中共中央关于制定国民经济和社会发展第十个五年计划的建议》明确提出,重点发展商贸流通、交通运输、市政服务等行业,推行连锁经营、物流配送、多式联运、网上销售等组织形式和服务方式,提高服务质量和经营效益。

在此背景下,1988年5月,自治区人民政府决定将广西物资局更名为自治区物资厅,担负起统管自治区物资流通的政府职能。1981年至1985年"六五"时期,广西经济建设以改革开放为中心,进入持续、稳定、协调发展的新阶段,在生产基建投资上开始从实际出发,以发挥广西的资源和地理优势为重点,加强农业、水电、建材、冶金、交通通信等基础产业和制糖工业的发展力度。1991年建立的物华贸易公司,打破了广西物资部门没有外贸经营的局面。

四、转企改制的探索

1996年3月,广西壮族自治区人民政府下发《关于组建广西物资集团总公司的通知》,原自治区物资厅及其所属的企事业单位整体转制,成立广西物资集团总公司;广西物资集团总公司是自治区人民政府直属大型一类企业,经营管理原自治区物资厅及其所属企业的国有资产,并作为广西实行国有资产授权经营的试点单位。同年6月,广西物资集团总公司挂牌成立。2011年3月,经自治区工行局核准,广西物资集团总公司更名为广西物资集团有限责任公司,同年8月,广西物资集团总公司代管的广西壮族自治区人民政府驻贵阳办事处移交自治区人民政府办公厅管理,结束了代管自治区人民政府驻外办事处的历史。转制后的广西物资集团总公司逐步转换角色,在市场经济中探索前行。从中我们可以感受到,广西物流业的发展可谓历经磨难,几次跨越生死存亡,但是源自部队军人的不服输、不畏难、不放弃的劲头一直鼓舞着桂物人,让他们能在跌宕起伏中顽强拼搏,在风险挑战中众志成城,在各个关键时期抓住机遇,找准主攻方向,一次次涅槃重生,直至走向辉煌。

五、现代企业制度建立

20世纪末,上海、天津、深圳等城市开始把物流列为支柱产业或新兴产业,现代物流产业开始起步。青岛海尔、深圳华为、天津天气、中远、中外运、中储等一批企业开始发展物流并取得了一定实效。丹麦马士基、美国总统轮船公司等国际物流企业开始试探性地进军中国物流市场。物流业有广阔的市场空间。2001年底,我国正式加入世界贸易组织,这成为中国物流业发展的助推器。2002年2月25日,江泽民同志指出:"消费通过流通来决定生产,只有现代流通方式才能带动现代化生产,大规模流通方式才能带动大规模生产"①,"要大力支持和推动连锁经营、集中配送等现代流通方式,推动经济发展,提高竞争力"②。2006年,十届全国人大四次会议通过的《国民经济和社会发展第十一个五年规划纲要》在第十六章"拓展生产性服务业"中专门设立了"大力发展现代物流业"一节,物流业第一次被列入五年规划,其作为国民经济一个产业的地位得以确立,这是一个历史性的突破。

  党的十八大以后,中国经济社会发展进入一个新的时期。国际金融危机爆发,国际形势错综复杂,世界政治、经济、军事、金融都发生了深刻的变化,国内经济也出现了发展不平衡、不协调的问题,动能转换缺乏有效应对措施,改革进入"深水区",很多矛盾开始凸显。以习近平同志为核心的党中央审时度势,科学决策,指出中国经济进入新常态,中国特色社会主义进入新时代,创新、协调、绿色、开放、共享的新发展理念得到了诸多企业的响应,供给侧结构性改革也成为经济发展的一个"热词"。对于广西物流企业而言,治理机制建设是企业健康发展的重要保障,是建立健全权责明确、管理科学的现代企业制度,积极适应转型发展的新形势新要求。提升企业管理水平是广西物资集团进一步做强做优的关键,是广西物资集团实现科学发展、转型升级发展的基础。广西物资集团进一步深化优化总部机关管理体制机制改革,给予下属公司更大的差异化授权,持续构建功能定位精确、职责权限明晰、运转顺畅高效的"1+3"管控模式。广西物资集团建立了科学的企业管理决策和执行体系,认真落实中央重大改革部署,坚持社会主义市场经济改革方向,坚持"稳"和"准"原则,坚持问题导向,推动现代企业治理机制建设,努力建设中国特色现代化国有企业制度,完善公司治理、调整优化结构,持续重组并健全市场化经营机制、风险防控机制,扩大企业经营自主权,发展混合所有制经济,深化三项制度改革,在推进物流服务业务市场化社会化等方面不断取得新的突破,奋力打造一流的国有企业。

  从"十三五"时期开始,在自治区党委、政府的正确领导下,广西物资集团重新谋划发展思路,明确了"两个转型"发展战略,即加快由传统大宗生产资料供应商向资源要素整合商转型,从完全市场竞争业务向平台企业业务转型。在"两个转型"发展战略引领下,全体桂物人开始掉转"船头",突破"围墙",重新扬帆起航,传统经

---

① 全面认识现代流通业在国民经济中的地位和作用[EB/OL].(2009-08-20)[2022-09-13].http://www.cppcc.gov.cn/2011/09/24/ARTI1316828750937105.shtml.
② 江泽民强调入世标志中国对外开放进入新阶段[EB/OL].(2002-02-26)[2023-05-22].http://www.chinanews.com.cn/2002-02-26/26/164753.html.

营业态迈出转型升级的步伐。2015年,广西物资集团营业收入首次突破200亿元大关,获评国家AAAAA级物流企业资质,成为广西第一家获得5A资质的仓储型企业。2016年11月,广西物资集团获得"2016中国物流杰出企业"称号。2017年7月,广西壮族自治区人民政府批复同意由广西物资集团筹设广西物流职业技术学院,广西物流职业技术学院属于公办性质的"千亩万人"规模高等职业院校。2018年,广西壮族自治区人民政府印发《广西北部湾经济区物流一体化工作方案》,明确将广西物资集团打造成为北部湾经济区物流龙头企业,承担起加快北部湾经济区物流一体化升级发展的重任。

从1949年到今天,以广西物资系统为代表的广西物流业的发展从计划经济逐步迈向市场经济,放下"铁饭碗",投身市场浪潮搏击,桂物人始终葆有改革创新的激情、奋勇拼搏的勇气,经受了不少的挫折,也创造了属于自己的辉煌。我们党因革命而生,勇于自我革新是融于中国共产党人血脉的政治基因,是我们党永葆先进性和纯洁性的制胜法宝。在转企改制的前几年,面对市场化改革的"汪洋大海",桂物人一时难以适应,第一次面对市场浪潮就"呛了水"。在这个时期,全国各省级物资系统都经历了转企改制、走向市场的变革过程,大浪淘沙、适者生存。面对危机与挫折,桂物人"在呛水中学会游泳,在跌倒后继续前行",通过自我变革、顽强拼搏,在改革的探索中和实践中闯出了一条生存发展之路。

广西现代物流集团在过去70多年的发展历程中,一直都由自治区党委、政府领导和支持,这也证明了党的领导是国有企业独特的政治优势,是企业维持正确发展方向和抓好经营管理中心工作的根本保证。只有坚持从严治党,强化对党员干部的教育、管理、监督,才能正本清源,树立鲜明的导向,以风清气正的政治生态,推动企业持续健康稳定发展。同时,与时俱进、紧跟国家发展方向是企业保持正确发展方向的重要基础。"一带一路"倡议下的互联互通、合作共赢、打造全球经济命运共同体,必将成为构建全球供应链的全新途径。2016年底,习近平在中央经济工作会上强调,要构建大、中、小企业专业化分工协作的网络体系,形成高效完整的产供应链,在随后召开的党的十九大上,习近平同志将现代供应链提升为经济发展的新动能和新的经济增长点。广西现代物流集团也紧跟国家发展方向,努力建立现代企业制度,于2022年成立了广西供应链职业教育集团。源自红色基因的创业激情、用心服务社会的担当品格、不服输不畏难的顽强意志、始终与时俱进的创新活动等优良传统,对广西现代物流集团及其他物流企业的发展都起到了一定的激励作用。

一代代桂物人以强烈的历史担当,勠力同心、顽强拼搏,在困难面前不抛弃、不放弃,一茬接着一茬干,一棒接着一棒跑,使得广西物资系统经过几轮的改革发展和市场的风雨洗礼后不仅得以生存,而且创造了辉煌的成绩。

第二节　内部管理建设

党的十八大以来,习近平总书记围绕党建工作进行了一系列重要论述,其中之一就是强调"认真落实党建工作责任制",把"从严治党"提升到"全面从严治党"的政治高度,增强了管党治党的整体性和系统性,为做好党的建设工作提供了根本遵循。国有企业是中国特色社会主义的重要物质基础和政治基础,是我们党执政兴国的重要支柱和依靠力量。坚持党的领导、加强党的建设,是国有企业的"根"和"魂",也是国有企业的独特优势。新的征程上,国有企业要进一步做好国企党建工作,发挥企业党组织的领导核心和政治核心作用,保证党和国家方针政策、重大部署在国有企业的贯彻执行。

习近平总书记强调,"坚持党对国有企业的领导是重大政治原则,必须一以贯之;建立现代企业制度是国有企业改革的方向,也必须一以贯之。中国特色现代国有企业制度,'特'就特在把党的领导融入公司治理各环节,把企业党组织内嵌到公司治理结构之中"[①]。全面深化国有企业改革,就要抓好"融入"这篇大文章,构建中国特色现代企业制度,完善破解全球国有公司治理难题的中国方案,续写我国国企改革发展新篇章。

广西现代物流集团作为广西物流业最具代表性的国有资本投资的企业,形成了"党委会—董事会—经营管理层—各职能部门/公司"四级企业管理机制。其中,党委会统领全局,下设党群工作部(含党委宣传部、党委统战部、人力资源部、离退

---

① 习近平在全国国有企业党的建设工作会议上强调:坚持党对国企的领导不动摇[EB/OL]. (2016-10-11)[2022-07-12]. http://www.xinhuanet.com/politics/2016-10/11/c_1119697415.htm?open_source=weibo_search.

办)、纪检监察部、党委巡察办;董事会负责公司的战略方向,下设战略与投资委员会、审计与风险委员会、薪酬与考核委员会、提名委员会、预算管理委员会;经营管理层主管具体经营事项,下设党政办公室(含董事会办公室、督察办公室、招投标办公室)、财务融资部(财务中心)、投资发展部(工程管理中心)、经营管理部(安全生产与环保部)、监事会工作部、审计部、法律事务部;成立了广西供应链服务集团有限公司、广西物产投资发展集团有限公司、广西桂物机电集团有限公司、广西环保产业投资有限公司、广西桂物循环产业集团有限公司、广西壮族自治区建筑工程质量检测中心有限公司、广西壮族自治区汽车拖拉机研究所有限公司、广西桂物投资咨询有限公司、广西物流职业技术学院、广西物资学校。

广西现代物流集团的党委会总揽全局,表明在国有企业中,党组织充分发挥了自身的政治核心作用,深入参与了广西现代物流集团的生产经营。经营管理层下的各单位也都设有单位党委和党支部,党组织的战斗堡垒作用得到了充分的发挥。这既符合市场的一般规律和国有企业发展现状,也是国有企业领导管理体制改革的历史经验结论。同时,国有企业党组织肩负着维持国有企业稳定发展、提高盈利、深化改革等重要任务,因此,其必须融入生产经营的各个环节,基于党的相关政策和工作方法,将"一个中心、两个基本点"贯穿国有企业生产实践过程。

首先,保证党组织在国有企业中的领导地位。一方面,国有企业要保证政治方向的正确性,坚决服从党组织对企业的领导,在党的领导下推动国有企业提升核心竞争力;另一方面,国有企业是我党治国安邦的重要经济基础,从国有企业职工队伍构成性质来看,国企职工的主要力量是工人阶级,是党的阶级基础与同盟。因此,国有企业必须明确党组织在国有企业中的领导地位。

其次,充分发挥国有企业党组织的政治优势,并尊重市场调节机制,实现优势互补。其一,党和国家对国有企业党组织的核心要求是实现党对国有企业的领导,充分发挥党组织的政治优势。其二,国有企业的改革与发展要始终坚持党的领导,聆听党的指导方针和战略布局,借鉴现代化企业生产的优秀制度规范,尊重、遵循市场规律和企业发展规律。其三,国有企业党组织要将国有企业管理制度与现代公司法人治理结构相结合,明确党组织在国有企业管理中的核心地位,构建国有企业现代化管理制度,培育国有企业核心竞争力。

国有企业党组织发挥领导核心和政治核心作用,归结起来,就是把方向、管大局、促落实。党的领导主要是思想领导、政治领导和组织领导,尤其强调党对中国特色社会主义事业的领导,具体到国有企业就是坚持党对企业改革发展全局的领导,坚持用习近平新时代中国特色社会主义思想武装国企党员、领导干部,坚持和完善社会主义基本经济制度不动摇,坚持发展壮大国有经济、巩固公有制主体地位不动摇。国有企业要听党话跟党走,深刻理解"两个确立"的决定性意义,坚定做到"两个维护",确保习近平总书记重要指示、党中央决策部署在国有企业落地生根,确保国有企业改革发展方向正确。国有企业要明确党组织在决策、执行、监督各环节的权责和工作方式,明确和落实党组织在公司法人治理结构中的法定地位,使国有企业党委(党组)的领导作用组织化、制度化、具体化。

国有企业内部要处理好党组织和其他治理主体的关系,明确权责边界,形成权责法定、权责透明、协调运转、有效制衡的公司治理机制。国有企业党组织参与的重大决策主要包括以下几点:一是落实党和国家的方针和政策,以及与国有资产产权改动相关的政策内容;二是参与管理干部的选拔、聘用和调整,完善管理干部的培训、考核和监管等决策机制;三是参与员工的薪资待遇调整和奖金分配,生产经营计划和财政安排等;四是参与改革方案、部门调整方案和年度生产计划方案等决策。

国有企业党组织要研究讨论企业重大经营管理事项,支持股东(大)会、董事会、监事会和经理层依法行使职权,加强对企业选人、用人的领导和把关,抓好企业领导班子建设和干部队伍、人才队伍建设,履行企业党风廉政建设主体责任,领导、支持内设纪检组织履行监督、执纪、问责职责,严明政治纪律和政治规矩,推动全面从严治党向基层延伸;坚持和完善职工董事制度、职工监事制度,保证职工代表有序参与公司治理;重大决策应当听取职工意见,涉及职工切身利益的重大问题必须经过职工代表大会或者职工大会审议,因为党的力量来自组织,组织强则事业兴。

党的全面领导、党的全部工作要靠党的坚强组织体系去实现。党支部是党的基础组织,是党的组织体系的基本单元,是党在社会基层组织中的战斗堡垒,是党的全部工作和战斗力的基础,担负着教育党员、管理党员、监督党员和组织群众、宣传群众、凝聚群众、服务群众等职责。做强国企党建,党支部建设很重要。习近平总书记指出:"坚持建强国有企业基层党组织不放松,确保企业发展到哪里、党的建设就跟进到哪里、党支部的战斗堡垒作用就体现在哪里,为做强做优做大国有企业提供坚强组织保证。"[①]在一些国有企业,党的领导融入公司治理在总部一级做得比较好,再往下延伸则存在层层递减问题,党支部的战斗堡垒作用发挥不够充分。我们必须坚持党对国有企业的领导不动摇,坚持加强国有企业基层党组织建设不放松,为做强做优做大国有企业提供坚强的组织保证。

广西现代物流集团作为一家专门的物流国有企业,始终把落实基层党建工作责任制作为加强党建工作的重中之重,党建工作与经营发展中心工作如同"车之双轮""鸟之双翼",没有脱离党建的业务,也没有脱离业务的党建。广西现代物流集团党委根据集团组织架构及业务特点,构建了党建工作责任制,落实工作体系,积极推动党建工作的开展,具体表现在以下几点。一是针对党建主体责任落实过程中存在的界限模糊、内容不清晰等问题,进一步细化量化"党建工作责任清单",分

---

① 周顺忠,伍爱群,沈明达.以高质量党建引领国有科技型企业创新发展[EB/OL].(2022-10-12)[2023-02-09].https://www.xuexi.cn/lgpage/detail/index.html?id=14576614037386540970&item_id=14576614037386540970.

层明确集体责任、第一责任和具体责任,构建了集团党委、党委书记、党委委员、党建职能部门、党支部、党小组等横向协同协作与纵向压力传导相结合的责任落实机制,解决了"谁来做、做什么"的问题。二是按照可操作、可评估的原则,将每个责任项目进行细化,梳理出政治领导、统筹落实、压力传导等具体内容和工作要求,把责任内容以点检表的形式编印在党委委员、党支部工作记录本上,确保扎实履责不漏项。党委书记与党支部书记签订《党建工作责任书》,确保压力到位、责任到人,解决"怎么做、如何做"的问题。三是将年度及中长期党建工作的顶层设计有机融入集团战略运营体系,在集团战略运营管控平台建立党建指标模块责任清单,把党建工作总体纳入集团评价考核体系,做到年初安排部署、每月检查评价、年终考核总结,实现党建工作在集团上下同一站位、同一步调、同一标准、同一要求。

当然,要确保以上要求能够准确落实,就必须有一支优秀的党员队伍。广西现代物流集团对党员的发展历来都很重视,也很严格,先进的思想理念和积极的行动实践,是党员考核的标准之一。党员的发展、培养和成长的每一个环节,广西物资集团集团党委都给予关注。集团党委、下属单位党委每月都要组织理论学习;各党支部的"三会一课"等活动,在坚定党员的理想信念方面发挥着重要的作用。集团党委坚持党员领导干部示范带头,让领导干部带头上廉洁教育课,坚决做到"三个下沉"(党委委员下沉到支部,党建力量下沉到下属单位,党员工作下沉到各单位具体工作中),以上率下,使得党员领导干部谨记"廉洁"二字,形成崇廉尚清之风、护廉守洁之行,做到了禁好口、管好手、立好身、走好路。

党建引领、融合发展,是广西现代物流集团发展的重要理念。广西现代物流集团党委坚持"融合党建"理念,推进党建与生产经营深度融合,树立"党的一切工作到支部"的鲜明导向,全面推进基层党组织标准化规范化建设,以基层党组织建设引领企业高质量发展。这具体表现在以下几点。一是固本强基,发挥党建引领效应。全面推进基层党组织标准化、规范化建设,实施党支部组织生活质量提升行动,组织策划开展主题突出、效果鲜明的党日活动;注重队伍建设,选配18名经营骨干担任基层党支部书记,坚持在生产经营一线的优秀青年职工和高知识群体中发展党员;以单建、联建、共建等形式,在9个直属企业建成36个党员活动室,使得党员学习有教室、开展活动有场所、相互交流有平台、党性锻炼有载体、开展批评与自我批评有阵地,增强了党员"支部如家"的归属感。二是创建品牌,发挥党建内敛效应。坚持把党建工作融入生产经营的各个环节,开展党建品牌创建工作,实现"一企业一特色""一支部一品牌"全覆盖。例如,广西桂物智慧科技有限公司以"智慧党建,e海红帆"党建品牌为引领,带动党支部战斗堡垒和党员先锋有效发挥模范作用,推动"行·好运"网高质量发展,被广西壮族自治区国有资产监督管理委员会党委评为党建品牌交流案例。三是服务大局,发挥党建乘数效应,彰显国企的社会责任和使命担当。例如,疫情防控以来,桂物金岸公司临危受命,连续作战30小时,打通广西版"小汤山"医院负压病房空调调试最后一个环节。物产储运桂林公司、贵港公司在疫情防控期间,紧急储备8.6吨化肥,确保春耕化肥供应。物产储运柳州公司紧急到货508卡,为柳州汽车工业复工后的正常运转提供了有力保障。

此外,广西现代物流集团党委实行的基层党支部星级化管理,为打造一批"示范党支部""标杆党支部"、有效激励基层党组织创新争先发挥着积极作用。广西现代物流集团党委还开展结对共建,充分发挥党支部的标杆导向、引领带动作用,推动后进赶先进、中间争先进、先进更前进,实现党支部建设质量整体提升,打造坚强的战斗堡垒,以高质量的党建推动企业高质量发展。

广西现代物流集团党委坚持以高质量党建引领企业高质量发展,全面加强基层党组织标准化规范化建设,在项目建设、市场前沿、基层一线大力开展"一支部一品牌"创建活动,主要聚焦"三个突出",开展"四好"党建品牌创建,以特色党建品牌带动基层党组织战斗堡垒和党员先锋模范作用的发挥,有效促进了党建和生产经营工作深度融合,有力推动企业转型发展,为加快构建全区现代流通体系主渠道和加快打造国内国际双循环重要节点枢纽做出了积极的贡献。

过去70多年,广西物流行业带着人民军队的红色基因,从无到有、从小到大、从弱到强,始终以饱满的创业激情砥砺前行。这份源自红色基因的创业激情是桂物人的本色和初心使命的原点,是前进道路上不断战胜各种困难风险挑战、保障企业行稳致远的精神支柱。

第三节　业务转型与拓展

1949年新中国成立到1978年改革开放前,国家实行计划经济,军装换工装的桂物人推着"老虎车"、肩挑背扛,历尽曲折收集物资,并与其他省份进行协作,支援广西各地的建设。

1996年3月,自治区人民政府下发《关于组建广西物资集团总公司的通知》,自治区物资厅及其所属的企事业单位整体转制,成立了广西物资集团总公司。同年6月,广西物资集团总公司挂牌成立。1972年12月,南宁、柳州、桂林、贵县四地收购供应站更名为南宁、柳州、桂林、贵县二级站。1979年9月,自治区物资局向自治区计划委员会申报,并经自治区编制委员会批准筹建广西物资学校。1980年1月,自治区党委、自治区人民政府决定将自治区革命委员会物资局更名为自治区物资局。同年9月,广西物资学校开学,第一届招生3个班共190名学生,其中物资经营管理专业2个班、财务会计1个班。1988年5月,广西壮族自治区人民政府决定将自治区物资局更名为自治区物资厅,担负起统管全自治区物资流通的政府职能。1991年7月,自治区计划委员会批准建立物华贸易公司,业务范围主要是边境贸易,兼营国内与国外贸易。该公司的建立打破了物资部门没有外贸经营权的局面。1992年8月,经自治区计划委员会批准,自治区物资厅直属的金属材料公司、化工建材公司、机电设备公司、燃料公司、物资储运公司等5个专业公司更名为"总公司",下属的南宁、柳州、桂林、贵港的分公司更名为"公司"。1995年3月,自治区党委、自治区人民政府决定撤销自治区物资厅,组建广西物资集团总公司,赋予行业管理职能,提出了自治区物资厅成建制,组建广西物资集团总公司的任务。同年8月,自治区党委决定,撤销中共广西壮族自治区物资厅党组,成立中共广西物资集团总公司党组。同年10月,自治区人民政府同意广西物资集团总公司作为广西壮族自治区现代企业制度试点企业。

转制后的广西物资集团总公司逐步转换角色,在市场经济中探索前行。1996年,自治区人民政府决定成立广西物资集团总公司董事会,并任命了7位董事。5月,自治区人民政府向广西物资集团总公司委派监事会主席和监事。6月,广西物资集团总公司挂牌成立,广西钢材市场、广西建材市场、广西汽车市场开业。9月,广西物资集团总公司第一次职工代表大会顺利召开。

1997年7月,广西金属回收有限责任公司成立,这是广西物资集团直属的第一家由职工和集团共同投资的公司制企业,年内,广西物资集团总公司按此模式共改制了5家企业,由此全面展开了现代企业制度试点工作。1998年5月,广西壮族自治区人民政府同意广西物资集团总公司继续维持行业管理职能,2002年12月,广西物资集团总公司获得自治区"2002年度出口明星企业"称号。2004年,集团将所属机电总公司及其南宁、柳州、桂林公司和4个储运公司,以及广西民爆器材专营公司、广西金岸水处理公司和广西节能技术研究设计院等9家单位改制为有限责任公司或股份制公司。

2004年,广西物资集团总公司下属机电总公司与新疆广汇集团结成战略合作伙伴关系,引入新疆广汇、美国新桥等企业入股5400万元,并改制为广西机电设备有限责任公司,企业注册资本金从2263万元增加到9000万元。当年,机电业务快速发展,实现新车销售收入35.02亿元,旧车交易收入516万元。2005年,广西物资集团煤炭销售首次突破亿元大关,销售炸药近4万吨,销售额2.51亿元,创历史新高,储运系统经济指标达历年最高水平,4个储运公司销售收入、吞吐量和利润总额三项经济指标均大幅超额完成年度任务。2009年6月,广西资源再生综合利用中心项目建设并投入使用,当年回收报废汽车2193辆。2011年3月,经自治区工商局核准,广西物资集团总公司更名为广西物资集团有限责任公司。同年8月,广西物资集团总公司代管的广西壮族自治区人民政府驻贵阳办事处移交自治区人民政府办公厅管理,结束了代管自治区人民政府驻外办事处的历史。

随着新一轮科技革命和产业革命的加速变革,颠覆性、突破性、原创性技术的迭代速度不断加快。以"云、大、物、移、智、链"为代表的创新技术,驱动了业务模式和管理模式的深度变革与重构,很多企业利用网络化、数字化提升质量、效率和效益,取得了非常明显的效果。数字技术以"数字化、在线化、智能化"为特征,开辟了新的价值创造模式。数字化转型可以助推企业加入开放式创新网络,通过推动创新知识在跨组织边界的流动,带来速度更快、成本更低、收益更高的技术革新。诸如5G通信技术带来的互联网升级、物联网普及、人工智能发展,推进了全球供应链、产业链、价值链的紧密联系,也给企业带来了更多的学习机会和分工机遇。数字化转型可以重构企业竞争优势。由于数据具有可复制、可共享、无限供给、无限使用、无限增长的特点,企业可以利用数字技术对市场端、营销端、生产端、物流端等环节产生的海量数据进行收集、筛选、加工、处理,将其作为企业运营管理决策的重要依据。从"十三五"规划开始,广西物资集团重新谋划发展思路,明确了"两个转型"发展战略。2015年,其整合5家传统机电企业业务,组建成立广西桂物机电设备有限公司,积极打造新的机电产业发展平台。2016年,广西物资集团整合柳州储运、桂林储运、南宁储运、贵港储运等8家储运公司业务,组建成立广西桂物储运集团有限公司(2019年更名为广西物产投资发展集团)。同年,桂林储运物流园、红卫生产资料物流园等园区被认定为广西首批示范物流园区,百色农机、广西气托所整体转制划入广西物资集团,广西物资集团资产盘子不断扩大。2017年7月,广西壮族自治区人民政府批复同意由广西物资集团等设广西物流职业技术学院,广西物流职业技术学院属于公办性质的"千亩万人"规模高等职业院校。2018年,广西壮族自治区人民政府印发《广西北部湾经济区物流一体化工作方案》,明确将广西物资集团打造成为北部湾经济区物流龙头企业,承担起加快北部湾经济区物流一体化升级发展的重任。作为中国5A级物流企业、中国物流与采购联合会副会长单位、广西物流与采购联合会会长单位,广西物资集团成为引领广西物流产业发展的"领头雁"。2019年,物资集团业态转型步伐不断加快,物流板块广西物流公共信息服务平台"行·好运"网资源整合能力大幅提升,物流大数据不断刷新纪录,在线交易货值突破2200亿元,广西物资集团正以"行·好运"网为核心,打造物流资源要素整合平台。2019年5月30日,广西物资集团牵头组建的广西环保产业投资集团正式揭牌,政银企对接会上与17家单位合作签约,获得金融机构1380亿元授信额度。环保业务资金技术等资源正在快速整合,广西环保产业投资集团的顺利组建、环保业态的创新开拓是广西物资集团发展进程中的重要里程碑,标志着广西物资集团开启了"二次创业"的新征程。未来,广西环保产业投资集团将被打造为环保产能平台、项目运作平台和投融资平台,积极整合广西分散的环保产业资源,通过集团实体化、市场化、专业化及资本运营,为广西生态环境建设和保护中的痛点、难点问题提供专业化服务和系统性解决方案,引领全区节能环保产业高质量发展,助推广西打好污染防治攻坚战,为建设壮美广西、共圆复兴梦想做出新的贡献。

70余年风雨兼程,广西物资系统经历了从计划经济到市场经济的转型,从手捧"铁饭碗"到进入市场搏击浪潮,桂物人在改革创新中奋力前行,既创造过辉煌,也遭受过严重挫折,既积累了宝贵经验,也付出过沉重代价。特别是转企改制以来,作为广西第一家从行政单位转制的企业,广西物资集团在艰难的摸索中前行,经历了许多坎坷和挫折。原来在计划经济下自成体系、发展较好的金属材料公司、燃料公司、化轻建材公司等业务难以适应市场经营的考验,无法继续维持,无奈退出市场。同时期,全国各省级物资系统同样经历了转企改制走向市场的变革过程。大浪淘沙、适者生存,在这场改革浪潮中,有些省级物资系统没能实现转型,不幸在市场改革中消亡。广西物资集团的机电公司、储运公司、民爆公司等几类企业转变机制,逐步建立起遍及广西各主要中心城市的物流基地、专业市场、铁路专用线、民用炸药库、科研实验室等基础设施。

市场经济瞬息万变,唯一不变的是不断的改革。如果企业跟不上时代的步伐,必将吃苦头,甚至被淘汰。"十二五"期间的项目投资又一次深刻影响了桂物人的命运。2011年,广西物资集团以增资扩股的方式投资贵州丰鑫源矿业有限公司,正式进军煤炭生产领域。虽然广西物资集团对丰鑫源公司投入巨额资金,但是由于该项目投资严重偏离主业,存在违规决策、违规操作、违规担保等问题,加之煤炭市场低迷、内控管理薄弱等诸多因素,丰鑫源矿业有限公司出现连年严重亏损,导致广西物资集团为丰鑫源公司提供的大批借款无法收回,被拖入资金窘困的泥潭,遭受了重大损失。"十二五"末期的广西物资集团元气大伤、举步维艰。进入"十三五"后,面对在废墟中重建的严峻形势,桂物人重新谋划发展规划,厘清发展思路、深化改革、努力创新、求存图变,重新扬帆起航。在"两个转型"战略引领下,全面实施"合、活、转"三字发展举措。一是"合"字,即整合业务资源,对储运、机电、环保业务板块进行结构整合、优化重组,组建了物产集团、机电集团和广西字号的广西环保产业投资集团,构建"1+3"的全新业务格局管控模式和协同效应,形成优势互补和业务协同,增强发展新动能。二是"活"字,即大力激活经营机制,全面推行基层经营单元承包制度,探索混合所有制试点改革,引入外部职业经理人,有效激发经营活力。三是"转"字,即推动业务腾挪和转型发展,升级传统业态,构建资源要素整合平台,大力培育智慧物流、汽车生活、生态环保等新兴产业,改革红利、创新活力、内生动力得到充分释放,企业经营基本面持续提升。

70余年风霜雪雨,无论是在新中国成立初期、计划经济时期,还是在市场经济时期,无论是在保障民生需求、巩固国防安全,还是在响应应急救灾的关键时刻,在广西流通产业各领域,桂物人始终不忘初心、牢记使命,坚决服从国民经济建设大局,服务于国家和自治区重大战略部署,为广西的经济社会发展做出了不可磨灭的贡献。这70多年里,桂物人积累了许多优良传统、宝贵经验和深刻启示,今天的广西现代物流集团已经迈入了新时代。回首70多年的风雨历程,我们发现党的政治核心和领导核心作用是国有企业独特的政治优势,是确保企业正确的发展方向和抓好经营管理工作中心的根本保证。正是有了党的坚强领导和深厚的红色底蕴,广西现代物流集团才能在经历风云变幻之后,发展成为广西历史最悠久、沉淀最丰富、底蕴最深厚的大型国有企业。70多年的实践证明,只有坚持全面从严治党,强化对党员干部的教育、管理、监督,才能正本清源,树立鲜明的导向,以风清气正的政治生态推动企业持续健康稳定发展。

今天,新一代的桂物人面对转折发展、转型升级的新的重大机遇和挑战,必须始终高举中国特色社会主义伟大旗帜,发挥党的政治核心和领导核心作用,传承国有企业的光荣传统,发挥国有企业的独特优势,坚定道路自信、理论自信、制度自信、文化自信,牢牢把握企业发展的方向桂物人在70多年时间里,始终服务大局,在不同历史时期,积极承担国家赋予的历史使命,努力探索解决时代痛点和难点问题,与时代同呼吸,与国家共命运,这也是广西物资系统不断延续和壮大的重要原因。广西现代物流集团作为自治区直属大型国有企业,作为党和国家经济战线的中坚力量,落实国家战略责无旁贷,必须坚持不忘初心、牢记使命的担当意识,在紧扣时代脉搏、肩负时代责任中发展自我、实现价值。

第四节　经验成果提炼

党的十八大以来,在以习近平同志为核心的党中央的坚强领导下,我国各类企业勇立潮头、敢于创新,克服了种种困难,实现快速健康发展。

2012年8月,广西物资集团有限责任公司获得首批"广西壮族自治区直属企业文明单位"称号;11月,广西农业机械钦州公司整体并入集团公司;集团公司2012年全年实现营业收入107.46亿元,首次进入百亿企业行列。2013年11月,集团公司获得"中国物流企业创新奖";12月,河池东江机制砂项目开工,集团公司正式进军碳酸钙及绿色矿山产业,同月,华昇节能公司"锅炉燃用高硫高灰劣质煤的开发研究与应用"科技成果,荣获国家科学技术进步奖二等奖。2014年7月,广西物资学校被教育部授予首批"国家中等职业教育改革发展示范学校"称号;9月,广西物资学校荣获"全国教育系统先进集体"荣誉称号。2015年8月,集团公司获评国家AAAAA级物流企业资质,成为广西第一家获得5A级资质的仓储型企业。2016年11月,集团公司获得"2016中国物流杰出企业"称号。2017年6月,广西物流公共信息服务平台——"行·好运"在南宁发布上线;2018年7月,"行·好运"防城港分站上线。同年7月,广西壮族自治区人民政府批复同意由广西物资集团筹设广西物流职业技术学院。2019年7月,广西物资集团获得广西壮族自治区人民政府高等学校专项债券资金5000万元,这是广西国有企业首次获得高等学校专项债券资金支持。这笔专项资金被用于广西物资集团建设广西物流职业技术学院项目。2020年7月,广西物流职业技术学院揭牌成立。10月,广西物流职业技术学院开学,顺利完成自治区教育厅下达的800人招生指标。11月,广西物产投资发展集团有限公司荣获由国家人力资源社会保障部、中国物流与采购联合会授予的"全国物流行业先进集体"称号,是广西唯一一家获此殊荣的企业。12月,广西物资学校迎来了建校40周年。

2021年是党和国家历史上具有里程碑意义的一年,在以习近平同志为核心的党中央的坚强领导下,我国经济发展和疫情防控保持全球领先,国内生产总值同比增长8.1%,实现"十四五"规划良好开局。我国企业坚持"稳中求进"的工作总基调,在做强做优做大方面展现新气象。2021年2月,经自治区党委、政府同意,广西现代物流集团有限公司、广西供应链服务集团有限公司揭牌成立。2022年5月,经广西壮族自治区人民政府同意,广西现代物流集团重新组建广西供应链服务集团有限公司,赋予其广西大宗商品供应链管理服务平台新定位。

党的十八大以来,党和国家高度重视全面深化改革,优化营商环境,弘扬优秀企业家精神,激发市场主体活力,推动企业高质量发展。党的十九大报告提出:"深化国有企业改革,发展混合所有制经济,培育具有全球竞争力的世界一流企业。"[1] 这是以习近平同志为核心的党中央对国有企业改革做出的重大部署,也为新时代国有企业改革发展指明了方向。以广西现代物流集团为首的广西物流企业,认真贯彻落实习近平总书记治国理政的新理念、新思想、新战略,直面百年未有之大变局,努力克服各种不利影响,保持了快速健康的发展势头,在做强做优做大的道路上取得突破性进展,综合实力和竞争力明显提升。

党的十八大以来,习近平总书记就国企党建做出一系列重要论述。这些论述涵盖对国企地位与使命、党在国企中的领导地位、党建与生产经营的关系、国企党建实践主体以及国企基层党组织建设等内容,体现了政治性与经济性、理论性与实践性、时代性与先进性、全面性与针对性相统一的鲜明特点,为新时代国有企业党的建设工作指明了方向。

第一,国有企业的地位与使命是习近平总书记关于国企党建重要论述的逻辑起点。党的十八大以来,习近平总书记多次强调国有企业在国民经济中的重要地位,提出国有企业是壮大国家综合实力、保障人民共同利益的重要力量,是中国特色社会主义的两个基础,即物质基础与政治基础的重要论断。[2] 这些论断确定了国有企业的重要地位,赋予了国有企业发展社会主义经济、保障人民群众利益、落实国家重大战略政策的庄严使命。这也成为习近平国企党建重要论述的逻辑起点,回答了"为什么要推进国企党建"问题,即国有企业承担着重要的使命与责任,因此必须坚持党的领导、推进国有企业党的建设,确保国有企业发展方向与道路的

---

[1] 习近平.决胜全面建成小康社会 夺取新时代中国特色社会主义伟大胜利——在中国共产党第十九次全国代表大会上的报告[EB/OL]. (2017-10-27)[2022-10-09]. https://www.gov.cn/zhuanti/2017-10/27/content_5234876.htm.

[2] 余孝忠,陈灏,王希.总书记关切高质量发展|锚定高质量 勇闯深水区——国企改革稳步推进开创高质量发展新局面[EB/OL]. (2019-12-26)[2022-08-15]. https://baijiahao.baidu.com/s?id=1653938928714029283&wfr=spider&for=pc.

正确性。在此基础上,习近平总书记对党引领下的国有企业发展提出了目标要求,即要使国有企业发展成为"六种力量"。这"六种力量"指出了国有企业的政治责任、组织责任、经济责任与社会责任,也是新时代国有企业必须担负的历史使命。

第二,党对国有企业的领导是习近平总书记关于国企党建重要论述的重中之重。中国共产党的领导是中国特色社会主义最本质的特征。我国国有企业作为国民经济的主导力量,也必然要求将党的领导贯穿企业发展全过程。"坚持党对国有企业的领导是重大政治原则,必须一以贯之"这一论断着重强调坚持党的领导是国有企业的政治责任,是国有企业的改革与发展始终朝着正确方向前进的重要保证。

第三,党建与生产经营融合使得国有企业党组织既是党在国有企业的战斗堡垒,也是激发各类要素活力、调动生产积极性、提升企业竞争力的动力源泉。国企党建与生产经营从来就不是相互孤立的。习近平总书记指出,要"坚持服务生产经营不偏离,把提高企业效益、增强企业竞争实力、实现国有资产保值增值作为国有企业党组织工作的出发点和落脚点,以企业改革发展成果检验党组织的工作和战斗力"①。这一论述明确提出了将国企党建与生产经营深度融合的新要求。

广西现代物流集团采取的是"党委会—董事会—经营管理层—各职能部门/公司"四级直线型的组织结构,党委会发挥统领全局的作用。集团的战略决策、前进方向、重要人事的任免等,党委会都参与其中,以确保方向正确、路线正确、步伐坚定。而正确的路线确定之后,干部就是决定性因素。国有企业领导人员肩负实现国有资产保值增值的重要责任,加强队伍建设是党领导国有企业的重要手段。回顾广西现代物流集团过去70多年的发展历史,我们可以看到选拔一大批听党话、能力强、作风好的干部到国营企业担任领导职务,可以确保国有资产掌握在忠诚于党和人民的人手中。

党的十八大以来,广西现代物流集团党委更加强调党管干部原则,保证集团党委能够管人管事管资产,建设了一支"对党忠诚、勇于创新、治企有方、兴企有为、清正廉洁"的领导人员队伍。国有企业是人民的财富,党要为人民守护好财产,就必须牢牢掌握国有企业领导权。党的十八大以来,中共中央将坚持党对国有企业的领导作为一项重大政治原则,赋予国有企业作为国家治理体系重要参与主体的政治地位,进一步强化了党对国有企业的全面领导。如今,在新的发展阶段,国有企业必须坚持用党的创新理论武装头脑、指导实践、推动工作,充分发挥国有企业党组织核心作用,把国有企业党组织建设得更加坚强有力,确保党和国家方针政策在国有企业得到贯彻执行,确保国有企业始终成为党长期执政的依靠力量。在新发展阶段,国有企业必须推进高水平科技自立自强,促进数字经济和实体经济加速融合,在立足新发展阶段、贯彻新发展理念、构建新发展格局中做出新的更大的贡献。

---

① 郑琦.提升国有企业基层组织的组织力[EB/OL].(2018-03-14)[2023-01-25]. http://theory.people.com.cn/GB/n1/2018/0314/c40531-29866672.html.

2013年4月,桂物循环公司广西废弃电器电子拆解项目通过国家环保审核并正式生产运行;12月,河池东江机制砂项目开工,集团公司正式进军碳酸钙及绿色矿山产业;12月,华昇节能公司"锅炉燃用高硫高灰劣质煤的开发研究与应用"科技成果,荣获国家科学技术进步奖二等奖;2017年7月,公安部主办的2017年全国公安机关爆炸物品安全管理信息化现场会,在集团公司所属的桂物民爆公司大型矿山作业现场举行,桂物民爆公司爆破信息化安全管理经验及爆破作业"20步工作法",被公安部作为典型经验和模式向全国推广。2018年7月,绿色矿山主体企业——广西上思物投矿业发展有限公司挂牌成立。2019年4月,广西壮族自治区人民政府批复同意组建广西环保产业投资集团有限公司;7月,广西环保产业投资集团与北控水务(广西)集团签署战略合作框架协议,双方将在乡镇污水处理、智慧水务、固废处置、环保技术转移示范、东盟环保市场开发、人才交流任职、合作成立环保研究院等方面开展全方位、多层次的合作。

广西现代物流集团70多年的发展历程告诉我们,国有企业转制应遵循社会主义市场经济发展规律,进一步优化经营机制,积极发挥市场在资源配置中的决定性作用,深化供给侧结构性改革,做强、做优、做大国有经济,让国有企业真正成为自主营业、自负盈亏、自担风险、自我约束的市场经济主体,成为社会主义市场经济的"顶梁柱"和"压舱石"。当前,我国国有企业实力越来越强大,2021年,有82家国有企业进入世界500强排行榜。在新发展阶段,我们要坚持以市场化作为国有企业改革方向,进一步健全国有企业市场化经营机制,深化企业内部三项制度改革,不断增强国有企业的市场竞争力,让国有企业在全球市场竞争中锤炼成世界一流企业。环境是最普惠的民生,坚持绿色发展才能实现可持续发展。国有企业注重节约资源、实现绿色发展,对于实现中华民族的永续发展具有十分重要的作用。新中国成立后,国有企业高度重视对资源进行有计划的合理配置,用有限的资源实现了经济的快速发展,为保障和改善人民生活做出了积极贡献。改革开放后,国有企业通过技术创新不断提高资源和能源利用率,在绿色发展上始终走在前列。党的十八大以来,我们党把生态文明建设摆在更加突出的位置,国有企业实施可持续发展战略,引进和创新绿色生产技术,节约资源能源,为美丽中国建设贡献了自己的力量。在新发展阶段,国有企业必须贯彻习近平生态文明思想,践行"绿水青山就是金山银山"理念,大力发展资源节约型、环境友好型企业,为建设人与自然和谐共生的社会主义现代化贡献力量。

前几年在疫情影响下,全国经济下行压力较大,作为经济的力量载体,市场主体在提供就业岗位、推动技术进步、稳定经济大盘等方面起着基础性作用,因此,必须充分调动各类市场主体的能动性,增强企业信心,攥紧经济实现内生性增长的"钥匙"。企业"敢与不敢"之间,市场预期是绕不开的因素。正所谓"信心比黄金更重要",如果不能有效扭转预期,企业不看好生产投资前景,那么即便有宽松的宏观政策,其效果也会受影响。稳定市场预期,离不开好的政策和制度,也离不开政策和制度的连续性、一致性。政府要注重与市场主体建立双向透明的沟通渠道,在新旧政策衔接时不搞"急转弯",及时做好解读和前瞻指导工作。具体来看,当前,国有企业改革三年行动已全面收官,大部分体制机制障碍得到有力破解。然而,个别行业扭曲定价的老问题,以及混合所有制改革后产生的公司治理新问题等,影响了效率的进一步提升。这些问题都是广西现代物流集团面对和需要解决的,要激发国有企业的劲头,就要进一步深化价格改革,健全激励和约束市场化机制,完善企业治理结构,提高竞争力和抗风险能力,不断提高效益和效率,更好地发挥国有经济主导作用和战略支撑作用。

回顾过往,一切皆为序章。无论是我们以往走过的路,还是发达国家的历史经验,都告诉我们,全面建设社会主义现代化国家、建立现代经济体系、进一步提高综合国力、推动企业高质量发展、参与全球经济竞争合作,需要一大批世界一流企业作为支撑。2022年2月28日,中国共产党中央全面深化改革委员会第24次会议审议通过《关于加快建设世界一流企业的指导意见》,强调加快建设一批产品卓越、品牌卓著、创新领先、治理现代的世界一流企业,为我国加快建设世界一流企业指明了方向,提供了基本纲领。需要注意的是,尽管我国大企业发展已经取得重大成就,不少企业规模已经进入世界前列,但是用国际性的综合标准来衡量,我国真正能够引领全球科技和产业发展的一流企业还不够多,综合竞争力不强的问题仍较为突出;与先进国家企业相比,我国企业科技水平低、盈利能力弱、创新能力不强、产业层次不高、品牌影响力不足等问题仍较为突出。当前世界百年未有之大变局加速演变,国际局势变化、新技术革命既为我国企业发展带来新机遇,也为我国企业发展带来前所未有的挑战。我们需要解决的矛盾和问题比之前更加错综复杂,扎实推进世界一流企业和强大的企业群体建设,需要我们付出更艰辛的努力。踏上新征程,肩负新使命,我国广大企业和企业家要以强烈的使命感和责任感,自觉担负起创建世界一流企业的历史重任:要以习近平新时代中国特色社会主义思想武装头脑,指导实践,推动工作,以新思路和新举措创造性地落实党中央战略部署;要大力弘扬敢闯敢干、创业创新的企业家精神,准确把握国际经济格局的深刻变化,保持战略定力,把自己的事情做好,推动企业在激烈的国际竞争中实现更大的发展;要坚持守正创新,坚持问题导向,根据新发展阶段的新要求,在补短板、强弱项上下功夫,切实转变发展方式;要强化创新驱动发展,深化企业改革,推进企业管理体系和管理能力现代化,推动企业转型升级,向全球价值链中高端迈进;要拓宽视野,与世界一流企业对标对表,培育新的竞争优势,增强在全球产业发展中的影响力和话语权;要坚持底线思维,完善风险防控体系,提升抗风险能力,将发展主动权掌握在自己手中。我们相信,只要我们踔厉奋发,勇做善为,就一定会在高质量发展的道路上不断取得新的成就,实现我国企业由大到强的根本性转变,不断谱写建设世界一流企业的崭新篇章。

第五节 彰显国企担当

广西现代物流集团于2021年2月揭牌成立,是经广西壮族自治区党委、政府批准,以广西现代物流集团为基础,通过整合广西区内物流资源组建成立的自治区直属大型国有企业,是广西物流业和环保业投资、建设、运营、孵化的平台公司。广西现代物流集团的发展与新中国同步,与改革开放同步,与新时代同步。广西现代物流集团的最早前身是1950年由广西省人民政府成立的广西仓库物资清理调配委员会,至今已走过70年多历程,是广西历史最悠久的大型国有企业。广西现代物流集团深耕物流、机电、环保三大主业,努力打造物流资源要素整合和广西大宗商品供应链平台、现代汽车生活服务品牌、生态环保投资运营平台,推动资产、资金、资质、人才等要素整合,经营业绩在全国、全球同行中不断攀升,稳居中国服务业企业500强、广西企业20强,实现了企业规模、效益、品牌和区域战略布局的转折发展和转型升级。

一、人才培养

习近平总书记指出,"实现中华民族伟大复兴,坚持和发展中国特色社会主义,关键在党,关键在人,归根到底在培养造就一代又一代可靠接班人"[①]。党的十九届六中全会审议通过的《中共中央关于党的百年奋斗重大成就和历史经验的决议》强调"要源源不断培养选拔德才兼备、忠诚干净担当的高素质专业化干部特别是优

---

① 收藏!习近平在全国组织工作会议上的讲话全文[EB/OL].(2018-09-18)[2023-09-18]. https://baijiahao.baidu.com/s?id=1611915924091448786&wfr=spider&for=pc.

秀年轻干部"①。国有企业是中国特色社会主义的重要物质基础和政治基础,是党执政兴国的重要支柱和依靠力量,发挥国有经济战略支撑作用是新时代国有企业的重大使命。广西现代物流集团在企业转制并进行全面深化改革后,立足于做强做优做大,一直都很重视年轻干部、物流人才的培养。此外,对于年轻干部,集团实施多领域、横纵向的岗位交流,以提升个人能力,拓宽发展平台,增强人岗匹配。广西壮族自治区人民政府批复同意设立的广西物流职业技术学院,明确由广西壮族自治区人民政府举办、广西物资集团建设和管理。批复中明确,广西物流职业技术学院是自治区专科层次公办高等职业学校,规划全日制在校生规模1万人,首批设立物流管理、环境工程技术、汽车检测与维修(含新能源汽车)、会计、电子商务、市场营销等6个专业。这为广西乃至全国物流业的发展培养了可用之才,让物流业的发展走上一条可传承、有创新、有活力的轨道,充分彰显了国有企业的责任担当。

二、脱贫攻坚

2021年,习近平总书记在"七一"重要讲话中代表党和人民庄严宣告:"经过全党全国各族人民持续奋斗,我们实现了第一个百年奋斗目标,在中华大地上全面建成了小康社会,历史性地解决了绝对贫困问题,正在意气风发向着全面建成社会主义现代化强国的第二个百年奋斗目标迈进。"②总书记在讲话中还特别对青年一代送出深情寄语:"新时代的中国青年要以实现中华民族伟大复兴为己任,增强做中国人的志气、骨气、底气,不负时代,不负韶华,不负党和人民的殷切期望!"③

(一)定点扶贫

历史从哪里开始,精神就从哪里起源。作为国有企业,广西现代物流集团有限公司从诞生之日起就承担起了定点扶贫任务,一批批青年干部肩负集团公司党委的重托,在定点扶贫、精准扶贫路上接续奋斗,在脱贫攻坚战中充分展现了桂物精神和新时代桂物青年的使命担当。2011年,广西物资集团共投入资金12万元,协调政府专项资金175万元主要用于定点帮扶村——东凌乡登限村的饮水工程项目和村屯道路建设,使帮扶村的民计民生有了明显改善。自2015年10月开展定点帮扶工作以来,广西物资集团深入学习贯彻习近平总书记关于扶贫工作的重要论

---

① 年轻干部的高素质专业化[EB/OL]. (2022-06-27)[2023-04-21]. http://www.rmlt.com.cn/2022/0627/650339.shtml.
② 吕东升. 新时代中国共产党的政治宣言[EB/OL]. (2021-08-30)[2022-11-11]. http://dangshi.people.com.cn/n1/2021/0830/c436975-32212221.html.
③ 林红. 增强做中国人的志气、骨气、底气[EB/OL]. (2021-08-06)[2022-12-13]. https://m.gmw.cn/baijia/2021-08/06/35060180.html.

述和党中央、自治区党委的决策部署,切实提高对脱贫攻坚工作的政治站位,坚持精准扶贫、精准脱贫基本方略,强化责任担当,采取有力措施推进脱贫攻坚工作,并取得了较好成效。其中,1个工作队长联系村——贵港市覃塘区山北乡煌里村已于2018年脱贫;3个定点扶贫村——百色市德保县敬德镇多浪村、巴头乡足伸村和登星村的"十一有一低于"及其贫困户"八有一超"已达脱贫摘帽标准,各项脱贫指标均已完成。截至2020年9月底,广西物资集团有限公司共派出工作人数20人,实施重点项目建设54个,投入资金350.63万元。2017年10月16日,集团公司组织开展自愿扶贫捐赠活动,集团机关及所属单位共募集资金11万元,用于集团公司在德保县的定点帮扶贫困村扶贫开发项目及帮扶贫困人口和困难群众。从2018年4月到2021年3月,集团公司党委还在精准扶贫工作的主战场——百色市德保县派驻一批扶贫干部,他们和派驻贵港市的同事并肩战斗,一起创造了脱贫攻坚战的可喜成绩。

(二)产业、消费扶贫

开展定点帮扶工作以来,广西物资集团积极支持各定点扶贫村、联系村因地制宜探索发展具有当地特色的经济作物、经济林果等特色产业,将资源优势转变为经济优势。第一,确保每村都能形成"3+1"特色产业格局,比如:足伸村养猪、养鸡、桑蚕、瓜类,产业覆盖贫困户比例达100%;多浪村养猪、桑蚕、山楂、八角,产业覆盖贫困户比例达98%;登星村养猪、养鸡、桑蚕、养牛,产业覆盖贫困户比例达99%。第二,确保每村都有2~3项稳定增收产业,比如:多浪村发展百香果种植、麻鸭养殖项目,登星村发展种桑养蚕项目,足伸村发展黑猪养殖和食用菌种植项目。截至2020年9月底,在定点扶贫工作方面发展产业项目7个,投入发展产业资金120.7万元,产业扶贫新增经济效益65.14万元。目前,4个村集体经济收入均超过了5万元,已达到标准(其中多浪村达到了10万元)。同时,广西物资集团还充分调动各方面的资源,大力开展"爱心购"活动,多渠道拓宽帮扶村的农产品销售渠道。广西物资集团与4个帮扶村分别签订了农副产品定向采购协议,推动这些产品进集团总部的职工食堂、超市,进各级工会采购名录。另外,广西物资集团还利用广西国企扶贫农产品线上线下平台、参加国务院国有资产监督管理委员会在柳钢举办的国有企业扶贫农产品展销会等方式,扩大扶贫产品的影响力。截至2020年9月底,广西物资集团采购帮扶村产品金额51万多元;连续3年参加农产品展销会,销售额达到10.5万元。

(三)教育扶贫

广西物资集团充分利用广西物资学校、广西物流职业技术学院这一教育资源优势,打出了一套扶贫先扶智的教育扶贫"组合拳",形成了以学校、帮扶村、集团公司为基点,驻村扶贫工作人员为连线的具有物资集团特色的"三点一线"教育扶贫路径,并取得了积极成效。一是以所属学校为基点,把职业教育送进村。广西物资集团指导广西物资学校出台支持德保籍贫困生的一揽子措施,71名贫困学子享受到了每学期700元的学费食宿费补贴、每月300元的勤工俭学工资和相应助学金支持,让他们重拾知识改变命运的自信。同时,2020年10月开学的广西物流职业技术学院也针对德保籍贫困生制定了相应策略。二是以帮扶村为基点,把技术教育送进村。比如,组织驻村第一书记、驻村扶贫工作人员参加农产品展销会、博览会,学习其他地方农产品先进经验;带领村里种养能人走出去学习种植技术、职业技能;组织帮扶村种养能人互相交流学习。三是以光子物资集团有限责任公司为基点,把更多教育资源送进村,帮助贫困学生入读区内外大中专院校;通过上课、培训,把安全教育送进村。

(四) 挂牌突击支援脱贫攻坚

如何攻克贫中之贫、困中之困的弄往村?在自治区做出挂牌突击支援、限时脱贫摘帽的决定后,广西物资集团闻令而动,从2020年3月份开始联合所有后盾单位,和该村干部群众一起在四个方面发力:在补齐短板上发力,集中火力攻坚;在兜住底线上发力,民生显著改善;在发展产业上发力,筑牢增收根基;在绿色发展上发力,生态反哺脱贫。广西物资集团重点聚焦弄往村脱贫摘帽短板,把贫困户的安全住房、饮水保障和产业扶持作为主攻方向,多渠道扶持弄往村发展种植养殖产业,集中火力抢时间、抓进度。2020年5月,已投入帮扶资金76万元,重点帮助解决的住房保障和饮水提升工程于6月底完工,饲料加工车间于8月建成投入使用。随着这一系列环境保护措施的落实,全村的人居环境得到有效保护和提升,群众生活距离小康更近了。截至2020年9月30日,弄往村已全部完成各项脱贫摘帽指标,贫困人口清零,与全国人民同步迈入全面小康社会。

(五) 抗疫、抗洪一线

2020年春,作为当地最大的化肥物资集散中心,广西物资集团桂林储运公司、贵港储运公司在抓好疫情防控的同时,紧急储备化肥7.77万吨,全力抓农时、保春耕。尽管受疫情影响较大,但广西物资集团桂林储运公司、贵港储运公司还是以每天300吨的速度紧急出货,将化肥运往广大农村、田间地头,履行国有企业的社会责任。在疫情防控阻击战的关键时刻,广西物资集团捐赠200万元,向广西版"小汤山"医院建设者捐赠5万瓶自产矿泉水,支持疫情防控工作。

2021年12月,为了遏制新冠疫情的传播扩散,东兴市开展全员核酸检测工作。机电集团交付的新能源公交车迅速"上岗",接送部分医护人员到疫情防控一线支援,助力大规模核酸检测工作,支援东兴疫情防控后勤保障工作。

2022年6月,广西多地出现持续暴雨天气,江河水位不断上涨。6月8日上午,广西供应链服务集团所属桂中海迅公司迅速成立党员志愿服务队,联合柳州市柳北区委办、柳北区消防大队、新红卫园区联合党委等部门到柳州市白沙码头参加"抗洪清淤"志愿服务活动,彰显了国企担当。

新时代新征程,广西现代物流集团作为广西物流业的龙头企业,在和广西壮族自治区共成长的路途上,无论是扶贫、抗疫,还是抗洪,都冲在前线,充分彰显了国企的责任和担当。桂物人的70多年,始终服务大局,担当使命。

第三章　广西物流的初心与使命

第一节　践行"为人民服务"
第二节　满足"美好生活需要"
第三节　发挥"基础性先导性作用"
第四节　着力"改善民生"

1949年的广西民生凋敝、物资匮乏、百废待举、百业待兴,急需清理接收国民党政府遗留的物资以保障生产生活物资供应。在这样的时代背景下,广西物流应运而生,肩负起广西物资流通、人民生活保障、支援经济建设的重担。从此,广西物资系统开启了70余年筚路蓝缕的奋斗之路。

第一节 践行"为人民服务"

一、物资系统初创时期

　　1950年4月,广西省人民政府成立了广西仓库物资清理调配委员会,负责清理和调配全省仓库物资,增加市场供应。这便是广西物资集团最早的前身。1953年,广西省在省财政经济委员会内设立物资小组,负责物资的计划与调拨。1954年,广西省计划委员会成立,物资申请和平衡分配工作转由广西省计划委员会负责。1956年5月,广西省物资供应局成立,它是省人民委员会的直属局,负责全省统配、部管物资的综合平衡和计划分配,组织统配物资的订货、调运、供应、节约代用和回收工作。全省各市、县都建立了物资供应机构。全省物资系统实行行业垂直管理。1957年底,广西省对直辖管理机构进行调整精简,撤销了省物资供应局,其业务分别由广西省计划委员会和广西省商业厅负责,仍对物资实行计划供应,广西省生产基建的物资需要基本得到保证。

　　在中华人民共和国成立前,由于帝国主义、封建主义和官僚资本主义的压迫统治和常年战争,国家的经济十分落后且遭受严重破坏。1949年与历史最高年份相比,工业总产值减少了50%,其中重工业减少了70%,轻工业减少了30%,煤炭产量减少了48%,钢铁产量减少了80%以上,粮食产量减少了近1/4,棉花产量减少了48%,铁路只有近万千米线路通车,3200多座桥梁遭到严重破坏。国民党政府滥发货币,造成通货恶性膨胀,市场物价猛涨。1949年城市中失业人数约有400万人,农村灾民约有4000万人,人民生活极端困难。新中国成立后,党和政府必须迅速医治战争创伤,恢复国民经济,以巩固人民政权,改善人民生活,并为有计划的社会主义建设和社会主义改造创造条件。

军装换工装的第一代桂物人在物资系统成立后马上投入平抑物价和统一财经工作的战斗,配合政府清理广西各地仓库物资,并通过集中掌握主要收入、资金和重要物资,实行统一调配,增加市场供应,迅速改变了建国初期资金与物资管理的混乱状态。1950年上半年,全省物价开始回落,同年12月市场恢复平稳,持续十几年如脱缰野马的通货膨胀被制服,结束了恶性通货膨胀和物价飞涨的局面,为工农业生产的恢复和顺利发展提供了重要条件。

"一五"期间,广西物资局共支援建成投产计划项目15项,如新建南宁电厂、西江农场、黎湛铁路和改建黔桂铁路的金城江至贵州麻尾段,并建成了一批公路干线和贵县、谢圩、伶俐、明阳等4个糖厂。这些项目的实施,紧跟当时中央人民政府恢复国民经济的步伐和措施,使原有的铁路基本畅通,公路、水运得以恢复,助力广西提前完成"一五"计划,对整个广西经济的迅速恢复起了重要的作用。这一时期,由于经济的迅速恢复,人民收入有了很大的增长,生活得到了改善,财政经济状况得到根本好转,这为开展有计划的社会主义建设和社会主义改造准备了条件。

二、计划经济时期

1958年至1978年,广西先后经历了"大跃进""文化大革命""两年徘徊"时期,物资供需矛盾突出,资管理机构和管理办法变动频繁,广西物资系统在曲折中发展。

这一时期,物资系统的主要职能是按计划收购国家统配物资和自治区管理的物资,承担和办理物资购入、储存、供应和调度、运输任务,代办国家物资一级站委托的有关业务。即使是在物资供需矛盾突出的"文化大革命"期间,广西物资局仍在动荡中承担使命责任,坚持编制物资计划和监督执行情况,各级企业的物资供应工作靠归口局和企业根据统一计划进行组织。"二五"期间,自治区计划投资118亿元,实际完成投资19.58亿元,基建项目核减后实际完成25项。广西物资局想方设法、历尽曲折收集物资,支援柳州钢铁厂的建设,有力保障了柳钢1号高炉建成投产。

1963—1965年三年经济调整期间,广西共完成投资7.21亿元,建成南宁化工厂、柳州水泥厂、邕江大桥、南宁糖厂等14个大中型项目。其间,广西物流系统通过与贵州、河南等省进行协作加工和调剂串换,解决了广西煤炭需求的缺口问题,并通过合山矿务局来合专用线竣工通车,将广西运煤能力由原来的85万吨提高到设计能力300万吨,缓解了广西煤炭供需矛盾。"三五""四五"时期,共支援完成大中型基建项目76项。

这些基建项目的完成,体现了计划经济时期广西物资局勇于担当的时代精神,为促进经济增长、满足人民日常生活需求做出了巨大贡献。早在全面抗日战争期间，毛泽东同志就提出了"一切空话都是无用的，必须给人民以看得见的物质福利"①。毛泽东同志的这一提法，给全党同志敲响了警钟，即使是在困难、复杂的环境下，全党同志也尽心尽力为民谋福利、为民造福。直到社会主义建设时期，党仍然贯彻落实这一原则，一切工作的出发点和落脚点都是保障人民的根本利益、为人民的物质利益持续奋斗。在计划经济时期，广西物资局始终恪守为民谋福利、为民造福的这一原则，千方百计收集物资，支援柳州钢铁厂的建设，为广西的钢铁工业发展、为当地的经济发展立下了不朽的功勋。"三五""四五"时期，广西物资局支援完成许多大中型基建项目，致力于让广大人民群众过上和平稳定、物质富足的生活。

三、改革开放恢复时期

中国共产党的执政使命是为人民群众谋利益。邓小平同志结合社会主义的本质要求，指出为人民群众谋利益必须实现人民群众的共同富裕。共同富裕是社会主义的根本目的和根本原则，也是社会主义优越性的集中体现。邓小平同志指出，"社会主义要表现出它的优越性，哪能像现在这样，搞了二十多年还这么穷，那要社会主义干什么？"②1987年4月，他又指出："我们坚持社会主义，要建设对资本主义具有优越性的社会主义，首先必须摆脱贫穷。"③社会主义最大的优越性就是共同富裕，这是否定了那种将公有化当作社会主义最大优越性的错误观点。同时，邓小平同志还认为，社会主义的本质特征就是共同富裕。1980年4月12日，邓小平在会见赞比亚总统卡翁达时强调："经济长期处于停滞状态总不能叫社会主义。人民生活长期停止在很低的水平总不能叫社会主义。"④1992年初，邓小平在南方谈话中指出："社会主义的本质，是解放生产力，发展生产力，消灭剥削，消除两极分化，最终达到共同富裕。"⑤至此，邓小平同志完整系统地提出了社会主义本质的论断，指出社会主义的本质就是达到共同富裕。这个共同富裕，是经济要快速发展起来、人民的生活水平得到提高的共同富裕，而不是过去的平均主义。邓小平同志的论断深化了对社会主义的本质认识，为社会主义市场经济的发展扫清了两极分化和平均主义的思想障碍，统一了全党、全国人民的思想，确保了改革开放的正确方向，使改革开放得以顺利推进。

在改革开放的时代背景下，广西物资系统也迈出了改革开放快速发展的步伐。

---

① 毛泽东文集：第1卷[M].北京：人民出版社，1993：467.
② 邓小平文选：第2卷[M].北京：人民出版社，1994：130.
③ 邓小平文选：第3卷[M].北京：人民出版社，1993：225.
④ 邓小平文选：第2卷[M].北京：人民出版社，1994：312.
⑤ 邓小平文选：第3卷[M].北京：人民出版社，1993：373.

1979年底，全自治区4个自治区辖市、8个地区、2个县级市、72个县、8个自治县、17个市辖区先后恢复建立物资机构。1980年，随着各地、市革命委员会改为行政公署或市人民政府，各地、市、县革命委员会物资局改为地、市、县物资局，广西壮族自治区革命委员会物资局更名为自治区壮族自治区物资局。1988年5月，自治区人民政府决定将广西物资局更名为广西物资厅，担负起统管全自治区物资流通的政府职能。

经过物资管理体制改革全面推开，广西物资流通的社会效益大大提升，1986年全区物资购进总额为18.07亿元，同比增长14.42%；1987年为25.66亿元，同比增长42%。物资销售总额，1986年为19.26亿元，比1985年增长15.15%；1987年为27.44亿元，同比增长42.47%。1991年7月，经自治区计划委员会批准，广西壮族自治区物华贸易公司成立。它开展边境贸易，兼营国内与国外贸易，打破了物资部门没有外贸经营权的局面。

1996年3月，自治区人民政府下发《关于组建广西物资集团总公司的通知》，自治区物资厅及其所属的企事业单位整体转制，成立广西物资集团总公司，为广西壮族自治区人民政府直属大型一类企业。1996年6月，广西钢材市场、广西建材市场、广西汽车市场开业。1998年5月，广西壮族自治区人民政府同意广西物资集团总公司继续维持行业管理职能。转制后的广西物资集团总公司逐步转换角色，在市场经济中探索前行。2005年，广西物资集团煤炭销售首次突破亿元大关，销售炸药近4万吨，销售额2.51亿元创历史新高；储运系统经济指标达历年最高水平，4个储运公司销售收入、吞吐量和利润总额三项经济指标均大幅度超额完成年度任务。2009年6月，广西资源再生综合利用中心项目建成并投入使用，当年回收报废汽车2193辆。2011年12月，自治区统筹推进的重大项目——再生资源循环产业园一期建成投产，广西废弃电器电子产品回收拆解基地、南宁再生资源回收利用基地同时正式运行。2012年8月，广西物资集团获得首批"广西壮族自治区直属企业文明单位"称号，当年实现营业收入107.46亿元，首次进入百亿企业行列。2012年5月，桂物金岸公司成为国家合同能源管理备案单位，是广西制冷行业内第一家节能服务公司；6月，桂物民爆公司成为广西唯一获得一级爆破资质的单位。

这一时期广西物资系统得到快速发展，并且开启了转企改制的探索时期，其中以转制后的广西物资集团总公司最具代表性。广西的物流业在这一时期逐步转换角色，在市场经济改革中探索前行，以适应市场经济的快速发展。广西物流业涵盖的产业、产品种类越来越多，销售总额和营业收入也越来越高，极大地促进了当地经济的发展，为人民提供越来越多的优质服务，改善了当地人民的生活水平，广西人民也跟上了全国人民的步伐，在站起来、富起来和强起来的征程上迈出了坚定的步伐！这些成绩的取得，与邓小平同志的共同富裕思想的指导是分不开的。

四、中国特色社会主义进入新时代

习近平总书记曾指出,"人民对美好生活的向往,就是我们的奋斗目标"①,在中国特色社会主义新时代,社会的发展不仅要满足人民的物质利益,更要满足人民不断增长的美好生活需要。习近平同志将人民日益增长的美好生活需要与不平衡不充分的发展联系起来,论述了我国现阶段社会的主要矛盾就是人民日益增长的美好生活需要和不平衡不充分的发展之间的矛盾,而要解决这一矛盾,必须以人民为中心,"要坚持把人民拥护不拥护、赞成不赞成、高兴不高兴、答应不答应作为衡量一切工作得失的根本标准"②。以习近平同志为核心的党中央治国理政实践,充分彰显了以人民为中心的发展思想,把实现好、落实好、维护好人民的根本利益作为一切工作的出发点和落脚点。

《"十四五"现代流通体系建设规划》指出,"十四五"时期现代流通体系建设,必须以习近平新时代中国特色社会主义思想为指导,坚持以人民为中心的发展思想,统筹推进现代流通体系硬件和软件建设,培育壮大现代流通企业。

广西物流业在"十三五"时期开始明确加快由传统大宗生产资料供应商向资源要素整合商转型、从完全市场竞争业务向平台企业业务转型"两个转型"发展战略。2015年,整合五家传统机电企业的业务,组建成立广西桂物机电设备有限公司,积极打造新的机电产业发展平台。2016年,广西物资集团整合柳州储运、桂林储运、南宁储运、贵港储运等8家储运公司业务,组建成立广西桂物储运集团有限公司(2019年更名为广西物产投资发展集团有限公司),桂林储运物流园、红卫生产资料物流园等园区被认定为广西首批示范物流园区。同年,百色农机、广西汽拖所整体转制划入,广西物资集团资产盘子不断扩大。2017年,全面实施激活经营单元机制改革,改革红利全面释放,企业亏损面由43%减到零,首次出现所属14家子公司全面盈利,广西物资集团在全国78家重点生产资料流通企业中排名升至第8位,行业地位不断提升。2017年7月,广西壮族自治区人民政府批复同意由广西物资集团筹资建设广西物流职业技术学院,并于2020年首次招生,2022年,该院实现了"千亩万人"的目标,为地方培养又红又专的物流技能型人才做出了巨大的贡献。2018年,广西壮族自治区人民政府印发《广西北部湾经济区物流一体化工作方案》,明确将广西物资集团打造成为北部湾经济区物流龙头企业,承担起加快北部湾经济区物流一体化升级发展的重任。作为中国5A级物流企业、中国物流与采购联合会副会长单位、广西物流与采购联合会会长单位,广西物资集团已经成为引领广西物流产业发展的"领头雁"。

---

① 习近平谈治国理政:第1卷[M].北京:外文出版社,2014:4.
② 习近平谈治国理政:第3卷[M].北京:外文出版社,2020:142.

2019年,广西物资集团的环保业务、资金、技术等资源快速整合。环保业务的顺利完成、环保业态的创新拓展,为广西生态环境建设和保护中的痛点、难点问题提供了专业化服务和系统性解决方案,引领全区节能环保产业高质量发展,助推广西打好污染防治攻坚战,为"建设壮美广西、共圆复兴梦想"做出了新的贡献。

这一时期正是广西物流业转型升级发展的关键时期,广西物资集团不管是物流板块、机电板块,还是环保板块都得到了转型升级发展,形成了覆盖广西的安全、高效、畅通的流通网络,为广西现代化经济体系提供了有力支撑,为满足人民美好生活需要提供了坚实的保障。

广西物流产业发展的70多年,始终秉持为人民服务这一基本原则,不管是在新中国成立初期、计划经济时期,还是在市场经济时期,一切发展、一切转型升级都以人民为中心,把以人民为中心作为一切工作的出发点和落脚点。这种以人民为中心的发展思想体现在保障民生需求、巩固国防安全、响应应急救灾等各个领域。在这70多年的发展中,广西物流人始终不忘初心、牢记使命,坚决服从经济建设大局,服从国家和自治区重大战略部署,为广西的经济社会发展和人民生活水平的提高做出了不可磨灭的贡献。

第二节 满足"美好生活需要"

一、国民经济恢复时期

新中国成立初期,国内外反动势力威胁着新生政权,稳定国家政治局面、巩固新生政权成为当时必须解决的首要问题。就当时所面临的国外局势而言,以美国为首的西方资本主义国家仍然仇视中国,很多国家在政治上不承认新中国这一新生政权,不承认新中国在国际上的合法地位。美国甚至公开发动朝鲜战争,企图威胁新中国。就当时所面临的国内局势而言,虽然当时国内大部分地区已经实现了解放,但仍有小部分地区还没完全解放。国民党残余势力负隅顽抗,土匪、特务以及反党分子依然对国家政权造成一定程度的威胁。在经济方面,经过连年的战争洗礼,新中国成立初期,国民经济千疮百孔。一方面,要解决国民政府遗留的通货膨胀问题;另一方面,恢复生产和解决实际民生问题需要大量财政开支。新旧问题交错叠加,国民经济整体发展态势脆弱不堪。

因此,1950年4月,毛泽东同志在谈论资本主义工商业相关政策时,不再把民族资产阶级视作主要的矛盾对象。毛泽东同志提出:"今天的斗争对象主要是帝国主义、封建主义及其走狗国民党反动派残余,而不是民族资产阶级。"[①]这一时期,新中国的主要社会矛盾是人民大众与帝国主义、地主阶级和国民党残余势力的矛盾。这也是党立足于新中国实际情况做出的正确判断。党通过集中力量歼灭国民

---

① 毛泽东文集:第6卷[M].北京:人民出版社,1999:49.

党残余、巩固新生政权、参加抗美援朝保家卫国、恢复国民经济奠定经济基础等一系列举措基本完成了国民经济恢复时期的中心工作。

在此期间，物资系统在平抑物价、统一财经工作中发挥着统一调配物资、增加市场供给、规范资金和物资管理的重要作用，有效地控制了恶性通货膨胀的局面，为工农业生产的恢复和顺利发展提供了重要条件。桂物人在这一时期担当起时代使命，为当地物价平稳和工农业恢复和发展做出了很大的努力。

二、社会主义改造时期

国民经济恢复之后，中国社会仍然面临一些新矛盾和新问题，中国内部的主要矛盾转化为工人阶级与资产阶级、社会主义道路与资产阶级道路的矛盾。党对社会主要矛盾的正确把握，有利于制定正确的过渡时期的方针政策，为实现向社会主义的顺利过渡创造了有利条件。1953年底，党正式提出了过渡时期的总路线，也就是广为人知的"一化三改造"总路线，"一化"指的是社会主义工业化，"三改造"指的是对农业、手工业和资本主义工商业进行社会主义改造。在这一时期，周恩来等人还主持制定了我国的第一个"五年计划"，"一五"计划内容包括两个方面：一是集中力量进行工业化建设，以工业化建设为中心，建设符合中国实际的工业化体系，走出一条有中国特色的工业化道路；二是加快推进各经济领域的社会主义改造。最终，在准确把握社会主要矛盾的基础上，党带领全国人民不懈努力，于1956年提前完成"一五"计划，顺利实现了农业、手工业和资本主义工商业的社会主义改造，社会主义制度在中国确立，这也是中国社会历史上最深刻的变革。

"一五"期间，广西物资局共支援建成投产计划项目15项，如新建南宁电厂、西江农场、黎湛铁路和改建黔桂铁路的金城江至贵州麻尾段，并建成了一批公路干线和贵县、谢圩、伶俐、明阳等4个糖厂，这些项目的实施，紧跟当时中央人民政府恢复国民经济的步伐和指示，使原有的铁路基本畅通，公路、水运得到恢复，推动广西提前完成了"一五"计划，对整个广西经济的迅速恢复起到了重要的作用。广西物流产业在这一时期所支援建设的项目，为人民生活提供了实实在在的便利，使人民的出行更为便捷，当地也有了属于自己的工业，人民的收入得到了增长，生活得到了很大的改善。

三、改革开放以来

在社会主义建设和探索时期，党对社会的主要矛盾的认识有所偏差和失误，直到1978年改革开放，才回到党的八大对社会主要矛盾的正确判断上，摸索出一条具有中国特色的社会主义道路，社会主义建设步入正确的轨道，这也是党准确把握社会主要矛盾和正确转移国家工作重点的必然结果。

在十一届三中全会上,党正式提出停止使用"以阶级斗争为纲"的口号,并强调把党的工作重心转移到经济建设、社会主义现代化建设上来。在1979年3月党的理论工作务虚会议上,邓小平指出:"我们的生产力发展水平很低,远远不能满足人民和国家的需要,这就是我们目前时期的主要矛盾,解决这个主要矛盾就是我们的中心任务。"[①]在这一论断中,邓小平认为社会的主要矛盾是"生产力水平很低,远远不能满足人民和国家的需要",为了解决这一矛盾,就必须大力发展生产力,进行社会主义现代化建设,这也是党的中心任务。党的十一届六中全会对社会主要矛盾做了进一步的概括总结,指出社会的主要矛盾是"人民日益增长的物质文化需要同落后的社会生产之间的矛盾"[②],这是对之前关于社会主要矛盾论述的凝练和升华,体现了党对这一时期社会主要矛盾的正确把握。为了解决这一社会主要矛盾,必须把国家工作的中心转移到经济建设中来,党和政府这一时期的工作主要是围绕经济建设开展的。

从党的十二大到党的十八大,党对社会主要矛盾的认识不断深化,但整体上社会的主要矛盾仍然是人民日益增长的需要和落后的生产力之间的矛盾。为了解决这一主要矛盾,党始终以经济建设为中心,带领人民大力发展经济,进行现代化建设,这也是解决主要矛盾的根本途径。

在改革开放的时代背景下,广西物资系统也迈出了改革开放快速发展的步伐。1979年底,全自治区4个自治区辖市、8个地区、2个县级市、72个县、8个自治县、17个市辖区先后恢复建立物资机构。1981年至1985年"六五"时期,广西经济建设以改革开放为中心,进入了持续、稳定、协调发展的新阶段,在生产基建投资上开始从实际出发,以发挥广西的资源和地理优势为重点,加强农业、水电、建材、冶金、交通、通信等基础产业和制糖工业。这一时期,基建项目的新建、扩建工程创广西历史纪录,其中列入国家"六五"计划的大中型项目的有23项,即龙滩、大化、柳州水泥厂扩建工程(引进丹麦的生产线)、黎塘水泥厂及博白、苍梧等4个具有日产1000吨能力的糖厂等。

广西物流业这一时期的发展表明,广西物流业紧跟时代的步伐,趁着改革开放的东风,发挥广西的资源和地理优势,迅速加强发展,新建基建项目、扩建工程项目创广西历史纪录。在这一系列的转型升级发展过程中,广西物流牢牢把握社会主要矛盾,不断提高物资供应能力,不断助力当地经济建设,满足人民日益增长的物质文化需要。这也是坚持党的领导、发挥党的政治核心和领导核心作用,坚持企业发展的正确方向取得的辉煌成就。这份成就不仅是广西物流业的骄傲,也是整个广西的骄傲!

---

① 中共中央文献研究室.三中全会以来重要文献选编:(上)[M].北京:人民出版社,1982:101.
② 中共中央文献研究室.关于建国以来党的若干历史问题的决议注释本[M].北京:人民出版社,1983:63.

四、中国特色社会主义进入新时代以来

党的十八大以来,党领导全国人民经历了艰苦卓绝的奋斗,解决了很多历史性的难题,取得了举世瞩目的成绩,人民的需求也在发生着深刻的变化。党的十九大及时把握变化了的社会形势,对中国社会主要矛盾做出了新的论述:"中国特色社会主义进入新时代,我国社会主要矛盾已经转化为人民日益增长的美好生活需要和不平衡不充分的发展之间的矛盾。"①伴随着社会的发展,人民的需要也在逐步发生变化。改革开放以来,经济的飞速发展大幅度提高了人民的生活水平,人民的基本物质需求得到了满足,改革开放后提出的物质文化需要已经不能概括新时代人民的需要了。以往,中国的社会需求整体呈现单一化、低层次的特征,人民对于生活的需求多围绕温饱问题、教育、养老、医疗、就业、公共卫生等基础民生需要展开;现在,人民需求层次呈现个性化、多元化、高层次的特征,人民群众在对于衣食住行等基础性需求之上,对高层次需求日益增加。

新时代中国社会需求的结构、层次、内容均伴随社会生产发生了重大变化,且随着市场经济的全面发展,中国特色社会主义建设发展不平衡、发展不充分的结构性特征日益凸显。就区域而言,中国区域辽阔,东西南北中各省份之间存在一定的发展差异,其中,东部地区和沿海地区发展较快,西部和中部地区发展相对滞缓;就城乡发展而言,中国城市地区的经济、文化以及教育、医疗等诸多方面发展相对先进完善,而农村地区则相对不足,城乡发展不平衡、资源配置不合理的现象在新时代仍是个发展难题;就发展领域而言,新时代的不平衡、不充分发展包含经济、政治、文化、社会、生态、生物各发展领域之间的不平衡、不充分,生产力的大力发展、政治的稳固发展并没有带来与之匹配的文化发展、社会发展、生态发展和生物发展。不充分的发展着重强调的是供给相对不足和供给结构性失衡,既包含整个社会的发展总量相对不足,也包含整体发展程度的有待提升以及整体发展态势的不够稳固,经济机构有待改善、依法治国有待强化、文化建设有待优化、社会治理有待完善、生态文明建设有待提升、生物安全有待进一步完善。

广西社会的发展同样存在人民日益增长的美好生活需要和不平衡不充分的发展之间的矛盾,要解决这一主要矛盾,同样需要大力发展生产力,促进经济又好又快地发展,满足人民日益增长的美好生活需要。在事关民生的"米袋子"和"菜篮子"等重要商品的价格及供给方面,广西物流业更是责无旁贷。

这一时期,广西物流业在"两个转型"战略引领下,积极配合各职能部门,在供储销各环节发挥主力军作用。在物流运输和仓储上,降本增效,提升科技水平,全

---

① 习近平.决胜全面建成小康社会 夺取新时代中国特色社会主义伟大胜利——在中国共产党第十九次全国代表大会上的报告[M].北京:人民出版社,2017:11.

面掌握本地商超、菜市场、社区菜店等终端销售渠道,避免发生运输的"中梗阻";在销售上,打通"最后一公里",特别是在重要节假日时,把粮油、肉、菜、蛋、果、奶等重要民生商品及时、保质、保价地送达百姓家中。在疫情期间,广西物流鼓励和促进销售企业采取线上线下有序结合的销售方式,扩大无接触、无缝隙的消费新模式。这种消费新模式也越来越受当代人追捧。这些充分体现了广西物流业在重要民生商品保供中的责任与担当,通过种种举措,重要民生商品供应充足,价格基本稳定,满足了人民日益增长的商品需要。

2019年,广西物资集团业态转型步伐不断加快。在物流板块,广西物流公共信息服务平台"行·好运"资源整合能力大幅提升,物流大数据不断刷新纪录,在线交易货值突破2200亿元,广西物资集团正以"行·好运"为核心,打造物流资源要素整合平台。在机电板块,现代汽车生活服务广场呼之欲出,涵盖汽车展销、后市场服务、用户体验、主题商业等全产业的功能平台逐步成型。广西物资集团以现代汽车生活服务广场项目为载体,逐步从传统机电、汽车销售向全新的汽车综合业务平台转型发展。在环保板块,广西环保产业投资建设平台横空出世。2019年5月30日,广西物资集团牵头组建的广西环保产业投资集团正式揭牌。广西城乡规划设计院、广西建筑工程质量检测中心两家事业单位转企改制成为广西物资集团新成员。环保业务、资金、技术等资源正在快速整合。广西环保产业投资集团的顺利组建、环保业态的创新拓展,是广西物资集团发展进程中的重要里程碑,标志着"二次创业"新征程的开启。

习近平总书记指出:"良好生态环境是最公平的公共产品,是最普惠的民生福祉。"[①]环境就是民生,青山就是美丽,蓝天也是幸福。发展经济是为了民生,保护生态环境同样也是为了民生。在广西政府的支持下,经过广西物流和全社会的不懈努力,广西生态环境保护取得了新成就。首先,空气常新、清水长流。漓江流域生态环境保护整治取得明显成效,西江流域成为全国首个建成水污染防治联动协作机制的大流域,九洲江污染治理成为跨省区流域环境治理的典范,南宁那考河生态综合整治项目荣获"中国人居环境奖"范例奖。其次,助力"双碳",落实"双控"。近年来,广西减污降碳工作扎实推进。坚决落实中央"双碳"目标部署,坚持降碳、减污、扩绿、增长协同推进,能源消费总量和强度"双控"情况良好,清洁能源供应能力不断增强。再次,青山常在,生机盎然。广西自然生态保护和修复效果显著。2021年广西森林覆盖率达到62.55%,稳居全国第三位。最后,强化环境风险预警防控,严守生态环境安全底线。广西已建成环境风险源管理信息系统,环境应急资源信息库逐步完善。全区连续7年未发生较大突发环境事件。这些都是广西进入新时代在环境保护方面所取得的成绩,也是广西物流业助推广西打好污染防治攻坚战,为"建设壮美广西、共圆复兴梦想"做出的新贡献。

---

① 人民日报评论部.良好生态环境是最普惠的民生福祉[N].人民日报,2022-09-30(5).

第三节　发挥"基础性先导性作用"

现代物流活动是整个人类社会再生产过程中,实现各种社会经济联系的物质基础,是社会经济运行过程的实物流通渠道和桥梁,整个社会经济运行和经济活动都需要以物流为支撑。物流业成为国民经济中的基础性产业,它所提供的服务辐射范围包括生活资料和生产资料的生产和流通,每一个环节都是现代生活所不可或缺的。从现代生活所需的消费品来看,任何一种生活消费品从生产者到消费者手中都必须经历运输、仓储、流通和加工等环节。物流业所提供的服务涉及国民经济各部门所开展的生产活动,物流活动可以帮助生产企业获取所需要的原材料、机器设备等各种生产资料,整个生产过程离不开物流活动的支持,产品生产出来后更需要物流运输将产品输送到消费者身边。物流业同时也是国民经济的先导性产业,这体现在要发展经济必须超前发展物流业。老话说,要致富先修路,这句话印证了交通运输对于经济发展的重要性,说明畅通的物流是经济发展的基础。而物流基础设施建设,如交通设施中铁路、公路、桥梁等的建设,物流园区的建设等,都需要一个相对较长的周期,一般需要提前进行。具体地说,广西地区要发展,必须提前发展物流设施,物流设施的建设会催生对其他许多行业的需求,对相关产业产生不同程度的带动作用。

一、物流业是国民经济的主导产业

关于主导产业,美国著名经济学家罗斯托认为,现代经济增长实质上是部门的增长过程。他根据技术标准把经济成长阶段划分为传统社会阶段、起飞前准备阶段、起飞阶段、成熟阶段、高额群众消费阶段和追求生活质量阶段等六个阶段,认为每个阶段的演进都是以主导产业部门的更替为主要特征的。他认为经济成长的各个阶段都存在相应的起主导作用的产业部门,这些部门的增长、变化、转移和更替决定了经济成长阶段的变化。而整个经济的增长在一定意义上是这些主导部门迅速增长所产生的直接或间接的效果。简单来说,主导产业是指在一国经济的某个阶段,经济发展所依托的重点产业,其能对产业结构和经济发展起导向性和带动性作用,是具有广阔的市场前景和技术创新能力的产业。主导产业是国民经济的"龙头",并在一国的产业结构中占有较大比重。

根据罗斯托的观点,一个产业只有具备三个基本特性才能成为主导产业。首先,这个产业必须能够有效吸收新技术;其次,这个产业能够带动其他产业的增长;最后,主导产业的增长率远高于其他产业的增长率,是整个国民经济中增长最快的生产部门。

根据这一理论来分析我国的物流产业。首先,物流业的发展本身需要大量高新科学技术的支撑,现代科技和尖端科技的综合应用成就了现代物流业。目前,国外物流业的技术装备已经达到很高的水平,形成了以信息技术为核心,以信息技术、运输技术、配送技术、装卸搬运技术、自动化仓储技术、库存控制技术、包装技术等专业技术为支撑的现代化物流装备技术体系,具体表现为物流运作的信息化、自动化、智能化、集成化。我国的物流企业在这方面还有很大的提升空间,其发展要有效吸收新的科学技术。

其次,物流业能够带动其他产业的增长。这可以理解为物流是带动国民经济发展的关键。主导产业有三种扩散性影响,即回顾效应、旁侧效应和前瞻效应。回顾效应是指主导产业的发展对为其提供投入品的产业的发展所施加的影响。物流业的回顾效应相当明显,如物流业的发展会扩大市场对石油加工炼焦及核燃料加工业、石油和天然气开采业、交通运输设备制造业、化学工业、金属冶炼及压延加工业、电力热力的生产和供应业、通用专业设备制造业、金融业等部门产品和服务的需求,从而带动这些产业的发展。同时,现代物流体现了现代科技甚至是尖端科技的综合应用,其运用信息技术及计算机技术,采用全球卫星定位系统、计算机网络系统、条码识别系统、射频自动识别系统、自动存取系统、自动跟踪系统、机械化装卸技术等,从而带动这些行业的发展,而这些行业往往具有很高的技术水平,因此物流业具有较强的吸纳新技术的能力。旁侧效应是指主导产业的发展对社会的影响,主要是促进社会整体物质文明和精神文明水平的提高这种间接的影响,比如,在历史上,纺织业的革命改变了曼彻斯特,汽车工业改变了底特律等。物流业发展的旁侧效应表现在物流产业的发展对商业、供销、粮食、外贸等行业乃至所有行业的供应、生产、销售的物流活动产生的积极影响,以及提高国家或地区各类经济活动的效率。此外,物流业与会展业、大型商业及连锁经营、专业市场等相关产业的发展也有着相互依存、相互促进的关系。前瞻效应指主导产业对新工业、新技术、新原料和新能源的诱导作用。主导产业的影响不仅表现在其产出为其他产业提供了更为先进的技术,而且表现在主导产业的发展创造了能够引起新的产业活动的基础,为更大范围的经济活动提供了可能性,甚至为新的产业的建立创造了条件。物流业的前瞻性表现在其对交通运输业、信息通信业、金融业等产业发展的促进作用。

物流与第一产业农业相结合,便成为农业物流业;物流与第二产业工业相结合,便成为工业物流;物流与第三产业服务业相结合,便成为服务业物流,连锁配送、快递服务便是服务业物流的典型代表。物流业连通着三大产业,已然成为国民经济的新的增长点。所谓经济增长点,就是在一定的时间内,在一个经济系统中超越一般增长水平的,具有潜在或现实的较高经济增长率,并对整个经济增长起举足轻重作用的经济支撑点。在经济发展过程中,一个产业由于其增长快于其他部门,占有相当大的产出比重,并且能带动其他部门增长,这样的产业就可能成为经济增长点。

二、物流业应成为国民经济的支柱产业

支柱产业与主导产业是两个不同的概念,主导产业是指一个国家产业结构中需求价格弹性和需求收入弹性很大,可以带动其他产业的先导性产业。支柱产业是指少数在国民经济中处于举足轻重的地位,其产值在国内生产总值中占较大比重的产业。主导产业强调的是产业的带动作用和扩散作用,而支柱产业强调的是产业在国民经济中的比重和份额。一个产业成为国民经济发展的支柱产业,一般来说有四个基本的条件:第一,产品关系国计民生,对国民经济的发展具有重大的促进作用;第二,具有持续旺盛的市场需求,市场可容载量大;第三,产业关联度强,能够带动众多相关产业发展;第四,对国民经济增长的贡献度大,其增加值在国民经济增长中占较高比例。

很显然,我国物流产业满足前三个条件,只有第四条尚不满足,但随着我国经济的不断发展、物流基础设施的不断建设和完善,物流业增加值在国民经济增长中占的比重必将有很大的提高,这正是把物流产业作为支柱产业、加速发展物流产业的依据。把物流产业作为支柱产业来培育,也符合发达国家经济发展的历史经验。

2007年,全国物流业增加值为16981亿元,同比增长20.3%,增幅比2006年提高5.2个百分点,占全国服务业增加值的17.6%,比2006年上升0.5个百分点,占GDP的6.9%,比2006年上升0.2个百分点,物流业发展对服务业与国民经济的贡献进一步增大。[①] 2008年,我国的物流业发展经历了严峻考验,雪灾、地震、金

---

① 国家发展改革委,国家统计局,中国物流与采购联合会.2007年全国物流运行情况通报[EB/OL].(2008-03-19). https://www.ndrc.gov.cn/fgsj/tjsj/jjyx/xdwl/200803/T20080327_1182285.html.

融危机连续袭来,一方面考验了物流能力尤其是局部地区的应急物流能力,另一方面世界性的金融危机也对物流需求产生了巨大的影响。在这种环境条件下,我国物流业仍然保持了平稳较快发展的基本态势。2008年我国物流业增加值为2万亿元,同比增长15.4%,物流业增加值占GDP的6.6%,占第三产业增加值的16.5%。[①] 物流业作为重要的生产性服务业,在社会经济发展中发挥着重要作用。

---

① 国家发展改革委,国家统计局,中国物流与采购联合会.2008年全国物流运行情况通报[EB/OL].(2009-03-06). htpps://www.ndrc.gov.cn/fggz/jjyxtj/xdwl/200903/T20090306_1182293.html.

第四节 着力"改善民生"

一、物流业在重要民生商品保供中责无旁贷

2021年是"十四五"规划的开局之年,也是以国内大循环为主体、国内国际双循环相互促进新发展格局政策框架全面落实之年。在"十四五"期间,经济发展质量效益、持续健康的重要性高于经济增速的要求,这意味着我们应关注新发展格局下实体经济结构的深层次优化和长期方向。

以物流业为例,我国物流社会总费用占GDP的比例虽然连年下降,但是与发达国家相比仍有很大差距,因此优化物流产业结构、促进物流业转型升级并形成新的发展格局,是当前物流业的紧迫任务。

当下,在构建以国内大循环为主体、国内国际双循环相互促进的新发展格局中,物流业具有重要的支撑作用。物流连接生产和消费,物流的各个细分领域如运输、仓储、配送、信息、金融等服务等,已深深嵌入诸多产业链、供应链。因此,在新发展格局中,物流将成为先导性、战略性、基础性、支撑性产业。物流业是生产性服务行业,为制造业和其他产业提供优质服务是物流业的核心任务之一。近些年来,物流业通过科技赋能发生巨大变化,智能化、数字化成为物流业的发展方向。在智慧引领、创新驱动之下,物流企业的降本增效也为制造业和其他产业带来效益的提升。随着消费多样化、生产柔性化、流通高效化时代的到来,社会和客户对物流服务的要求越来越高,物流企业正在努力提升自身实力,向社会和客户提供更多更好的优质化服务。

物流与民生密切相连,仓储、冷链、配送等业务与民众生活息息相关,社区团购行业就是一个万亿级的大市场。因此,物流业降本增效,可以让民众直接享受到实惠,对降低CPI(消费者物价指数)、充分释放内需潜力具有巨大的推动作用,也让民众的获得感和幸福感更加充实、更有保障、更可持续。

构建现代物流运行体系是民生的需要,是物流强国的需要。在新一轮物流业发展当中,我们需要积极行动起来,打造一个内联外通的现代物流体系,从而让物流业更好地服务于民生。

二、定位服务民生,打造一流物流服务体系

随着广西经济和城市建设的不断发展,广西政府对民生项目的投入也不断加大。在这个发展过程中,广西各地城市规模的扩大和人民生活水平的提升,对民生物流体系的供应和服务能力提出了更高的要求。随着全渠道零售的发展,消费者对商品交付时效性的要求日益提高,越来越多的商户主动升级到高标库,以提升运营安全和效率。此外,近年来地方政府着手拆除并重建违法违章的不规范老旧物流园区及厂房,这也倒逼行业"被动"升级。面对这样的发展需求,广西物流业主动承担起向社会和客户更多更好地提供优质化服务的责任。广西物流业的业务领域涵盖大宗商品供应链、城市开发运营、综合金融服务、创新孵化等,以广西物资集团为代表的物流产业发展更是致力于成为具有全球竞争力、以供应链为核心的综合性物流集团公司。广西物资集团在物流及供应链服务领域布局广泛且实力深厚,通过轻资产与重资产相结合的方式,串联"公、铁、水、仓",已形成覆盖全区、连接海内外的网络化物流服务体系。

在新的五年发展战略规划期,广西物流产业大宗商品供应链板块将聚焦核心产业链,重点突破战略型制造业客户,围绕核心客户需求,为客户提供一体化供应链服务,不断提升服务价值;持续完善物流网络布局,不断强化物流服务能力;全力推动数智化改造提升,通过数智化驱动商业模式创新;积极拓展国际化业务,开辟"一带一路"新市场,培育新的利润增长点。此外,随着生鲜市场、医药电商等行业的崛起,冷链物流已成为当下重要的基础设施。广西物流产业智慧供应链产业园项目集合了快递快运分拨、城配、供应链物流、新零售、冷库功能,将成为与多联中心"仓运"结为一体,多业态、干冷仓结合的民生物流园区,让民众直接受惠。

三、更好地发挥现代物流民生保障作用

现代物流兼具生产性服务业和生活性服务业的双重特点,不仅成为促进市

供需对接和实体商品流通的重要基础,而且创造了大量就业岗位。[1] 据行业协会统计,我国物流相关从业人员超过 5000 万人,对稳就业具有重要意义,特别是疫情期间,现代物流在保障生活物资供应、维持正常生产生活秩序等方面发挥了重要作用,成为保障社会民生的重要支撑。[2]

"十四五"期间,现代物流行业将重点从以下三方面入手,以更好地发挥民生保障作用:一是支撑扩大内需和消费升级,完善商贸、快递、冷链物流网络,加强重点生活物资保障能力;二是保障食品药品消费安全,依托国家骨干冷链物流基地等大型冷链物流设施,加强生鲜农产品检验、检疫等质量监管,加快建立覆盖冷链物流全链条、医药物流全流程的动态监测和追溯体系,提升冷链物流质量保障水平;三是支持新业态发展,创造更多就业岗位,稳步发展即时配送、网络货运等新业态新模式,创造更多就业岗位,保障就业人员合法权益。

2020 年,自治区实施钦北防一体化发展战略,大力推进空间布局一体化、综合交通一体化、现代临港产业一体化、大开放合作一体化、沿海生态环境保护一体化、公共服务一体化等六个一体化建设。广西物资集团公司作为其中的四个一体化建设小组成员单位,重要性不言而喻。

随着"一带一路"倡议的深入推进,中国与东盟的合作逐步呈现多层次、宽领域、全方位的发展势头,加上《西部陆海新通道总体规划》《粤港澳大湾区发展规划纲要》等国家战略的发布以及自治区《广西北部湾经济区北钦防一体化发展规划(2019—2025 年)》《关于推进北钦防一体化和高水平开放高质量发展的意见》的印发实施,广西现代物流集团作为广西壮族自治区具有 70 多年发展历史的直属国企,未来一段时期,将依托良好基础,勇担国际陆海贸易新通道主体企业的责任,借势"一带一路"倡议实施的重大机遇,充分发挥广西作为"21 世纪海上丝绸之路与丝绸之路经济带有机衔接的重要门户"的作用以及广西与东盟国家海陆相邻的独特区位优势,结合自身优势,开创具有物资集团特色的国际化发展道路,在实现自身长远发展的同时,助力区域战略目标的实现。

广西现代物流集团在"1+3"的战略框架下,聚焦主业,与时俱进,努力实现"三个引领"。第一,引领汽车生活新方式。广西现代物流集团通过整合城市汽车产业资源,打造汽车产业新模式,引领汽车消费新潮流,打造广西首屈一指的看车、售车、养车、换车、休闲娱乐、综合配套及服务的汽车智慧主题文化综合体,成为广西最大的汽车产业平台服务商。第二,引领物流服务新模式。广西物流业发展正面临国家西部陆海新通道建设及国家物流枢纽布局建设的重大机遇,集团作为区内 5A 级物流龙头企业,既要讲使命担当,发挥更大的示范带动作用,也要借势借力,

---

[1] 国家发改委:中国物流相关从业人员超过 5000 万人[EB/OL]. (2022-12-19)[2023-04-21]. https://m.chinanews.com/wap/detail/sp/cj/shipin/cns-d/2022/12-29/news9923729.shtml.

[2] 国家发改委:中国物流相关从业人员超过 5000 万人[EB/OL]. (2022-12-19)[2023-04-21]. https://m.chinanews.com/wap/detail/sp/cj/shipin/cns-d/2022/12-29/news9923729.shtml.

不断壮大物流板块规模。未来广西现代物流集团可以物流公共服务平台为载体,将园区信息、资源串联整合,优化物流配送体系,拓展物流金融业务,实现物流、金融、商贸的协同联动发展,为广西提升中国-东盟务实合作、深度融入"一带一路"倡议,培育新领域、注入新动能。第三,引领绿水青山新生态。广西现代物流集团聚焦城乡环境治理、资源循环利用、环保研发服务、环保金融、环保产业园区开发等五大业务,引领全区生态环保产业发展。广西现代物流集团远期规划将业务拓展至节能环保全领域,成为国内领先、辐射东盟的八桂生态环保产业名片,持续服务、支持和保障绿色"一带一路"建设,力图守护广西的蓝天、绿水、净土,为广西山清水秀生态美的"金不换"的招牌担当作为,竭力将广西物流业打造成为国内领先、辐射东盟的八桂生态环保产业的亮丽名片,满足广西人民日益增长的美好生态环境需要,为广西人民带来最普惠的民生福祉。

四、农村物流发展助力乡村振兴

(一)农村物流对于乡村振兴的意义

首先,农村物流的发展可以满足电商发展的需求。随着广西壮族自治区农村地区经济的发展,乡村电商行业迅速崛起,物流环节直接影响了农村电商的服务质量和服务水平。在农村物流配送环节,合理有效的配送网络直接影响农村电商的服务水平。随着直播电商和网络电商的快速发展,农产品上行对农村物流发展也提出了更高的要求,农村物流的包装、仓储、运输、配送等要与农村电商的发展水平相适应。

其次,农村物流的发展可以促进农村地区经济的发展。农村物流的发展水平是由当地农村经济发展水平决定的,农村物流的健康发展是促进农村经济增长的新动能,大力发展农村物流业是构建现代化农村生产消费经济体系的重要环节,农村物流业的发展有助于建设农村现代物流系统,提高物流效率,扩大产品的流通渠道。同时农村物流业的发展有利于带动农村人员就业,释放农村消费潜力,促进地方经济的发展。

最后,农村物流的发展给予乡村振兴有力的支撑。党的十九大报告提出了乡村振兴的战略,并表明在全面建成小康社会后,要继续巩固脱贫攻坚成果,实施乡村振兴,使脱贫攻坚成果和乡村振兴有序衔接。党的十九大报告还指出中国特色社会主义已经进入新时代,新时代我国社会的主要矛盾是人民日益增长的美好生活需要和不平衡不充分发展之间的矛盾。因此,要大力发展生产力、发展经济,解决人民日益增长的美好生活需要核不平衡不充分发展之间的矛盾,而不平衡不充分的发展表现在很多方面,其中一个重要的方面就是地区和城乡之间发展的不平衡。农村物流作为城乡之间农产品和工业品流通的重要载体,其发展可以有效降低农产品向城镇输出的成本,也可以降低生活用品下乡的成本。农村物流的发展,是乡村振兴过程中不可逾越的环节,对于融合发展以及我国目前经济结构的改变能起到一定的推动作用,有利于乡村振兴的实现。乡村振兴的实现,对于改善民生、增进民生福祉可以起到极其重要的推动作用,所以从这个层面讲,农村物流的发展起到了改善民生、增进福祉的重要作用。

(二)加速农村物流发展是亟待解决的重大民生工程

物流配送体系是连接城乡生产和消费的重要纽带,完善农村物流配送体系是促进农村消费、推进乡村振兴的重要举措。目前广西壮族自治区已累计支持109个县建设了超过420个县级电商公共服务中心和物流配送中心,村级电商物流服务站点也越来越多。当前广西壮族自治区的农村物流仍存在设施现代化水平低、资源整合不充分、配送成本高等短板,接下来自治区将加快推进县域商业建设行动,补齐农村商业设施短板,健全县、乡、村三级物流配送体系,畅通工业品下乡和农产品进城双向流通渠道,促进农民收入和农村消费持续提升。

大物流建设作为广西壮族自治区交通"三大建设"之一,经过几年的发展,已经取得了重大进展。然而,在农村物流建设方面的前进步伐相对缓慢。农村物流作为大物流的一个重要组成部分,是大物流建设的重要环节,也是薄弱环节。由于农产品的消费需求主要集中在城市,农产品生产和消费空间分离;又由于农产品生产的季节性与大众消费的连续性,农产品生产和消费时间分离。由此,农产品的供需矛盾由生产领域转移到流通领域。

农村物流的分散性、季节性和复杂性等特点,为农村物流的发展增加了许多难题。季节性这一特点要求农产品经营者有较强的仓储调配能力:在播种时节,农村需要大量的种子、化肥、地膜、农具等,而在收获季节,农村又需要大量地搬运、加工和储存。在整个农业生产周期的不同阶段,农民对农业生产资料的需求数量、时效性等要求各不相同:农忙的时候,农民对生产资料的需求数量大、时间紧;农闲的时候,大部分生产资料都处于闲置状态。因此,农资企业和经销商必须具有较强的仓储调配能力,还应建立合理的、覆盖面广的库存点,以解决农产品生产的季节性与人们常年需求的矛盾。这样一来,不仅投资要增加,管理的难度也很大。因此,农村物流工作需要地方各级政府全局规划、统筹兼顾,把发展农村物流工作提上议事日程,作为一项重大民生工程来抓。政府可在地方财政对农业的拨付款中,设立农村物流专项基金,主要用于农村物流基础设施建设、物流信息体系建设、物流技术研发推广等。而交通运管部门则须抓好对农村物流运输车辆的经营许可、组建农村物流专用车队等多项工作,切实加强"绿色通道"建设。供销商业部门则须进一步抓好千镇连锁超市和万村放心店这一"千镇万村"工程建设,扩大覆盖面,提高物流配送化程度。

与此同时,当前最重要的是进一步加强农村物流基础设施建设。地方各级政府应在进一步加强农村康庄公路建设、继续实施"村村通"工程的同时,加快农村货运站场建设,努力增加农村货运网络的覆盖密度;扶持现有的农副产品专业市场建设,提高仓储、运输、装卸搬运、信息处理等多项服务水平;加大力度扶持小城镇配送中心和中心城市物流园区建设,完善城乡物流配送网络,并组建区域性农村物流信息网,免费向农村物流企业发布信息,帮助物流企业建立农副产品物流信息管理系统,做好信息处理、发布和咨询等服务工作。

这一系列措施有利于建立健全县、乡、村三级物流配送体系,畅通工业品下乡和农产品进城双向流通渠道,促进农民收入和农村消费持续提升,不断满足农民日益增长的美好生活需求。

第四章 广西物流人的精神品格

第一节 红色精神的忠实继承者和坚定弘扬者

第二节 源自红色基因的创业激情

第三节 用心服务社会的担当品格

第四节 不服输不畏难的顽强意志

第五节 始终与时俱进的创新活力

习近平总书记指出:"一百年来,在应对各种困难挑战中,我们党锤炼了不畏强敌、不惧风险、敢于斗争、勇于胜利的风骨和品质……形成了井冈山精神、长征精神、遵义会议精神、延安精神、西柏坡精神、红岩精神、抗美援朝精神、'两弹一星'精神、特区精神、抗洪精神、抗震救灾精神、抗疫精神等伟大精神,构筑起了中国共产党人的精神谱系。"[1]中国共产党人的精神谱系,是一代又一代中国共产党人顽强拼搏、不懈奋斗,用生命和热血铸就的。它深刻揭示了中国共产党人的精神特质,鲜明标注了中国共产党人的精神坐标,是党和国家最宝贵的精神财富。中国共产党历经沧桑而初心不改、饱经风霜而本色依旧,靠的就是精神的力量。现在我们已经开启了全面建设社会主义现代化国家新征程,面临的风险考验只会越来越复杂,甚至会遇到难以想象的惊涛骇浪。

党和国家的事业离不开伟大精神的支撑,广西物流行业在习近平新时代中国特色社会主义思想指引下,坚决贯彻落实党的工作会议精神,自觉增强历史使命感和政治责任感,切实履行职责使命,积极探索方法路径,转观念、开新路、善作为,发挥广西红色资源优势,深化铸魂育人,探索出了一条推动行业高质量发展的实践之路。

---

[1] 习近平.在党史学习教育动员大会上的讲话[J].求是,2021(7):4-17.

第一节　红色精神的忠实继承者和坚定弘扬者

为中国人民谋幸福，为中华民族谋复兴，是中国共产党人的初心和使命，是激励一代代中国共产党人前赴后继、英勇奋斗的根本动力。历史是最好的教科书，广西现代物流集团有着深厚的历史底蕴，集团有30人获得"庆祝中华人民共和国成立70周年纪念章"，8人获得"中国人民志愿军抗美援朝出国作战70周年纪念章"。70多年前，林森、王承宗、陈彩仁、孙家银、陆宝琰、李文芳、赵顺祥、郑复德等8名老战士积极响应祖国的召唤，投身于抗美援朝战争，为保家卫国贡献了自己的力量。这些老战士、老同志不仅是战争烽火的亲历者，更是伟大历史的见证者、创造者。他们在革命战争年代身经百战，在和平建设时期倾力奉献，以实际行动永葆共产党员的先进本色，是抗美援朝与桂物70余载发展中最可爱的人。正是由于红色基因的传承，广西现代物流集团形成了雷厉风行、不怕牺牲、艰苦创业的精神底蕴和动力。这种精神也激励和影响着一代代桂物人，不管前路有多曲折，他们都不轻言放弃，勇毅地推进改革，克难攻坚，创造辉煌。

作为广西创立时间最长的大型国有企业，广西现代物流集团伴随着新中国的成立而诞生，先后经历了广西仓库物资清理调配委员会、广西物资组、广西物资供应局、自治区物资厅、广西物资集团等机构变迁。自成立以来，广西现代物流集团始终听党话、跟党走，坚决服从和服务于国家和自治区战略部署，为地方社会经济发展做出巨大贡献。70多年风雨兼程，广西现代物流集团之所以能够在发展历程中历经苦难，不断奋起，创造辉煌业绩，根本原因就在于坚持以毛泽东思想、邓小平理论、"三个代表"重要思想、科学发展观和习近平新时代中国特色社会主义思想为指导，贯彻习近平总书记关于国企改革和党建工作的重要指示精神，始终把自身发展高度融入自治区发展大局，做红色精神的忠实继承者和坚定弘扬者。一是坚持党的领导，从根本上保证方向正确。党的政治核心和领导核心作用，是国有企业独特的政治优势。正是有了党的坚强领导和深厚的红色底蕴，广西现代物流集团才能在历经70多年风云变幻之后，发展成为广西历史最悠久、沉淀最丰富、底蕴最深厚的大型国有企业。二是坚持使命担当。桂物人在不同历史时期积极承担国家赋予的历史使命，努力探索解决时代痛点和难点问题，与时代同呼吸、与国家共命运，这是广西物资系统不断延续和壮大的重要原因。三是坚持改革创新。改革创新是企业核心竞争力的源泉，只有坚持改革创新，才能永葆企业发展的活力和后劲。四是坚持风险管控。企业必须将风险管理全面融入企业经营管理的全过程，坚持统筹发展，在应对投资风险、财务风险、廉洁风险、安全风险等方面，建立科学有效的风控管理机制，保障企业平稳运行、行稳致远。五是坚持弘扬桂物精神。以"源自红色基因的创业激情、用心服务社会的担当品格、不服输不畏难的顽强意志、始终与时俱进的创新活力"等优良传统为重要内涵的桂物精神，在企业改革发展中起到了有力的引领和支撑作用，是广西现代物流集团企业文化的核心和灵魂，是激励一代代桂物人攻坚克难、不断前进的制胜法宝。

桂物人的70多年，既是一部服务大局、勇挑使命的担当史，也是一部改革创新、转型发展的创业史，还是一部立心铸魂、守正出新的精神传承史。

第二节　源自红色基因的创业激情

创业激情是桂物人的基因本色。广西物流行业随着新中国的成立而诞生，带着人民军队的红色基因，从无到有、从小到大、从弱到强，始终以饱满的创业激情砥砺前行。这份源自红色基因的创业激情是桂物人的本色和初心使命的原点，是前进道路上不断战胜各种困难、风险、挑战，保障企业行稳致远的精神支柱。

一、肩负"二次创业"的历史使命

老一辈桂物人在一穷二白的条件下艰苦创业，为新中国的建设和物资保障无私奉献。一个时代有一个时代的主题，一代人有一代人的使命。广西现代物流集团光荣的革命传统和红色基因，影响了一代又一代桂物人。面对重大机遇和挑战，桂物人继承和发扬光荣传统，承担起广西现代物流集团"二次创业"的历史使命。

2018年，广西物资集团紧紧围绕"两个转型"目标，一手抓历史风险处置，一手抓企业生产经营，集中办好了"转型发展、资产处置、人才支撑"三件大事。全面完成年度经营指标任务，生产经营保持稳中有进，重大风险得到有效化解，各项事业出现了新的转机，广西物资集团迎来转折发展、转型升级的关键时期，其取得的成绩主要体现在以下几点：经营业态实现升级发展，经营质量实现明显提升，转型发展取得重要成果，管理机制不断健全优化，党建基础更加扎实巩固。

二、积极搭建三大产业平台

站在社会主义建设发展的新起点，广西现代物流集团把自身改革发展深度融入国家和自治区发展大局,吹响了打造百年企业的号角;加快实施转折发展、转型升级、"二次创业"的"两转一创"战略,深耕环保、物流、机电三大主业,搭建三大产业平台,努力建成立足广西面向东盟的物流一体化龙头企业、西南地区最具影响力的汽车生活服务商、立足广西面向东盟的生态环保投资运营平台。在环保领域,搭建生态环保投资运营平台,做"广西生态优势金不换"的守护者,以提供一流的生态环保综合服务为重点,整合环保产业资源要素,构建"环保+"运营模式,引领生态环保产业加快发展,擦亮广西"山清水秀生态美"的金字招牌。在物流领域,搭建物流资源要素整合平台,做高效智慧物流的赋能者,大力发展现代供应链新模式和智慧物流等新技术,加强数字物流基础设施建设,搭建供应链综合服务平台,推动物流基础设施线上线下融合发展。在机电领域,搭建现代汽车生活服务平台,做汽车生活文化潮流的引领者,全力打造引领新的汽车消费方式和汽车生活方式的一站式智慧型汽车产业综合服务平台。同时,积极承担国有企业发展职业教育的政治责任、社会责任,投资10.45亿元创办占地66万平方米的广西物流职业技术学院,彰显国有企业的责任和担当。

经过几轮深化改革,广西现代物流集团近年来发展态势持续向好,努力克服疫情影响,2022年营业收入、利润增速均超过13%,实现了生产经营"双增长""开门红"。

第三节　用心服务社会的担当品格

　　担当品格是桂物人的红色基因。桂物人因调配物资支援地方经济社会发展的职责和使命而生，也因这个职责、使命而变。无论是在新中国成立初期、计划经济时期，还是在市场经济时期；无论是保障经济建设、巩固国防安全、响应应急救灾，还是承担物流资源要素整合、发展现代汽车服务业、引领生态环保产业投资运营、促进物流职业教育等任务，桂物人始终坚决服从、服务于国家和自治区重大战略部署，始终不忘为广西经济社会发展担当奉献的初心使命。

一、广西现代物流集团致力于维护广西供应链安全稳定

　　近年来，广西着力提升产业链、供应链现代化水平，推动传统物流向智慧供应链转变。已有70多年历史的广西现代物流集团强化责任担当，千方百计维护广西产业链、供应链安全稳定，在保供应、稳市场方面成效明显。

　　在具体的保供应、稳市场工作中，广西现代物流集团多措并举，不断完善供应链、培育产业链、提升价值链，在维护广西供应链安全上下足功夫。

（一）加快智慧供应链建设，着力提升产业链、供应链水平

　　广西现代物流集团加快发展智慧物流，着力打造广西及中国-东盟国际物流资源要素整合平台，努力实现物流数字化、智能化。通过物联网、云计算、大数据、区块链、人工智能等数字技术，广西现代物流集团先后构建信息化物流资源要素整合平台、广西煤炭工业互联网平台、中国-东盟（物流）大数据中心等，整合广西及中国-东盟跨区域的仓储、运力、货源、供应链金融、物流园区等物流要素资源，加快形

成内外联通、安全高效的物流网络,从而更好地服务、支撑广西实体经济发展。其中,服务于全广西物流业的广西物流公共信息服务平台"行·好运"2022年线上服务货值超18000亿元,累计成交货运量超10000万吨,汇集企业数超83000家,在推动广西传统物流向智慧供应链转变、着力打破物流业信息壁垒方面取得了积极成效。

(二)积极发挥主业优势,全力保供应、稳市场

聚焦钢材、矿石、粮食、化肥等大宗物资保供,广西现代物流集团2022年上半年完成货物销售178亿元,同比增长22.29%;完成货物运输量990万吨,同比增长97%,助推物流板块营业收入同比增长17.25%。广西现代物流集团建成广西煤炭工业互联网平台,入驻企业累计105家,实现煤炭交易累计101万吨,交易金额12亿元。广西现代物流集团拓展与柳工、柳汽等仓储配送业务,深化与柳钢、鱼峰水泥等运输业务合作,累计完成废钢供货460万吨,同比增长98.28%;完成水泥运输35.10万吨,同比增长90.86%;完成煤炭供应60.46万吨,同比增长203.79%;发挥汽车大宗商品促进消费升级作用,完成机动车业务2万笔,同比增长247%;完成二手车交易6万辆。

(三)大力拓展进口贸易业务

为补齐大宗商品供应链短板,维护广西支柱产业供应链、产业链安全稳定,2022年5月,广西现代物流集团旗下的广西供应链服务集团顺势组建,成为维护广西供应链安全的重要抓手。供应链服务集团的组建,使广西有了专业从事农产品、能源及化工产品、金属及矿产品等供应链服务的企业,有利于提高广西大宗商品进口规模,提升外贸进口对产业发展的支撑能力和水平。

(四)整合资源创新模式,打造一体化废钢供应链

废钢循环利用是钢铁行业提高资源利用效率、减少资源消耗和污染排放的重要举措。广西物资集团废钢供应链经过两年多的发展,在全国建立了东、南、西、北四个事业部,形成了稳定安全、成熟可靠的商业模式,合作钢厂从2020年的37家增至2022年的103家,并且通过建设废钢信息化管理平台,对废钢业务进行全环节信息化管控,做到商流、物流、资金流、票据流和信息流"五流合一"。2022年前10个月,广西现代物流集团的废钢交易量达614万吨,成为全国排名靠前的废钢专业服务商,在保障广西钢铁企业废钢资源供给上发挥了积极作用。

(五)为广西实体经济提供一体化、定制化的深度物流外包服务

作为专业服务商,供应链服务集团依托自身强大的物流资源,形成了采购物流、销售物流、厂内物流等多种定制化物流服务模式,先后与柳钢集团、柳工集团、广投集

团等大型国企建立了稳定的合作关系,同时把自身的线下物流资源与"行·好运"的线上物流资源充分整合,为客户提供一站式、标准化、定制化的物流解决方案,帮助实体经济提高物流运行效率,确保物流环节安全可控,降低了企业的物流经营成本。

(六)以供应链金融服务广西中小企业发展

供应链服务集团大力拓展供应链金融服务模式,运用自有的小贷金融或与银行金融机构合作,为各物流园区入驻企业、"行·好运"平台企业提供供应链金融服务,切实帮助广西物流中小型企业解决融资难、融资贵的问题。同时,供应链服务集团还积极落实房屋租金减免政策,为入驻物流园区的中小企业纾难解困,2022年累计免租金额约3500万元,有效减轻园区企业经营负担,有力支持园区中小企业发展,为稳定市场主体提供了坚实的保障。

下一步,广西现代物流集团将继续加快企业的数字化转型,推动"行·好运"加快建成全广西物流的"一张网",打破信息壁垒,实现本地区供应链、产业链全流程安全可控;同时,加大物流资源要素整合力度,培育具有广西优势的龙头物流企业,扩大广西在全国物流业的话语权和影响力,促进物流业降本增效,确保广西供应链、产业链整体安全稳定。

二、创办学校,彰显国企担当

广西现代物流集团最早的前身是1950年4月成立的广西仓库物资清理调配委员会,是1996年6月由自治区物资厅及其下属企事业单位整体转制成立的,也是自治区直属的大型一类企业。70多年来,广西现代物流集团的现代物流、汽车服务、生态环保产业均占据广西领先地位,同时,它积极承担发展职业教育的政治责任、社会责任,比如创办于1980年的广西物资学校,40多年来累计为各行各业培养了5万多名工匠。广西现代物流集团作为广西唯一办有大学(广西物流职业技术学院)的国有企业,充分彰显了国有企业的责任担当。

广西物流职业技术学院是自治区统筹推进的重大项目,也是贵港市第一所大学。广西物流职业技术学院的成立,不但有助于西部陆海新通道建设、维护广西绿水青山,培养物流人才、环保人才,也有助于广西现代物流集团物流、环保、机电三大主业一线技术应用型人才的培养,实现产学研用一体化,为区域经济社会发展做出贡献。

三、助力扶贫,积极作为

历史从哪里开始,精神就从哪里起源。作为国有企业,集团公司从诞生之日起就承担了定点扶贫任务,一批批青年干部肩负集团公司党委的重托,在定点扶贫、精准扶贫路上接续奋斗,在脱贫攻坚战中充分展现了桂物精神和新时代桂物青年的使命担当。从 2018 年 4 月到 2021 年 3 月,广西现代物流集团党委还在精准扶贫工作的主战场——百色市德保县派驻了一批扶贫干部,他们和派驻贵港市的同事并肩战斗,一起创造了脱贫攻坚战的光荣胜利,他们在脱贫攻坚战中展现了闪闪发光的桂物精神和新时代桂物青年的使命担当。

四、"民生"工作,奋勇当先

(一)储化肥、抗疫情、保春耕

一年之计在于春。作为当地最大的化肥物资集散中心,2020 年,广西物资集团桂林储运公司、贵港储运公司在抓好疫情防控的同时,紧急储备化肥 7.77 万吨,全力以赴抓农时保春耕。尽管受疫情影响较大,但还是以每天 300 吨的速度紧急出货,把化肥运往广大农村、田间地头,履行国有企业社会责任。

2020 年春节前,广西物资集团桂林储运公司、贵港储运公司结合往年需求和疫情影响,均已储备充足物资。随着春耕日近,更是紧急动员商户,科学研判春耕农资需求,追加化肥储备,确保货源充足。2020 年 2 月,桂林储运公司库存化肥 43000 吨,另有 1000 吨不日到货,已达到仓库最高库存。贵港储运公司库存化肥 26700 吨,即将到货 7000 吨。尽管受疫情下农民工返工不足和物流制约等因素影响,但桂林储运公司日出货量仍达到 250 吨,贵港储运公司达到 60 吨,尽管距离往年正常出货量还有差距,但两公司努力做到保障出货作业,确保不误农时。

(二)百色一号公司开启"爱心果蔬"冷链专列援助武汉

一方有难,八方支援。疫情期间,广西物资集团参股投资的百色一号公司,陆续开启 4 趟"爱心果蔬"冷链专列援助湖北。

2020 年 1 月 31 日,第 1 趟满载"爱心果蔬"的百色一号冷藏集装箱在南宁南铁路货场搭乘广西援鄂的首发专列开往湖北武汉,该批果蔬是广西免费捐赠给武汉疫区人民的。装载着 200 多吨西红柿、西葫芦、辣椒、包菜、莴笋、竹筒青菜、毛节瓜、海鸭蛋等 8 种广西优质蔬菜和禽蛋的列车运行 35 个小时后到达湖北省武汉市吴家山集装箱中心站。

2 月 4 日,第 2 趟广西援鄂果蔬专列再度发车。该专列共运送西芹、菜椒等 8 种优质果蔬 123 吨、沃柑 90 吨,以及广西特有的网红食品——螺蛳粉 3.1 万盒,该批物资先到达湖北咸宁站,再转运至洪湖市,送给当地的定点医院、援鄂医疗队、福利院和环卫工人等。

在援助运输工作中,百色一号公司发挥冷链运输优势,积极调配自有冷藏集装箱保障"爱心果蔬"运输工作,为确保湖北民众吃上广西新鲜优质果蔬,保障市场供应做出积极贡献。还有 2 趟援鄂专列分别于 2 月 7 日从桂林开行至武汉,2 月 11 日从百色、百色东站开行至武汉。

第四节　不服输不畏难的顽强意志

意志顽强是桂物人的显著特征。桂物人历经磨难而不屈服，几次跨越生死存亡，几度接续企业血脉。在企业最困难、最迷茫的时候，桂物人不服输、不畏难、不放弃，在跌宕起伏中顽强拼搏，在风险挑战中众志成城，在各个关键时期都能抓住发展机遇，找准主攻方向，一次次涅槃重生，直至走向辉煌。

一、广西物流职业技术学院办学跨越式发展

办一所高等院校，是几代桂物人的梦想。广西现代物流集团高举习近平新时代中国特色社会主义思想的伟大旗帜，乘借职业教育发展东风，踏准国家职业教育规划发展的音律，奏响国有企业办高等职业教育创新发展的鼓点，以时不我待、间不容发的紧迫感，以紧紧围绕服务区域重点产业发展的使命感，乘势而上，一跃而远。

从2013年开始，桂物人立志立足长远规划，争创开办高等职业教育梦想，于2016年前往贵港初勘学院建设项目选址，并与贵港市签订合作办学框架协议书，2017年10月12日，广西物流职业技术学院项目在贵港市举行开工仪式，项目进入施工预备建设阶段。2018年7月24日，自治区人民政府批复同意由广西物资集团筹设公办性质的广西物流职业技术学院，广西物流职业技术学院筹设工作取得了里程碑式的突破性进展。桂物人勇立潮头，奋力直追，攻坚克难，解决了项目建设中的诸多难题。2020年4月10日，自治区人民政府同意设立广西物流职业技术学院，明确学院为专科层次公办高等职业学校，规划全日制在校生规模10000人。

2020年5月11日，广西物流职业技术学院获国家教育部备案，并获取招生代码，获准开展招生办学工作。

2021年，在庆祝中国共产党成立一百周年、打赢脱贫攻坚战、全面建成小康社会、实现第一个百年奋斗目标的历史时刻，桂物人凝心聚力，攻坚克难，砥砺前行，让广西物流职业技术学院发生了翻天覆地的变化：基础设施日趋完善，完成教师公寓、体育场、南区食堂、南区学生宿舍等共计20.5万平方米建设，校园环境优美，绿树成荫、鸟语花香；学院召开了第一次党员大会，成立工会，开展党外知识分子联谊，召开学校第一次团代会、学代会，机构不断完善，国企办学体制机制优势凸显；学院招生工作获得新突破，招生录取人数增长530%，育人育才成效逐渐呈现；人才强校战略取得新成效，学校教职工人数增长284%；产教融合校企合作深度开展，携手100家企业、100所学校、100名企业讲师，共创协同育人新模式，人才培养质量不断提升。

二、不服输不畏难的"桂物人"

（一）"十佳桂物人"黄孙虎

2020年，疫情的暴发让原本就处于行业逆势的汽车行业雪上加霜。2月份的桂林机电几乎处于"停运"状态，业务量少之又少，二手车交易量仅为9辆。在这样艰难的情况下，时任机电集团二手车事业部总监、桂林机电执行董事黄孙虎充分发挥"飞虎队"团结协作的精神，带领团队迎难而上，奋力赶超，交出了经营业绩增长的优异成绩单。黄孙虎认真研究分析市场和行业动态，制定完成目标的重点方向和措施方法，以便全面复工复产后，可以全力以赴向目标冲刺。3月复工复产后，黄孙虎立即带领相关业务人员，增加了开票业务岗，实行周末轮休制。最终在4月底完成二手车交易量1948辆，较上年同期增长0.67%，按时按量完成了目标任务，实现了业务的稳增长。截至4月30日，桂林机电公司实现收入151.1万元，较上年同期增长6.25%，实现利润较上年同期增长36.02%。

除抓好自身经营外，黄孙虎还关注行业动态，及时发现行业发展中的不足，并积极完善。在长期的经营中，黄孙虎针对桂林二手车交易乱象，走街串巷，到桂林、南宁等多个二手车交易市场进行调研了解，最终根据桂林市场的实际情况，制定了二手车开票的收费标准。但统一的收费标准，需要得到各二手车行的支持才能实行。为此，黄孙虎主动到桂林市各二手车行拜访，说明来意，牵线搭桥，阐释实行统一收费规范的益处，最终，他得到了各大二手车行的支持，规范了二手车市场的秩序，也得到了消费者的认可。2020年4月1日起，桂林的二手车交易开始实行统一的开票收费规范，这离不开黄孙虎的不懈努力。

在工作中，黄孙虎经常走访客户，了解商户的所思所想，多样化服务商户，帮助商户解决经营中的问题,通过真诚服务,促进商户和市场实现共赢。从2016年桂林易车港二手车市场开业起,黄孙虎一直秉持"公平、公正、规范、高效"的服务理念,在公司倡导建立市场和商户共生共荣的"鱼水情",自己更是把每一位商户都当成自己的家人。他组织员工开会,研究解决商户销售渠道单一的方法,最终决定通过网络直播增加客源。

黄孙虎指导商户使用直播平台,传授直播要领,并亲自上阵帮助商户进行"网上"看车、买车,积聚客源,提升销量,也稳定了商户。

作为集团公司的第一批"十佳桂物人",黄孙虎发扬担当实干、团结协作的精神,主动作为,带领员工队伍为集团公司"两转一创"目标的实现贡献力量。

(二)"十佳桂物人"蒋涌

蒋涌负责物产集团供应链金融事业部南宁业务二部的业务,主要围绕煤炭销售开展工作,主要销售用户有柳钢、柳钢国贸、广西华银铝、广西华磊新材料、宣威国电等企业。

疫情期间,面对燃"煤"之急,蒋涌沉着面对困局,稳妥地推进业务,积极与上下游企业领导、生产负责人交流沟通,商讨解决方案。在做好各种消毒、防控措施,确保疫情期间安全生产的前提下,南宁业务二部优化组织调运和产、运、需衔接工作,协调到港船舶加快卸船、堆存、短倒、进厂等事宜,保证港口作业车辆不间断发运。2019年一季度业务量再上新台阶:实现销售量22.77万吨,比去年同期增长31%,其中,贫瘦混合煤1.52万吨、烧结无烟煤1.28万吨、主焦煤0.63万吨、动力煤19.34万吨;实现销售收入1.26亿元,增长22%;实现毛利润266.58万元,增长25%。

长期以来,蒋涌秉持客户至上的经营理念,明确只有多赢的业务才能做得安全稳定持久,因此要以客户为中心,为客户创造价值。从立项、运行到结算,蒋涌全程跟踪业务的各个环节,做到管控到位。每当出现问题,蒋涌团队都积极介入解决。作为供应链金融平台,广西物产集团供应链金融事业部始终坚持服务至上、合作共赢的理念,通过专业真诚的服务提升自身实力,为客户创造价值,为公司创造效益。

(三)"十佳桂物人"周维

2019年9月28日,梦想储运站揭牌。在之后的两年多时间里,广西现代物流集团有限责任公司下属全资三级子公司桂林储运的储运、转型、腾挪迈出了大大的一步。但当时梦想储运站所进驻的业态收入是无法覆盖整个公司原有收益的,在主业未实现腾挪前,主业与文创并行,才能确保完成全年经营指标。然而文创业态进驻后,传统中转业态空间受到挤压,按照以往运营模式已无法达到原有收益。

面对这个难题,周维转变思路,瞄准中转板块的大客户,为大客户量身定制专库服务模式。其一,装卸一车化。从提货车辆进库到出库,专人对专车,实现无缝对接。其二,办公现场化。实现办公现场化,管理零距离,让提货客户少跑腿,简化提货流程,快速办理业务。其三,服务专属化。制定专库管理制度,实现专库客户专属VIP服务。通过一对一的服务,实行专库专人专账管理,遇到问题及时解决,提高客户满意度。其四,效益最大化。通过专库管理,优化库存结构,减少库外存放,降低货损,最大限度地为客户节省存放成本的同时减少园区淡季空仓率。

周维团队通过层层费用数据对比分析,定制的专库服务模式获得客户认可。经过一年的实施,公司综合收益增加了近35%,专库整体仓储收入增加约100万元。库房容积率从原来的每平方米0.8吨提升至每平方米1.8~2.0吨,货损率从原来的8‰下降至3‰,减少破包损失近8万元,同时装卸配货率及服务质量极大提升,客户整体到达量增加,销售突破近三年最高水平。特别是在2019年,在化肥中转量同比2018年下滑35%的情况下,收入同比基本持平。专库服务模式获得越来越多客户的认可,越来越多的客户开始主动要求采取专库服务模式,专库服务模式成功推广,既为公司增加了经济效益,也帮助客户实现了自我品牌提升,达到双方共赢的目的,更为下一步中转业务模式升级奠定了良好的基础。

近年来,由于周边其他市场采取低价竞争形式,公司钢材客户流失较严重,吞吐量逐年下降。在这几年里,周维带领团队时刻关注其他市场及客户动向,即使不是自己市场的客户也常态化走访沟通,让客户感受到自己被惦记。2019年初夏,桂林区域钢材销售大客户华翔公司由于企业转型,所在土地进行开发需要重新选取中转仓。华翔公司一年进库到达量不低于30万吨,这对任何一个市场来说都是不小的数目。周维团队在客户原有运营成本(人工、机械维护保养、专用线使用成本等)方面提供服务,事无巨细地列出了方案。可客户看到方案还是犹豫了,成本永远是摆在第一位的,周边低价市场诱惑力不可小觑,可低价竞争并不能使市场良性发展。周维团队再次调整方案,细化客户需求、公司可承受装卸成本,几经谈判终于让客户看到转场后的运营能节省更多成本,也更能发挥国企平台的优势。2019年7月底,华翔公司进驻公司市场。进驻当年,公司钢材到货量同比2018年超过43%,达到近三年最高水平,收益增加118万元。钢材吞吐量的激增使得市场重新红火起来,周维和伙伴们抓紧时机引进柳州晨华、厦门建发、福建闽佳等优质商家进驻市场,2020年钢材板块吞吐量达到80万吨,收入约700万元。目前钢材市场成为桂林市更具规模的钢材交易集散地。

梦想储运站项目成立以来,汇聚了众多怀揣梦想的人。他们当中大多数人是带着自己的创业梦想来到园区,凭借自身精湛的技艺和勤奋努力,借助园区这个品牌孵化平台,来实现创业梦想的。周维作为板块负责人,在做好配套服务的同时,积极对接政府相关部门,争取扶持政策。目前梦想储运站已获得"广西壮族自治区文化产业示范园区"及"孔雀西南飞广西象山区工美文化人才基地"等称号;并且举办了"广西象山杯木根雕论坛"等大型活动,这些殊荣在很大程度上提升了梦想储运站的软实力及平台层次。一些原创品牌企业进驻园区后,借助梦想储运站的资源和环境,获得了很大的发展,如宏坤创意、板屋木业。首先,许多公司搬到园区后营商环境得到改善,公司的客户有了更好的体验感受,更有利于促成订单成交;其次,公司在场地使用方面相比过去更好、更安全;再次,公司在园区能获得更多推广机会和客户对接资源,能提高公司信誉值;最后,园区配有强大的物流体系,公司的物流时效有了很大的提升,可以方便快捷地收货、发货。宏坤创意、板屋木业两家企业率先在根雕行业开创出互联网营销模式,借助互联网平台,推广和宣传桂林根雕,把一件件精美的根雕作品,推广到全国乃至世界各地。公司的品牌推广及运营发展都有了极大提升,其中板屋木业近几年的销售额均超过 8000 万元。在周维和伙伴们的不懈努力下,如今进驻的文创业态越来越丰富,比如根雕版画、旅游文创产品、设计公司等,同时梦想储运站也逐渐被广大市民熟知,成为网红打卡地。

周维团队以"拾梦人"身份不断前行,尽管前方路途并不平坦,但他们怀揣梦想,不负韶华,不负人生,前进的步伐会更加稳健,实现梦想的信心会更加坚定。

(四)"十佳桂物人"潘红

潘红是广西环保产业投资集团桂物金岸公司经营部经理,她用心践行"为客户着想"的服务理念,凭借不懈努力,让客户摒弃了传统的中央空调模式,接受新兴环保的江水源集中能源站模式,成功地在百色打响了"金岸品牌",为下一步打开广西西部市场建立了一个"桥头堡"。

桂物金岸公司在百色饭店的地下建设了江水源集中能源站。该能源站支撑着饭店的热水、冷气、暖气供应,既为酒店运行节约了能耗,又保护着右江秀丽的生态。这是百色市第一座江水源集中能源站,实现了江水源集中能源站在广西西部"零"的突破。江水蜿蜒东流,城市依水而建,百色市水能资源丰富,江水源集中能源站这一示范性的节能项目,将为桂物金岸公司拓展市场带来更多机遇。

2017 年,潘红了解到百色饭店要从中山路旧地址搬迁到环江路,就立即想办法和百色饭店建设方对接。百色饭店是百色市重大建设项目之一,如果抓住了这个难得的机遇,就能下好进军百色市场的"先手棋"。暖通行业是完全竞争市场,传统空调系统竞争激烈,大家都跃跃欲试,纷纷找上门来,拿着自己的成功案例进行宣传。由于竞争对手众多,潘红被拒绝了很多次,但她凭借"华山一条路"的韧劲和巧劲,进行了细致的市场调研和认真分析,她发现新的百色饭店将采用高端的酒店运营方来开展经营,因此应该配备高端的空调配套设施和设备。

潘红奔波在政府、建设方、酒店运营、总包之间,艰难地做着"四方"沟通,一次又一次介绍各类中央空调品牌的历史、系统特征,并进行综合对比,最终成功说服业主,把百色饭店中央空调设备定位于一线品牌,成功地迈出了第一步。

潘红结合右江的水文优势,重新优化方案,把桂物金岸公司节能环保、成本低的优势展现得淋漓尽致。几番"较量"后,新百色饭店项目组认为,桂物金岸公司江水源热泵空调系统运行成本低、环境污染小、安全性能高。如果采用"金岸模式",

前期建设投资成本非但没有增加,而且节能效应明显,回收成本也比传统的方案要大很多、快很多,由此项目"攻关"大局初定。

潘红表示,江水源集中能源站是百色饭店江水源热泵空调系统的运行基站,以江水为冷、热源,夏季从江水中提取冷量,冬季从江水中提取热量,实现可再生资源循环利用,同时满足空调供冷、供暖及全年生活用水需要。相比于传统中央空调系统,"金岸模式"的优势在于,系统在供暖、供热方面的主机能效明显提高,制冷能效是传统能效的1.2倍,制热能效是传统能效的7倍。每年可以节水2.4万立方米,节约水费8.3万元,节约运维费用121万元。

2020年3月30日,国务院批复设立广西百色重点开发开放试验区,试验区规划建设必须符合环境保护规划、水资源综合规划等要求,切实节约集约利用资源。这一重磅消息使能够集约利用水资源、保护生态环境的百色饭店江水源能源站,迅速成为当地节能环保示范项目。该项目也被中国制冷协会列为全国"节能示范"项目,并组织全国同行开现场会进行技术交流和学习。

第五节　始终与时俱进的创新活力

创新活力是桂物人的前进动力。桂物人应时而生、因势而变,凭借创新精神,完成了由计划到市场、由封闭到开放的重大转折,开启了从完全市场竞争业务到平台企业业务的战略转型。在转折发展、转型升级、"二次创业"的新长征路上,桂物人以创新活力为前进动力,勇闯新路、勇攀高峰,为广西现代物流集团永葆基业长青奠定坚实的基础。

一、广西现代物流集团创新载体,创先争优活动形成鲜明特色

广西现代物流集团按照自治区党委和自治区国资委党委的部署,结合国有大型流通企业实际,创设"一二三四工程"载体,创先争优活动形成了鲜明特色。

(一)以"一个活动主题"为载体,提升党组织凝聚力

广西现代物流集团为将自身打造为广西商贸物流的优质品牌,根据加快转型升级的实际要求,确定了"第三次创业,我为桂物新发展做贡献"的主题,通过开展"五大先锋岗"活动,激励党员力争实现"创收增效一流、节支高效一流、勤政廉洁一流、安全文明一流、管理创先一流",把党员岗位打造成为先锋岗,凝聚党员士气,全面调动广大党员在企业改革发展中迎难而上、开拓进取、奋发有为的精神,掀起推动广西现代物流集团加快实现转型升级的热潮。同时,开展了党内评优评先活动,在七一活动中,广西现代物流集团评选表彰了一批先进基层党组织、优秀共产党员和优秀党务工作者等先进典型,充分发挥党员的先锋模范作用。

（二）以"两同步"为载体，提升党组织战斗力

广西现代物流集团在党组织建设工作中，坚持"两同步"，全面加强基层党组织建设，充分发挥党组织的战斗堡垒作用，通过创先争优这一平台，优化党组织人员结构，不断激发企业党组织的创造力。一是同步优化设置基层党组织。2020年以来，广西现代物流集团如期完成两个任期届满党组织的换届改选工作。根据工作需要，分别撤销和成立了一个企业党委，进一步优化了基层党组织设置。此外，广西现代物流集团积极与南宁市青秀区党委沟通协调，争取将一家改制企业按属地化管理原则转由青秀区党委管理，逐步理顺改制企业党组织的管理关系。二是同步配强党组织负责人。广西现代物流集团坚持德才兼备的原则，在选好配强下属公司总经理的同时，把政治素质高、懂经营、善管理、熟业务，在工作上有能力、有激情、能吃苦、肯奉献的年轻优秀党员选拔为下属公司党委书记，优化了党委领导人员的知识结构和年龄结构，提高了基层党组织的领导能力和服务能力。

（三）以"三突破"为载体，提升党组织创造力

1. 广西现代物流集团生产经营取得新突破

为继续保持广西商贸物流龙头企业的地位，并在5年之内把广西现代物流集团打造成为百亿元大型商贸物流企业，广西现代物流集团紧紧围绕自治区党委、政府提出的"继续保增长、保民生、保稳定、保持和扩大经济社会发展良好势头"总体目标，积极开展各项生产经营，充分发挥企业党组织的战斗堡垒和广大党员的先锋模范作用，为实现科学发展、跨越发展、和谐发展而努力。

2. 广西现代物流集团重大项目建设取得新突破

2020年，广西物资集团将项目建设作为工作的重点和加快转型升级的基础，并把项目建设与创先争优活动相结合，要求党员争当业务能力精湛、岗位技术娴熟的能手，加快推进项目建设。活动开展以来，由广西物资集团主导开发的柳州新风时代购物广场正式举行项目开工奠基庆典暨项目经营合作签约仪式，该项目已被列入柳州市十大商贸物流项目，并已与北京居然之家、法国家乐福超市、韩国希杰CGV影院等国内外大型知名企业达成进驻意向；集团为了响应国家及自治区节能减排和循环经济发展的需要，投资建设广西南宁废弃电器电子产品回收拆解中心项目，并于2010年9月2日与邕宁区政府签订了项目投资协议书，项目建成后年拆解处理能力为100万台以上，实现废弃电器电子产品回收集中拆解处理，促进废旧电子家电回收利用行业的产业化发展。

3. 广西现代物流集团学习型党组织建设取得新突破

建设学习型党组织是创先争优活动的基本要求和重要标准。广西现代物流集团以开展创先争优活动为契机，把创先争优活动与学习型党组织建设相结合，使学

习型党组织成为集团加快实现转型升级的助推剂。广西现代物流集团通过召开党委中心组学习会议,对推进学习型组织建设进行研究部署,并把争创"四好"领导班子的要求融入争先创优活动,有力地促进了集团理论学习、政治思想建设和党的建设。此外,广西现代物流集团把实施教育兴企、人才兴企与创先争优活动相结合,通过搭建岗位培训、技能培训等平台,培养各级各类人才,使各类人才在推动集团跨越发展和实现转型升级中发挥重要的支撑和保证作用。为加快人才培养步伐,广西现代物流集团以内部培训为主、外部培训为辅的方式开展教育培训。集团推选了3名在职领导干部参加自治区厅级领导干部专题研讨班,推荐物资学校1名年轻干部参加广西紧缺型人才中长期出国培训项目,选派2名年轻干部参加厦门大学举办的"广西国资委现代企业经营管理高级研修班",推荐9人参加人事厅举办的"企业的战略与机遇"培训班。

(四)以"四个着力点"为载体,提升党组织影响力

1. 着力于对活动的宣传引导

广西现代物流集团所属各单位通过墙报、板报、专栏等多种形式,加强对创先争优活动的宣传,扩大活动的影响力。柳州储运公司积极宣传优秀共产党员、劳动模范李兆斌同志的"三实三新"精神,即完成任务实实在在、工作作风踏踏实实、关心职工实心实意、工作方法常创新、工作内容常有新特色、工作成绩常有新数字,凸显了党员的模范效应。柳州储运公司广泛宣传保管员唐正川连夜冒倾盆大雨转移仓库家电的感人事迹,深深感动了租户和广大职工群众,营造了学习先进、崇尚先进、争当先进的良好氛围。

2. 着力于对活动环节的监督

"十二五"时期,广西物资集团根据"十二五"规划把主要任务分解到单位,将责任落实到人,明确完成期限,并以会议传达、文件下发等形式向职工群众公布,接受监督,推动实施。柳州储运公司市场部狠抓优质服务,做出"急办的事一路绿灯,难办的事想方设法,常办的事提高效率"承诺,开展"租户在心中,服务见行动"活动,主动服务、亲情服务、用心服务时刻得到体现,得到了租户的高度评价。桂林储运总公司党员签订了岗位承诺书,承诺为客户提供优质服务,自觉接受群众监督。

3. 着力于对组织建设的全覆盖

广西现代物流集团党务人员深入所属各企业,对企业党建工作进行全面摸底,使各项活动方案的制定更具针对性、操作性和实效性。在活动中,广西现代物流集团坚持项目党组织全覆盖的做法,指定了新建项目的党组织筹备负责人,确保集团项目建设到哪里,党组织建设就覆盖到哪里。近些年,集团不断壮大党员队伍,积极培养入党积极分子,发展党员。

4. 着力于结对共建，先锋同行

2020年，广西物资集团党委与6家企业党组织和1个扶贫点党支部开展"结对共建，先锋同行"活动，努力为企业解决实际问题，为群众办实事、办好事。通过结对共建，金岸公司党支部培养了多名入党积极分子，改变了多年来发展党员工作滞后的局面；集团向扶贫点——德保县燕峒乡下丈村捐赠10万元，用于对该村的饮水工程、电灌站水利工程和道路建设实行重点帮扶，使扶贫点群众早日受益；"七一"前夕，组织各级党组织开展慰问困难党员活动，共慰问困难党员7人、建国前入党的老党员22人，送上慰问金共计14500元。此外，各级党组织还开展了形式多样的创先争优主题党日活动，组织党员前往百色市、东兰县、井冈山等革命圣地开展"走红军路、强革命信念、促企业党建"主题教育活动。

二、创新成果累累

（一）对装卸设备进行技改创新，加快现代物流企业建设

2012年，为解决橡胶装卸点数难、易倒垛的问题，桂林储运公司储运部员工根据橡胶作业实际情况，以托盘配合叉车进行装卸为思路，设计制作了1.2米×1.4米橡胶专用托盘。该托盘可利用废弃的包装木料制作，不仅成本低，而且可堆码18层高，装卸整齐稳固，同等劳力下可节省二分之一的作业时间，与叉车配合作业可大大地节省劳力，提高装卸效率。此托盘的成功制作，对桂林储运全面推进机械化作业具有重要意义。

（二）广西物资集团荣获"2013中国物流创新奖"

2013年11月24日，在武汉市召开的第十一届中国物流企业家年会上，广西物资集团荣获由中国物流与采购联合会颁发的"2013中国物流创新奖"。这是集团公司实施转型升级和跨越发展战略后获得的第一个国家级物流奖项。

（三）广西物资集团打造的"行·好运"网获创新奖

"行·好运"是由广西物资集团投资建设、广西桂物智慧科技有限公司研发的广西物流公共信息服务平台。其上线运营以来，有效地解决了行业发展的共性问题，对市场需求反应敏捷，产品服务迭代快速，同时建立了客户服务管理体系，在产品技术、商业模式、企业管理等方面具有较强的创新性。以"行·好运"网为核心，广西物资集团加快全区物流资源要素整合，实现"物流＋金融＋互联网"的全面发展，打造现代大型物流企业品牌，致力于成为广西最具影响力的供应链运营商。2018年，"行·好运"网获评"2018年度中国十佳创新型物流平台"。

广西桂物储运集团所属的广西桂物智慧科技有限公司凭借研发的"行·好运"

网,推动了物流行业健康有序发展,在降低物流成本方面做出了突出的贡献,荣获"2018年中国城市物流高质量发展创新成果奖",广西桂物储运集团技术部获得"2018年中国城市物流高质量发展创新团队奖"。

(四)物产集团喜获"2020中国物流创新奖"

广西物资集团子公司物产集团秉持创新理念,在物流领域精耕细作,不断完善企业经营制度,在资源整合与物流一站式服务等方面总结出了宝贵的发展经验。物产集团打造的广西物流公共信息平台能有效促进物流信息高效互联互通,实现接驳共享。物产集团通过"互联网+高效物流"搭建物流信息汇集、分析、交换平台,提高了物流行业的信息化水平,实现了物流资源要素整合,有效提升了物流效率,降低了物流成本。物产集团始终致力于加速广西物流创新转型升级,服务广西经济社会发展,致力于成为立足广西面向东盟的物流一体化龙头企业。

2020年11月21日,在山东省青岛市举办的第十八届中国物流企业家年会上,物产集团荣获中国物流与采购联合会授予的"2020中国物流创新奖"。

(五)广西供应链服务集团获评"中国物流数字化转型优秀创新企业"

自2021年2月成立以来,广西现代物流集团子公司广西供应链服务集团始终将加快智慧供应链建设、打造广西及中国-东盟国际物流资源要素整合平台、着力打破物流行业信息壁垒、稳固提升供应链产业链水平作为主要发展方向,并取得了重要发展成果。尤其是在2022年5月,广西供应链服务集团获得自治区党委、政府批准重新组建,肩负起"服务全区大宗商品进口供应链管理服务平台"的重要使命。对外,广西供应链服务集团先后搭建广西物流公共信息服务平台"行·好运"、"广西煤炭工业"互联网平台,有效整合广西及中国-东盟跨区域的仓储、运力、货源、供应链金融、物流园区等物流要素资源,加快形成内外联通、安全高效的物流网络,更好地服务、支撑广西实体经济发展。其中,"行·好运"网2022年线上服务货值超过18000亿元,累计成交货运量超10000万吨,汇集车辆超80000台。2022年11月,"行·好运"网被广西壮族自治区大数据发展局认定为"2022年广西面向东盟的数字化建设典型案例",平台推进现代流通体系建设,以"智慧物流"赋能数字化转型,得到多方肯定。对内,广西供应链服务集团内部信息化平台——"物产云"在2022年5月正式启动建设,平台以实现企业数字化管理为目标,结合实际业务需求,实现业务数字化、数据产业化、运营可视化、管理智能化,将全面提升企业的资源整合及利用能力。

2022年11月27日,由中国交通运输协会主办的第五届中国智能物流技术装备大会上,广西供应链服务集团获评"中国物流数字化转型优秀创新企业(供应链管理类)"。

第五章　物流产业的社会职能

第一节　物资计划与调拨
第二节　物资供应与流通
第三节　保供应促消费
第四节　完善物流配套体系

物资计划要突出政府的主导作用,建立以政府作用为核心的分析框架。这个框架可分为三个维度,即政府作用方式、政策工具和行为主体。作为第一个维度的政府作用方式立足中国市场经济发展的实际,从政府作用与市场机制的辩证关系出发,深入探究有为政府与有效市场在当代物流产业发展中的作用边界及职能划分。政策工具作为政府作用的输出机制,是研究分析物流行业基础性、先导性作用的第二个维度,主要分析政策工具的分类、标准及选择模式等。物流市场中行为主体多元,政府如何充分调动多元市场主体的力量,这是研究的第三个维度。对这三个维度的分析,在后文的研究中互为支撑。

理论研究和实践经验表明,政府与市场关系,在某种程度上正如婚姻"围城"中的相对关系,稳定和谐的双方关系能够在提升国家竞争力、促进特定产业领域的发展方面发挥不可忽视的作用。可以说,一个民主的、负责任的、有能力的、高效率的、透明的政府行政管理体系,必然包含良性的政府市场关系。这是社会经济乃至整个社会发展的前提条件。

第一节 物资计划与调拨

一、政府与市场关系的理论溯源及政府行为模式

（一）政府与市场关系的理论溯源

从西方经济发展史来看，政府与市场关系理论的发展具有显著的阶段性，并且随着社会和经济的发展不断调整，其核心问题在于如何合理界定政府与市场的边界点，直到现在，学术界仍在探索这一问题。市场失灵是划分政府与市场作用的合理边界点。毋庸置疑，在经济发展中市场机制可充分发挥引导作用，那么行政机制又有何作用呢？对于这个问题，学术界仍未形成统一的观点。

政府与市场关系的萌芽阶段是 16 世纪中期。当时，重商主义开始在欧洲各国流行。特别是 18 世纪以后，欧洲各国一直以重商主义衡量政府与市场间的关系。早在资本主义社会发展初期，学者就提出经济领域市场存在万能的自由经济。亚当·斯密等学者强调了市场的作用，将其形象地比喻为"无形的手"，即市场具有合理配置社会资源的能力，能够充分发挥引导的作用，使人更加理性地追求自己的利益。而在这一过程中，政府仅仅扮演了"守夜人"角色。在这一阶段，市场占据绝对的主导地位。20 世纪 30 年代，美国爆发了严重的经济危机，人们称之为"经济大萧条"，这使得人们对市场万能的表述产生了怀疑，人们发现市场并非万能的，其同样存在失灵的情况。基于这种情况，英国经济学家凯恩斯提出，政府应充分扮演好自身的角色，合理干预社会经济。他的理论得到西方各国的认可，在解决实际生活

中的经济危机时发挥了一定的作用。比如1993年开始施行的罗斯福新政，就是基于凯恩斯的理论，构建一个可干预市场的政府。这一时期衡量政府与市场的关系时，干预主义的思想始终占据主导地位。这是政府与市场关系发展的第二阶段。20世纪70年代后，凯恩斯主义的不足之处开始凸显。当时西方发达国家普遍存在"滞胀"的问题，在此背景下亟需重新界定政府与市场的关系，研究全新的理论。这一时期新自由主义经济学盛行，并逐渐成为主流学科。20世纪80年代，受自由化经济浪潮的影响，西方资本主义国家频频出现各种金融风险，在此背景下新凯恩斯主义应运而生，相关学者提出国家干预经济的理论，该理论一经提出就保持着旺盛的生命力。该理论强调不可排斥、否定政府干预，应合理协调政府干预与市场作用的关系，有效地推进政府管理。

很多经济学家认为政府干预不利于经济发展，尤其是新自由主义学者和公共选择学派学者，他们对这一点深信不疑。美国经济学家诺思多次强调，创立国家及维持国家的正常运行是经济增长的基本保障，他同时指出，很多时候国家也会影响经济发展，成为经济下滑的原因。政府干预模式理论认为，政府在市场和行业发展中发挥了重要作用，应基于经济形势的发展不断调整政府干预的方式、范围及力度。他认为，一旦市场机制功能恢复，政府就应及时收回"控制之手"。这一点，国内的学者早已达成一致，而其中的难点在于如何基于市场经济的发展界定政府干预的合理性。

（二）政府行为模式

西方经济学家曾对政府弱势、强势以及中势干预等三种模式进行了深刻的讨论与分析。第一种政府弱势干预理论在亚当·斯密的古典经济思想中有着极为深刻的体现。该理论认为，市场具备自我调节的属性，所以应给予企业更多的自由，不要推崇政府干预。该观点在20世纪30年代的经济大萧条之后，遭到了普遍的质疑。凯恩斯主义的兴起，带动了第二种政府行为模式的产生，该思想是在凯恩斯所著的《就业、利息和货币通论》基础上逐渐形成的。该思想强调扩大政府开支，运用扩张性的经济政策，实行财政赤字，以需求刺激、推进经济的繁荣发展。凯恩斯指出，虽然市场具有自主调节的能力，但是其调节的能力有限，仅以市场自主调节，很难完全平衡社会供求。要解决这一问题就必须发挥市场外部力量的作用，总之只有以积极的态度应对市场缺陷，才能实现最佳的调节效果，从而避免风险。然而主张政府强势干预的学者过于重视市场调节中政府的职能作用，而未能正确对待其理性作用，容易引起政府失职。事实上，过于关注政府的作用，也一定程度上说明了未能重视市场的自我调节能力。鉴于政府弱势和强势干预的两种模式都存在不同的缺点、无法解决的问题，学术界逐渐形成政府中势干预模式，公共选择理论就是其核心所在。该理论首先肯定了政府在市场发展中的调节作用，其次强调了政府不当的干预可能会破坏市场规律。该理论认为如果政府过度干预市场发展，未能合理地制定各种福利措施，那么其本质就是一种浪费的行为，不利于提升市场主体的积极性，甚至还会引起人们的不满，不利于合理化政策限制与自由发展。所以政府必须适当优化其职能，科学适当地控制市场。对政府行为模式的探讨，在于依据政府所处环境的不同，来合理确定行为模式，提升政府管理效率。

二、政府主导作用下物流计划的实施

我国物流产业政策具有很强的供给方政策特征，同时在政策选择时更加容易受到外部因素影响，包括系统变量因素和问题情境变量因素的影响，对国家政策风格及政治文化具有极强的依赖性，包括在政策工具选择时很容易陷入路径依赖的困境。同时，社会物流需求方如物流消费者利益和社会公共利益的公共性在中国物流产业政策中并没有得到较好的体现。因此，结合上文物流产业政策工具选择中出现的问题，以及政策工具选择的未来发展趋势，我们采用政策工具中的组合选择模型，在充分考虑国家规划和主导能力的大小、政策工具框架系统以及细分系统这些变量因素后，对中国物流产业政策的优化提出以下建议。

（一）完善物流产业法律体系，用好强制性政策工具

中国物流业正一步步走向成熟，需要一个综合的物流法律体系规范物流行业中的无序现象。面对中国物流业相关立法分散、滞后，没有形成独立体系、层次较低、法律效力不强、整体协调能力差等诸多问题，国家政府相关部门首先应梳理现有法律、法规、规章的脉络结构和逻辑层次，对于冗杂、烦琐、实际操作性不强的规范性文件，明确予以废止；对于过于分散、层次不清晰的相关规定，应尽快整合汇编；对于滞后、脱节的规范性文件，积极修订更新，必要时可以做出相应的补充。各级政府须在全国范围内全面推进落实上述措施，以宏观政策为核心思想、借鉴相关的国际条约，通过对物流的相关方面明确的立法，建立统一的物流标准以及相关细则，使物流活动更加科学化、系统化和标准化。国家政府相关部门要着重物流主要领域的立法工作，采用由点到面的方式对物流进行长效性立法。比如，积极解决制约物流业发展的土地、税收、收费、融资、交通管理等方面的障碍及问题。农村是物流发展的一个非常重要的阵地，在物流立法的过程中，为了保障立法的广泛性、公平性和特色性，国家政府相关部门首先应考虑农村物流相关措施的建立和完善，诸如网络的全面辐射、物流的配套设施等。只有将这些方面的立法落到实处，才能为我国物流业的全面提升提供有力的法律保障。总之，物流行业的发展必然会出现很多新情况和新问题，比如"互联网＋现代物流"以及跨境电商，这就要求立法者找准新的法律空白区域，抓住重点，积极完善法律体系。

（二）政府引导物流产业资源配置转向技术创新、业态创新

中国经济发展新常态强调高质量的经济发展。政府在物流产业的转型升级中，应对产业政策的相关资源配置做出相应的调整及创新，也就是说，物流产业作为战略性产业，具有更加可观的发展优势，政府部门应全力支持，诸如给予税收优惠、资金补贴等，同时，还应采取相应的保障措施。国家相关政府部门应将更多的政策制度偏向物流技术以及共性技术等方面的深入研究，为物流产业的发展创新奠定坚实的基础。

（三）妥善运用组合类政策工具构建现代物流产业政策体系，需要政策主体广泛参与

现代物流产业政策体系要从公共管理的角度考虑效率、公平、自由等多元政策目标，认识到各种超越产业政策范畴的配套政策、政策组合、全周期干预的弊端，充分发挥政府职能和市场作用，不缺位、不越位。同时，建立完善的工作和组织体系，广泛协调现代物流产业政策推行过程中可能涉及的各种利益相关方和当事人，形成相对完善的物流政策主体关系，制定明确的法律规范，保护物流政策主体的利益诉求，以及诉求的合理通道。任何政策工具都有各自的优越性和局限性，任何政策工具的使用都会受到一定条件的制约，在政策工具实施过程中不存在完美的"包治百病"的政策工具，因此，要充分重视各项政策工具的多样化特点，通过政策工具的合理组合，实现受限条件下物流产业政策工具实施效果最大化。尤要注意的是，充分组合使用经济激励型工具、自愿行动工具，促进公共参与。

（四）建立完善的政策评估机制和反馈机制

在政策实施过程中，政策评估的有效性和规范性对于政策的实施起着至关重要的作用，同时，也能体现政策执行力是否科学、高效。在政策详细评估的基础上，相关部门可以对政策的具体价值有比较全面、客观的认识，并能做出科学的分析和判断，同时，能及时发现评估过程中遇到的问题，并提出相应的解决办法或者补救措施，使政策工具的理论更加合理化、科学化和规范化。建立合理的政策反馈机制，让相关的政策利益方或当事人通过各种方式向政策制定主体提供反馈，有利于政府及时做出政策调整。此外，良好的政策评估机制能够及时发现政策的不足之处以及相关问题，不但可以及时提出有效的解决办法，而且能为政策工具理论的实施提供更加合理的建议。

正如经济学大师罗德里克所说的，或许并不存在产业政策的特别模式，政策模式的科学性、合理性和有效性完全取决于政策工具和相关约束条件的有效整合。从政策工具的视角探讨中国物流产业政策的发展，是为了提供一个经济学和政治学之外的思考维度，更是为了避免问题争论的角度再次落到历史的旧轨上：市场和

政府作用边界问题以及个人和政府的工具属性问题。我们试图走出这种戴有主义帽子的"门户之见",从物流产业发展的实践出发,真正探究产业发展的本质和内涵、产业政策工具选择的理论基础和优化路径。国家政府相关部门只有制定好的产业政策,遵循一定的决策模型和程序,正确面对政策工具选择中的各种影响因素,同时建立完善的政策反馈机制,才能形成良性的政策氛围,发挥政策应有的功效,推动物流产业的创新发展,使物流业真正符合国民经济支柱型产业的定位。

第二节　物资供应与流通

为促进广西地区物资供应模式的变革、带动相关地区物流流通,在发展过程中,我们要逐步探索物资供应与流通模式,从多个角度发力,具体说明如下。

一、推进商品和要素高效流通和配置

(一)加快现代流通重点领域市场化进程

各级政府要加快推动大型流通企业健全现代企业制度,推进铁路、民航、邮政等行业竞争性环节的市场化改革,形成统一、开放的交通运输市场;鼓励各类金融机构、中介机构积极参与流通领域市场交易,按市场化原则提供融资、担保、保险等综合服务;完善流通领域数据资源确权、交易、应用等规则,建立健全流通数据资源采集、传输、链接等规则,加快培育流通数据交易平台,健全数据市场化配置机制,促进数据资源合规交易、安全高效利用;完善流通领域专利技术和知识产权鉴定、评估、定价与交易机制,促进更多专利技术的推广应用和知识产权成果转化。

(二)提高重要资源市场化配置能力

各级政府要加快推进全国性能源、粮食、矿石等资源性产品交易平台和国际金融资产交易平台建设,稳步扩大上市交易品种范围,形成重要资源国际贸易竞争优势;培育资源整合能力强、经营网络覆盖广的跨国大型贸易商,提高进口大宗商品大规模集中采购水平,提升集采对国内发展的带动力和国际价格影响力;推出航运指数期货等创新产品,支持化工产品、金属材料等领域期货产品扩面;完善期货监管法律法规,积极探索期现联动;加大商品期货对外开放力度,探索结算价授权等多元化开放路径,吸引境外实体企业和投资机构积极参与;健全一体衔接的规则和标准,对标国际先进,根据市场需要和企业实践,制定、修订适合我国国情的流通规则和标准;完善商品命名、编码、计量等规则和规格、品级等标准;完善市场交易准则,严禁设定不合理结算方式、拖延付款期限等行为;推动流通领域国家、行业、团体、地方和企业标准相互配套、相互补充;推动基础通用和产业共性物流技术标准优化升级,强化各种运输方式、各种物流环节的衔接;加大流通领域规则标准实施应用力度,发挥中介组织作用,引导产业技术联盟率先推广,支持骨干核心企业发挥示范引领作用;推动流通领域基础设施、载运工具、集装设备、票证单据、作业规范等标准相互衔接和应用,加强与生产领域规则标准对接;开展规则标准研究、互译、互认等国际交流合作,加强我国优势领域国际规则和标准制定引领,营造高水平经贸规则标准应用软环境。

二、完善流通市场准入和公平竞争制度

(一)优化流通领域商事服务

各级政府要落实"全国一张清单"管理模式,健全权力清单、责任清单、负面清单制度,优化"一网通办""一窗办成"业务流程,推进流通企业开办、变更、注销等商事服务规范化、便利化;完善流通领域融合发展业态的登记注册管理制度,统一优化消防、环保、卫生等管理规定;深化"证照分离"改革,大幅削减流通领域行政许可前置中介服务事项,加快解决"准入不准营"问题;研究制定流通领域通用性资格资质清单,统一规范认证程序及管理办法,推动在全国范围内实现互通互认互用。

(二)加强反垄断和反不正当竞争执法

各级政府要推进落实流通领域公平竞争审查实施细则,探索建立流通领域重大政策措施会审制度,强化跨区域行政执法协同配合机制;鼓励各地区、各部门建立第三方专业机构参与审查机制;加强流通领域市场竞争状况评估,分析市场结构,依法开展反垄断和反不正当竞争执法,维护市场公平竞争秩序。各地区不得要求连锁经营等流通企业在本地设立具有法人资格的市场主体,不得对未设立具有法人资格市场主体的连锁经营企业在给予补贴补助等惠企政策时采取歧视做法。各级政府要引导平台经济、共享经济等新业态良性发展,防止资本无序扩张,同时要建立健全反垄断、反不正当竞争合规自律机制,促进流通企业合规管理。

三、完善现代商贸流通体系

（一）完善商品交易市场网络

各级政府要鼓励商品交易市场加强与实体商业、电商平台渠道对接,减少交易层级,畅通批零渠道网络;支持有条件的地方建设高标准消费品市场,推动现有消费品骨干市场转型升级,打造"一站式"商品采购中心;优化、布局、建设区域性新型工业品专业市场,加快建设、服务重点制造业集群的供应链集成服务基地;支持创建国际贸易平台,探索发展展贸一体的商品交易市场;加快商品市场 5G 网络、智慧终端等数字化智能化设施设备建设,培育一批特色突出、产业链供应链服务功能强大、线上线下融合发展的商品市场示范基地。

（二）完善农产品现代流通网络

各级政府要依托农产品主产地、主销区、集散地,支持全国骨干农产品批发市场建设,重点加快中西部及东北地区农产品主产区市场建设;加快田间地头流通设施建设,推进农产品产地市场、集配中心和低温加工处理中心改造升级,加快农产品运输、仓储设施专业化改造,提高农产品商品化处理能力;支持农产品流通企业配备冷链物流设备装备,建设服务城市消费的"中央厨房"等设施,提高农产品冷链物流能力和标准化水平;加强农产品产销对接,畅通供需渠道,保障农产品市场供应充足、价格平稳。

（三）完善城乡多层次商贸网络

各级政府要着力完善城市商圈布局规划,推进多层级商圈建设;推动核心商圈更新改造,提升规划、设计、建设水平,完善商贸公共服务配套设施,高质量改造提升步行街,促进商旅文娱体融合发展;推动提升区域商圈、商业综合体、高端商务区等消费聚集区设施条件,打造潮流购物、夜间消费等特色商圈;推动社区商圈优化和便民商业设施布局,打造"一刻钟"便民生活圈;加快县-乡-村商业网络建设,推进县城商贸设施改造提升,合理布局建设商业综合体,支持乡镇商贸设施共建共用,打造"多站合一、一站多能"的村级商业网点;加强边远地区商贸设施布局建设,提高流通覆盖率和服务水平;加大商贸节能设施改造力度,推广应用新型节能设备,提高商贸领域节能减排水平。

四、推动商贸流通业态转型升级

（一）支持电子商务创新规范发展

各级政府要引导电子商务发掘消费新场景，拓展线上线下融合的营销渠道；鼓励电子商务企业完善运营基础设施，织密连接中小城市、城乡、境外地区的服务网络，贯通县-乡-村电子商务体系，提高服务效率，升级消费体验；支持大型电子商务企业研发、生产迎合消费需求的新产品，提供新服务，培育自有品牌；推动公共消费、政府采购等与电商平台对接，形成引领商品研发、创新和迭代发展的规模化订购定制平台。

（二）推进实体商业转型融合发展

各级政府要支持大型商超等连锁商业上线、上云、上平台，充分利用线下门店网络资源，推动线下线上竞争合作、融合发展，形成良性互促、规范有序的发展格局，推动购物中心等传统商业积极引进首发商品和首店、旗舰店，拓展文化创意、休闲娱乐等业态，推广深度联营、买手制经营等模式，鼓励"商品＋服务"混合经营，同时推动便民生活圈商业品牌化、连锁化发展，优先发展基本保障类业态，因地制宜发展品质提升类业态。

（三）发掘商贸流通大数据应用价值

各级政府可以依托政府公共服务平台、社会化平台等载体，加强流通大数据整合、分析与利用，强化政务领域流通大数据应用，开展流通发展态势监测分析和预警预判，引导电商平台、传统企业发挥流通数据优势，提升产销衔接水平，拓展精准营销和个性化服务，深度发掘消费潜力，推动流通大数据赋能生产环节，为工农业生产提供决策支持，提升个性化定制和柔性化生产水平。

五、构建现代商贸流通企业发展生态

（一）支持骨干商贸流通企业做大做强

各级政府要对标国际一流水准，强化流通技术创新、网络渠道拓展、制度规范建设，打造一批布局全球网络、统筹全球资源的现代商贸流通企业；加强现代信息技术应用创新，推动商贸流通设施、技术装备、经营管理、交易结算等数字化联动升级，提高企业跨业、跨域、跨界融合发展水平；鼓励企业通过战略合作、资本运作等方式拓展经营网络，对接国内外商品产地和消费市场，完善全球采购与分销渠道，培育国际资源配置和整合优势。

（二）鼓励区域特色商贸企业做优做精

各级政府要着力提升地方特色产品市场影响力，挖掘消费潜力，拓展市场空间，培育具备区域特色、文化底蕴、发展潜能的商贸企业；加强地理标志产品的商标和品牌保护，提高市场知名度；构建老字号保护、传承、创新发展的长效机制，支持企业加快适应新消费方式，改善商品质量和服务水平，提高品牌价值；加强非物质文化遗产产品资格认证和质量监控力度，增强文化承载力；鼓励区域商贸企业提高供应链精细化管理水平，深耕本地市场，拓展辐射范围。

（三）推动中小微商贸企业转型升级

各级政府要逐步完善支持政策，建立健全面向中小微企业的服务体系，激发企业活力和创新力，鼓励中小微商贸企业发掘细分市场潜力，拓展经营领域和服务范围，培育独特竞争优势，实现精细化、多元化、品质化发展；支持中小微商贸企业建立健全管理制度，增强规则意识，加强商品质量管控，推动企业规范化发展；鼓励平台型、科技型企业利用数字技术赋能，降低中小微商贸企业进驻和服务费用，提升企业持续发展能力。

六、促进国内外贸流通一体化发展

（一）推动国内外市场衔接联通

各级政府要逐步完善内外贸流通一体化调控体系，依托自由贸易协定等规定，加强国内外商品质量标准、认证认可等的衔接，打通国内国际市场；实施内外销产品同线同标同质工程；进一步深化贸易便利化改革，推进国际贸易"单一窗口"建设应用；加强绿色流通标准和技术国际合作，研究制定绿色贸易政策，促进高品质、高附加值绿色产品贸易发展。

（二）拓展出口产品内销渠道

各级政府要加快推动外贸企业与电商平台、连锁企业、商品市场合作，开辟线上线下外贸产品内销专区，针对国内市场开展精准营销；鼓励举办中国进出口商品交易会、中国加工贸易产品博览会、中国国际消费品博览会等具有拓展功能的展会，提高供应链资源整合能力，助力外贸企业拓展国内市场，引导外贸企业主动适应国内消费趋势，推进出口产品加工改造，鼓励有条件的企业打造内销自有品牌。

（三）发展外贸新业态

各级政府要大力促进跨境贸易多元化发展，培育外贸新动能；深入推进跨境电商综合试验区建设,研究调整跨境电商零售进口商品清单范围,支持发展保税进口、企业对企业(B2B)出口等模式,鼓励跨境电商平台完善功能;引导企业优化海外仓布局,完善海外仓功能,提高商品跨境流通效率;提升市场采购贸易方式试点便利化水平,完善外汇监管等配套服务;完善市内免税店政策,规划建设一批具有中国特色的市内免税店。

七、完善流通金融保障体系

(一)提升国内支付保障能力

各级政府要持续强化支付清算系统建设,提升支付清算系统业务服务能力、业务连续性和管理水平,维护系统安全稳定运行,保障资金正常流转,满足支付需求;健全流通领域的非现金支付框架,完善全环节、全行业支付配套设施,加快上中下游企业间资金线上流动;完善城乡商业设施支付受理环境和服务水平,大力推广移动支付,适当降低小微企业支付手续费。在有效防范风险的前提下,各级政府要加快区块链等新兴技术在电子票据、供应链综合支付服务方面的数字化应用,稳妥推进数字人民币研发,探索其对流通领域的支持作用。

(二)推动跨境支付体系建设

各级政府要以服务实体经济、促进贸易投资便利化为导向,强化制度建设,加强本外币政策协调,支持企业在大宗商品进出口贸易、跨境电子商务等贸易新业态领域使用人民币计价结算,提高跨境贸易和投融资中人民币计价结算使用占比;扩展境外人民币"清算行"安排,支持相关国家和地区金融机构以直接或间接参与者方式接入CPS,在安全可控前提下,推动与境外金融基础设施互联互通,不断优化系统功能和服务,提高人民币清算结算效率;持续拓宽CPS境外业务覆盖面,更好地服务我国企业国际化发展;加强跨境金融网络与信息服务监管,增强金融支持我国企业参与国际经济循环的能力;推动银行机构进一步开展针对中小微外贸企业的远期结售汇业务,提升外贸企业汇率避险意识与能力;研究探索本外币合一银行账户体系建设,为流通企业提供优质账户服务。

(三)丰富完善流通领域金融服务

各级政府要加快建立健全流通领域保险、融资担保等配套机制,合理分散金融机构信贷风险;引导保险机构继续完善流通领域货物运输等保险服务,丰富对流通各环节的保险供给,为流通领域提供更精准的保险保障;建立流通领域融资项目库,梳理龙头流通企业、重点建设项目的金融需求,鼓励金融机构在依法合规、风险可控的前提下加大对其支持力度;发挥金融租赁等非银行金融机构的作用,加大对商贸、交通物流、农村流通等领域的金融支持力度；优化与新型消费相关的支付环境，规范网络交易平台收费行为，优化平台企业收费，降低流通交易成本。

八、规范发展供应链金融

（一）加强供应链金融基础设施建设

各级政府要统一供应链金融数据采集和使用的相关标准、流程，确保数据流转安全合规；加快人工智能、大数据、物联网等技术应用，为供应链金融线上化、场景化及风控模式转变提供技术支撑；加强供应链票据平台系统功能建设，加大应收账款融资服务平台推广应用力度，加快与政府采购系统的对接，为金融机构应收账款融资提供多维信息支撑；在全国范围内加快实施动产和权利担保统一登记，推进动产融资统一登记公示系统数字化和要素标准化建设，强化与中征应收账款融资服务平台的联动，提高登记公示办理效率。

（二）健全供应链金融运行机制

各级政府要加快优化供应链金融监管机制，探索对供应链金融实施的差异化监管；研究制定供应链金融行业规范，推动相关技术标准建设和统计口径统一；运用科技手段建立完善数字化风控体系，强化交易真实性审核和全流程监控，防范虚增虚构应收账款、存货及重复抵质押行为；推动应收账款和存货等动产资源权属"应确尽确"，为中小企业应收账款融资提供便利；鼓励金融机构、核心企业、第三方机构加强信息协同和共享合作，提高信息透明度和金融服务效率。

（三）丰富供应链金融产品

各级政府要鼓励核心企业通过中征应收账款融资服务平台进行确权，支持金融机构与平台对接，规范发展供应链应收账款、存货、仓单和订单融资，强化普惠金融服务，提高供应链中小企业融资效率；引入债券市场资金，鼓励中小企业通过标准化票据融资，支持核心企业发债融资；支持核心企业签发供应链票据，鼓励金融机构提供更加便利的供应链票据贴现融资，丰富营业中断险、仓单财产险等多种保险服务供给；建立核心企业票据融资信息共享制度，加强应收账款尽职调查、信息披露和风险防范，规范发展应收账款资产证券化、资产管理产品。

九、加快完善重要产品追溯系统

（一）加强重要产品追溯系统建设

各级政府要拓展追溯产品范围，加快推动相关法律修订工作，推进食品（含食用农产品）、药品等重要产品质量安全信息化追溯系统建设入法；鼓励行业协会、第三方机构等依法依规建立重要产品追溯系统，提供产品溯源等服务；督促平台企业承担商品质量、食品安全保障等责任；开展食品、中药材、药品追溯标准化工作，推进相关领域的追溯标准制修订和应用推广工作；健全重要产品追溯数据信息，完善数据信息采集指标、传输格式、接口规范及编码规则。

（二）拓展追溯系统应用

各级政府要鼓励企业通过产品追溯系统改善生产经营管理，充分发掘追溯数据在产品质量提升和品牌塑造中的应用价值，增强市场竞争力；鼓励追溯系统建设主体面向社会公众提供追溯信息查询服务，增强商业化增值应用，加强追溯数据安全保障和商业秘密保护；加大可追溯产品市场推广力度，调动大型流通企业的主动选用积极性，扩大可追溯产品市场规模。

十、健全以信用为基础的新型监管机制

（一）推广信用承诺和告知承诺制

各级政府可以围绕流通领域行政许可、备案和证明事项等环节，提升信用承诺标准化、规范化水平，综合运用"双随机、一公开"等方式实施日常监管，加强对承诺市场主体信用状况的事中、事后核查，将信用承诺书及履约状况纳入市场主体信用记录；鼓励市场主体主动向社会做出信用承诺，支持协会或商会建立健全行业信用承诺制度，强化行业自律。

（二）推进信用分级分类监管

各级政府要以信用风险为导向，科学配置监管资源，扩大事中、事后监管覆盖范围；实施信用风险分类监管，优化监管框架，不断提升监管效能；统筹使用公共信用综合评价、行业信用评价、市场化信用评价结果，将评价结果作为实施信用分级分类监管的重要参考；提升信用监管运用的深度和广度，推动流通领域更多行业和部门采取以信用为基础的差别化监管措施。

（三）完善信用奖惩机制

各级政府要加快建立行政审批"绿色通道"，对信用良好的行政相对人实施"容缺受理""加速办理"等便利服务措施；加大对诚信市场主体及个人激励力度，在财政性资金项目、招商引资配套优惠等方面给予优先安排；按照合法、关联、比例原则，依法依规开展失信惩戒，推进重点领域失信治理，严厉打击失信行为，提高失信成本；加大诚信企业示范宣传和典型失信案件曝光力度，增强市场主体信用意识和契约精神；健全信用修复机制，鼓励失信主体消除不良影响，重塑良好信用。

第三节　保供应促消费

2022年12月15日,国务院印发的《"十四五"现代物流发展规划》(以下简称《规划》)精准聚焦现代物流发展重点方向,指出依托国家综合立体交通网和主要城市群、沿海沿边口岸城市,促进国家物流枢纽协同建设和高效联动,构建国内国际紧密衔接、物流要素高效集聚、运作服务规模化的"四横五纵、两沿十廊"物流大通道。2021年,我国社会物流总额超过330万亿元,物流业总收入将近12万亿元,成为全球最大的物流市场。[①]《规划》中重点提及,要培育发展物流经济,深化现代物流与制造、贸易、信息等融合创新发展,推动形成需求牵引供给、供给创造需求的良性互动和更高水平动态平衡;发挥国家物流枢纽、国家骨干冷链物流基地辐射广、成本低、效率高等优势条件,推动现代物流和相关产业深度融合创新发展,促进区域产业空间布局优化,打造具有区域集聚辐射能力的产业集群,稳妥有序开展国家物流枢纽经济示范区建设。

以消费带动广西地区物流供应体系的发展意义重大,现代物流体系的发展也能促进消费模式的变革,进而强化物资供应。本节将从消费这一角度入手,探究保供应促消费的发展路径。

[①] 推动现代物流由大到强转变[EB/OL].(2023-01-13)[2023-02-22].https://m.gmw.cn/baijia/2023-01/03/1303241966.html.

一、现代物流在经济发展中的重要作用

（一）现代物流是企业增强自身竞争力的重要手段

作为市场主体之一，随着市场竞争的加剧，企业的竞争手段由以往的价格竞争向品牌、管理、技术、人力资源和服务等竞争转变，在这种情况下，现代物流的重要作用日益凸显。现代物流的先进性集中体现在管理、技术、服务等方面。现代物流以先进的信息技术为核心，以提供优质的物流服务为目标，实现了集成化管理。对于企业而言，发展现代物流，可以降低自身经营成本，提高自身经营管理水平，为自身带来良好的经济效益，进而增强自身竞争力，更好地适应市场、适应国际化形势。

（二）有利于我国产业结构的优化

长期以来，我国产业结构发展不合理，第一、第二产业占比大，第三产业占比相对较小。物流属于服务业，即第三产业，发展现代物流有利于提高第三产业占比，带动第三产业的发展。现代物流涉及包装、运输、装卸、仓储等诸多环节，加快现代物流发展，必然会带动相关行业的崛起，进而增加第三产业的绝对数量，提高第三产业中高附加值行业的比重，从而促进产业结构的优化。

（三）吸引外资

自改革开放以来，我国的发展重心逐渐转移到经济建设，各地区也开始采取措施吸引外资。对于投资者而言，其在付出投资行为时需要考虑多方面的因素，其中一个重要因素就是物流，便捷、完善的物流体系对投资者有着较大的吸引力。现代物流具有便捷、高速、集成化管理等特征，现代物流水平越高，对投资者的吸引力就越大，因此，现代物流可以吸引更多外资，带动区域经济发展，促进经济的协调发展。

（四）现代物流是我国经济发展的重要推动力

在高新技术迅猛发展的形势下，以电子商务为代表的新经济逐渐发展成为一种崭新的运作方式和商务模式，成为经济增长与发展的重要推动力。在电子商务迅速崛起的时代，现代物流也迎来了巨大的机遇。物流是社会和企业经营发展的"第三利润源泉"，现代物流的任务就是尽可能降低物流的总成本，为客户提供最好的服务。在信息技术的支持下，现代物流逐渐成为国民经济的重要产业。加快现代物流发展有利于促进我国经济的稳步增长。

（五）现代物流是提高经济运行质量和效益的重要途径

从宏观经济角度来看，现代物流的高效性对经济的影响较大，便捷、高效、快速的物流系统会使企业的产品和服务更贴近客户，使库存更合理，物品流通成本更低，进而提升宏观经济运行质量和效益，促进国民经济增长方式的转变。因此，加快现代物流发展必将成为我国国民经济供给的新的增长点。

（六）现代物流有利于我国经济国际化发展

自加入世界贸易组织以来，我国与世界各国之间的交流与合作日渐频繁。在对外交流与合作过程中，现代物流起着重要的作用。完善的现代物流体系是外资企业投资时相当看重的一点。发展现代物流，构建完善的现代物流体系，可以更好地服务国际合作与交流，引进国际先进的技术、管理经验，进而不断缩小我国与发达国家经济发展水平之间的差距，促进我国经济国际化发展。

二、流通产业和消费发展现状

（一）我国流通产业发展现状

新中国成立初期，我国的流通产业主要是以工业生产为依托来实现功能和价值的，物流产业一度被认为是不起眼的末端产业。经过几十年的发展，流通产业已成为我国国民经济的支柱性和先导性产业，在拉动内需、带动就业、促进消费等方面发挥着重要作用。因此，大力促进和发展现代流通产业，不仅有利于提升我国流通产业的整体竞争力，促进流通产业的转型升级，也会对我国经济质量的提升、经济结构的优化产生积极影响。尤其是近几年，我国政府大力扶持和鼓励发展流通产业，促使我国流通产业的规模不断扩大、增速不断加快。流通产业已经成为国民经济的支柱产业，并且其对我国经济增长的贡献作用不断加强，对经济增长的促进作用越发显著。

随着近几年我国互联网技术的普及和发展，我国经济开始走向多元化，线上网络销售和线下实体经济都呈现良好的发展势头，再加上民营资本和外企加入，我国流通产业开始进一步向电子化、网络化和连锁化拓展，这具体表现在以下三方面：第一，互联网的发展带动了电子商务这一新兴商业模式的迅猛发展，截至2015年，我国电子商务领域交易规模达到16.3万亿元，同比增长22.3%，这代表着我国电子商务产业开始强势崛起，而流通产业作为电子商务模式的重要环节之一，也开始向电子化、智能化方向发展；第二，依靠互联网大数据和云计算技术，我国流通产业的网络化和信息化不断提升，市场相关数据显示，2015年我国批发零售行业中，

81.2%的企业都实现了联网,开始利用互联网办公,还有相当一部分企业开始试水线上采购等方式;第三,随着我国经济的增长,零售业尤其是连锁零售业的发展不断加快,这使我国流通产业不断向连锁化的方向发展。

(二)我国居民消费发展现状及趋势

从整体物流领域来看,改革开放以来,中国在铁路、公路、水运等相关物流主要指标方面,连续多年位居世界前列,涌现出一大批优秀的物流企业。但是城乡消费的末端微循环体系依然呈现弱、小、散的局面。随着国民生活水平不断提高,消费需求不断升级,多样化、个性化和分散化的需求成为消费新趋势。

1. 居民消费总体状况

随着我国经济的不断发展,居民的收入和消费水平不断提升,对消费的热情也"水涨船高",拉动内需、扩大消费是保证我国经济快速、平稳发展的根基。要对一个国家的居民消费总体状况进行综合评价,最重要的参考指标就是其社会消费品的销售额和最终消费率。从2012年至2022年,随着城镇化的提高和居民人均收入的增加,我国居民的人均消费增速均超过8%,除了2020年由于疫情影响以外,其他所有年份居民消费的增长速度均超过了GDP的增长速度,消费对于国民经济增长的拉动作用不断提高。随着个人收入的增加和消费水平的增长,居民最终消费率将继续保持上涨的趋势。

2. 居民消费结构升级趋势明显

居民消费结构升级主要是指居民的消费层次从低水平向高水平升级,而最能突显居民消费结构升级的就是恩格尔系数的降低。在1990年,我国城镇居民的消费支出以食品消费为主,文化娱乐及交通医疗方面的支出占比较小,恩格尔系数较高;随着时间的推移和经济的增长,到2015年,城镇居民食品消费在总消费支出中占比逐渐减少,在文化、娱乐和交通及其他方面的消费支出明显增加,这说明我国居民在满足了基本的生存需求之后,在精神层面的消费支出开始增加,居民消费结构升级的趋势更加明显。

3. 逐步向服务型消费为主转变

随着我国经济的增长,居民的消费结构开始从温饱型消费向服务型消费升级,这种局面可以更好地满足居民多样化、个性化的消费需求,同时也有益于更好地推动我国经济结构转型升级。自2014年起,我国开始进入中高等收入国家行列,中等收入居民在全体居民中的占比不断增加,这类群体的迅速崛起有效地促进了我国的消费结构向服务型消费转变,同时以80后、90后为代表的新一代消费者群体,逐渐成为我国服务型消费的主要消费力量。

三、保供应促消费

（一）整合现有资源，推动流通产业发展

在推动流通产业发展方面，我们需要认识到，盲目追求流通规模的扩张并不能有效地促进消费结构的升级，对流通规模的盲目扩张只会降低流通规模的扩张效率。要想真正推进流通产业的发展，扩大流通规模，促进消费升级，需要政府和相关企业有效地整合现有的流通资源，提升流通效率。从政府层面来讲，首先，政府要积极引导零售企业和批发市场等转型升级，结合物流、电商等现代流通方式，将其打造成具备"精、专、便、廉"等特色的现代商贸流通企业，同时积极加快现有流通企业的制度改革和企业战略创新，将盲目地追求量的扩张升华为追求质的提升；其次，政府要积极促进物质型服务行业和生活型服务行业的转型和升级，积极培养消费者的绿色消费理念和意识，积极引导流通企业开拓服务型行业新模式，为消费市场的扩张、消费结构的升级、整体经济的增长提供强大的支撑。从企业层面来讲，企业在追求规模的扩张和企业成本降低的同时，要将流通企业质的提升放在企业战略的层面加以重视，注重整合流通企业的现有资源，疏通企业流通渠道，提升企业流通安全，使消费者重拾对流通企业和流通环境的信心，建立消费者的消费自信，为消费升级奠定坚实的基础，同时，流通企业要充分利用网络资源，以互联网高新技术为依托，建立高效、快捷的物流配送体系和物流信息反馈系统，提升物流效率，减少消费者的物流成本，提升消费者的相对收入，刺激消费，促进消费升级。

（二）推动流通创新，建设高效流通渠道

在互联网行业飞速发展的风口，我国应该积极推进流通行业同互联网的融合，积极推动流通创新，同时努力建设高效、顺畅的流通渠道，使消费者的消费更加顺畅，进而促进消费结构的升级。首先，政府要强调流通创新的重要性，积极推动相关政策制度的制定，鼓励流通行业创新，并将其放在国家战略的层面加以扶持；其次，政府要积极促进流通结构的调整和创新，建立集约化、组织化的流通企业，疏通流通渠道，有效地降低流通组织成本，提升流通效率；再次，政府要重视批发市场的创新，批发市场的创新是流通创新的重要体现，要牵头建立重量级、领头型批发企业，将简单的市场数量的增加转变为整体批发业的行业质量的提高，提升整体市场竞争力；最后，政府要善于利用互联网高新技术，推进流通行业同互联网的融合发展，依靠信息技术完成流通业务流程，建设高效的流通渠道，实现跨地区、跨流程的互动，提升信息沟通效率和质量，为消费结构的升级奠定坚实的流通基础。

（三）创新流通业态，推进"互联网＋物流"

创新流通业态，推进"互联网＋物流"既是流通产业发展的需要，也是促进消费结构升级的需要。未来C2B(Customer to Business，即消费者到企业)模式将成为流通行业的主流模式，因此，推进"互联网＋物流"是必然的发展趋势。一方面，物流企业可以利用互联网社交媒体等渠道大力宣传自身的产品及服务，形成品牌效应；另一方面，物流企业要努力提升消费者的服务体验，增加消费者黏性。物流企业要将这两方面有机结合，实现线上和线下的完美对接，创新流通业态，积极弥补自身的不足，突显企业自身的优势。同时，政府要积极鼓励流通行业创新流通业态，比如鼓励流通企业进行全渠道经营，积极同现代信息技术结合，促进电子商务与现代流通业的融合，发展协同经济新模式，有效整合资源优势，提高流通企业的服务能力和服务水平。

（四）发展现代物流，提升流通效率

物流水平是衡量一个国家商贸流通业发展状况的重要指标，通过大力发展现代物流、提升流通效率来实现商贸流通现代化，是实现经济转型、提升经济发展水平和质量、刺激消费、促进消费结构升级的有效途径。我国现代流通业发展时间不长，整体流通效率还比较低，这极大地制约着我国现代流通业的长远发展，因此破除现在的发展困境就要积极建立完整、高效的现代物流体系，加大物流行业的资金投入，提升物流流通效率，这不仅对整个国民经济的增长有极大的推动作用，还可以有效地促进流通行业的绿色、稳定、可持续发展，也有助于拉动内需、刺激消费、促进消费升级。

第四节 完善物流配套体系

发达国家的经济运行经验表明,市场经济越发展,流通的作用就越重要。为了使物流产业成为广西经济发展的催化剂,而不是瓶颈,进一步提升全省的物流服务水平和运行质量,应该结合广西经济发展情况以及物流产业发展过程中存在的问题来制定和调整广西物流产业发展的对策,重点应放在以下几个方面。

一、扶持优秀物流企业

一个产业的发展程度最终取决于这个行业中企业的整体发展状况,因此广西物流产业要想取得较大发展,必须培养一批富有竞争力的现代物流企业。从广西整体情况看,当前应强调对传统物流企业进行整合、重组和技术升级,充分利用传统物流企业的设施与市场网络,鼓励它们根据自身业务优势,引入先进物流技术,延伸物流服务范围和领域,提高物流服务水平,向现代物流企业转变;同时鼓励优势互补的物流企业联合起来,走规模化发展道路,逐步向综合物流服务提供商方向发展,而对于一般的中小企业,要大力提倡它们利用第三方物流服务,加快现代物流业的社会化进程。

为了让企业充分认识发展现代物流的意义,政府在加大宣传力度的同时,应该在税收、法律、市场监管等与产业发展相关的各个方面出台富有吸引力的举措,积极营造适宜物流产业发展的宏观环境,引导企业走向现代物流的发展道路;要树立典型企业,介绍它们通过发展现代物流,在降低企业成本、优化资源配置、提高经济运行效率、提升企业市场竞争力等方面所取得的明显成效,宣传物流是建立在现代信息技术上的管理、是服务、是新兴产业的理念,让企业的经营者意识到采用现代物流是企业自身发展的需要;要建立政府各职能部门间的协调机制,避免政出多门、条块分割管理的状况。由于物流产业是一个涉及多个领域的复合型产业,如果按照传统的管理模式,其各个组成部分将分属于不同的政府职能部门管理,这样会人为割断行业之间的有机联系,必然不利于物流产业的做大做强。

同时,政府应安排更多的专项贴息资金扶持重点物流企业发展,推动物流企业的信息化改造、人才培训、物流标准化体系建设以及先进物流技术和设备采购等,以此培养一批有经济实力、按现代管理手段运作、富有竞争力的物流企业,并鼓励支持它们参与国内外的市场竞争。

二、培养专业物流人才

物流产业的发展融合了许多先进的科学技术,涉及众多学科门类,需要大量物流技术人才与管理人才,而作为一个新兴产业,其自有人才储量远远满足不了快速发展的需要。虽然广西自古以来就是人才大省,全自治区高校众多,但物流方面的专业人才确实不足,因此从一定意义上说,人才缺乏也是制约广西物流产业发展的一个重要因素。

面对这种情况,政府一方面要从政策上鼓励有条件、有能力的高等院校开办和设置与现代物流业相关的专业课程,大力培养物流经营管理与技术开发人才;另一方面要鼓励多层次、多方面的物流教育,引导有条件的企业、民间团体、行业协会及民办教育机构有计划地参与各类物流人才的技术培训工作;同时还要鼓励各用人单位大力引进国内外高水平的物流专业人才,通过他们了解与掌握现代物流发展最新动态,提升整个物流产业的技术水平。

三、优化物流基础设施,合理规划物流园区

完善高效的物流基础设施是物流业务得以顺利运转的前提。西方发达国家的物流发展历程启示我们,要想实现物流产业的快速发展,必须率先解决基础设施的瓶颈制约。日本政府在其物流产业的发展过程中就通过高速道路网、港口设施、城市物流中心等的建设,带动了全国物流产业的发展,使其在短时间内成为物流强国。

近几年,广西的交通建设日新月异,高速公路密度居全国第一,行政村灰黑化等级公路通达率达到93%,但与经济发展不平衡一样,物流设施分布也呈现南北不均、城乡有别的状态。不过,无论是哪个区域,物流基础设施建设都需要加强,桂中、桂北需要通过投资逐渐完善物流网络体系,桂南则迫于经济快速增长的压力,需要进一步提升物流运作能力。

规划合理的大型物流园区和物流中心是物流产业快速发展的重要保障。大型物流园区和物流中心是随着物流规模化、集成化、系统化的特点而产生的,具有空间的相关性及一致性,可以帮助实现区域物流的合理流动,提高物流设施的综合利用效率,降低物流运作带来的环境压力。由于广西地区经济发展具有不平衡性,桂南、桂中、桂北的物流发展模式也不尽相同,在规划园区时要考虑到这一点。现阶段,桂南地区已进入工业化中后期阶段,为了适应产品高附加值与高时效性需求,现代物流要强调多功能集成与一体化运作;而桂中、桂北地区尚处于工业化中期阶段,要把解决大型产品的物流问题放在首位,建立与之相适应的物流园区。在规划物流园区时要考虑各地的优势产业,充分发挥重点产品的集散效应,实现资源最大限度的利用。

四、完善物流配套体系

现代物流产业的发展是建立在信息即时传递、资料时刻共享的基础上的,它不仅要求产业链中各个企业之间实现资源无缝对接,而且要求配套产业获得足够大的发展,以帮助把先进的物流理念变成可行的运作方式。广西物流辅助体系的建设,主要从以下几个方面进行。

(一)建设先进的物流信息平台

建设先进的物流信息平台要从以下两方面着手,一方面是企业自身信息系统的构建,物流企业要通过采用现代信息管理技术,如 ERP、MRP 等,全面提升企业的信息管理水平,并以此为基础,大力推广电子数据交换技术(EDI)、卫星定位技术(GPS)、条形码技术(Bar code)的应用,实现企业电子化管理;另一方面是公共信息服务平台的建设,政府和相关部门要运用现代信息手段,将全省物流相关企业及政府部门联结,实现资源共享、数据共用、信息互通,降低企业的信息搜寻成本,提升全省物流信息化水平。

(二)推动物流设备标准化运作

由于现代物流产业的运作是不同企业、不同运输方式之间相互协作的过程,所以物流设备标准化尤其重要,它是实现物流管理现代化的重要手段,也是提高物流服务水平的基本保证,更是降低物流成本、提高物流效益的有效措施。可以想象,如果物流各个环节没有统一的技术标准,物流周转的每个环节开始之前都要重新分散、再包装,这不但极大地浪费了社会资源,更使现代物流的快速响应能力化为乌有。

目前,广西物流设备标准化已得到了较快发展,但与国际先进水平相比还有不小的差距,在国内也落后于上海、深圳等城市,还需要进一步加快发展步伐,尽快完成物流设备标准化改造。物流园区以及大型物流企业间可以率先实现标准化,进而迫使那些小型物流企业跟随既定标准。政府还可以拿出一定的专项资金来对那些发展势头良好但无力自改的企业实行补贴,从而推动整个行业的标准化运作。

在物流设备标准化改造过程中,政府应结合企业的实际情况,把设备现代化与管理现代化紧密联系起来。在仓库的改造过程中,对起点较高的企业,可以直接实现高架仓库的全自动化管理,甚至是智能化管理;而对一些底子较薄、财力不足的企业可从简单的、中小型低层标准化仓库逐步向规模较大的、自动化程度较高的标准化仓库过渡。在仓储设施改造的过程中,政府要根据需要对仓储机械进行相应的标准化技术改造,新购一些必需的标准设备,以满足物流运作的需要。在运输工具的改造过程中,政府要对占广西运输工具总量68％的中小型非厢式货车进行技术改造,使其成为适合末端配送的环保、安全的厢式货车;对大型货车进行技术改造,使其变成适合集装运输或者其他急需的专用车型;对船舶进行标准化改造,使其成为适合集装运输的水运工具。同时政府还要对各种运输方式之间的转运装卸机械进行标准化改造;对托盘、非标准的国内集装箱进行技术改造,使其逐步与国际标准接轨。

第六章 广西物流业的基础设施建设

第一节 交通基础设施建设
第二节 物流设施布局
第三节 通道枢纽建设
第四节 开放共享平台建设
第五节 冷链物流服务体系建设
第六节 国内国际双循环物流通道建设

2022年4月26日,习近平总书记主持召开中央财经委员会第十一次会议时强调,"基础设施是经济社会发展的重要支撑,要统筹发展和安全,优化基础设施布局、结构、功能和发展模式,构建现代化基础设施体系,为全面建设社会主义现代化国家打下坚实基础"①。

基础设施建设是经济稳定增长的重要抓手之一。在基础设施建设过程中,政府投资和公共支出规模的扩大对国民收入的增加有显著的提升作用,基础设施建设成果也将推动相关产业链的完善发展,对经济发展起到促进作用、产生巨大的乘数效应。此外,基础设施建设能带动相关领域产业链的发展,以上游带动下游,从而发展经济、改善民生。完整的产业链条在提供更多就业岗位的同时,还能提高工人工资,这对于民生的改善有重要作用。物流业基础性产业的基础设施、平台建设、体系搭建等同样具有促进经济、改善民生的重要作用。

---

① 习近平主持召开中央财经委员会第十一次会议[EB/OL].(2022-04-24)[2023-04-22]. https://www.cntheory.com/zycjwyhlchy/zycjwyhhy/202204/t20220426_50368.html.

第一节　交通基础设施建设

在大物流背景下,逐步强化交通基础设施建设能够促进交通产业的发展,对广西地区经济发展有重要的推动作用。

自2019年国家发展改革委印发《西部陆海新通道总体规划》以来,广西地区交通运输系统狠抓落实,积极推进交通基础设施建设,目前,广西已初步建成以铁路、高速公路多通道共担,从北部湾港出海,连接黔、渝、川、陕、甘等省区市,面向东盟的西部陆海新通道。

首先,高速公路全力增线扩能。广西相继完成G69乐业至百色、G75南宁经钦州至防城港、G72柳州至南宁八车道改扩建等高速公路重点项目建设,高速公路三大主通道广西段均已全线贯通,运输能力不断提升。

其次,铁路三大通道部分实现提质升级。2019年广西完成南防铁路南钦段电气化改造,2020年4月,建成北海铁山港进港铁路专用线,彻底打通铁山港进港铁路"最后一公里",北部湾港疏港铁路设施进一步完善,港口航道建设全面铺开;建成钦州港东航道扩建(一期、二期)工程、防城港渔澫港区第四作业区401号泊位工程等项目;2021年完成焦柳铁路怀化至柳州段电气化改造,大幅提升后方骨干通道运输能力;截至2021年6月,广西已建成北部湾港泊位272个,其中万吨级泊位99个,港口年吞吐量超过3亿吨。

自治区交通运输厅相关负责人表示,广西将抓紧推进黄桶至百色铁路、衡阳至柳州铁路、西部陆海新通道(平陆)运河、湘桂运河等重要项目建设相关工作,全力完成交通固定资产投资超2200亿元的年度目标任务,打好交通基础设施建设这场硬仗。

2020年,广西壮族自治区交通运输厅印发《广西基础设施补短板"交通网"建设三年大会战实施方案(2020—2022年)》(以下简称《方案》),3年计划实施重点项目151个,总投资约4885亿元,力争到2022年实现广西"市市通高铁""县县通高速"。

据介绍,《方案》以加快补短板为重点,以重大项目为抓手,强力推进交通基础设施建设,其中包含铁路、公路、水运、民航、城市轨道交通等五个方面。

铁路方面,广西重点加快建设对外高标准客运通道和西部陆海新通道干线铁路,着力解决疏港铁路"最后一公里"问题,到2022年,全区铁路运营里程达到5400千米,其中高速铁路里程突破1900千米。3年计划新开工重点项目18个,建成重点项目7个,投资约848亿元。

公路方面,广西结合新一轮高速公路网规划,重点建设西部陆海新通道和对接粤港澳大湾区高速公路通道重点项目,基本实现乡乡通二级(或三级)公路,到2022年全区高速公路通车里程超过8000千米。3年计划新开工重点项目37个,建成重点项目22个,投资约3448亿元。

水运方面,广西重点建设北部湾港高等级航道、锚地等重点配套项目,着力打通内河"一干七支"航道及解决碍航船闸碍航问题,到2022年,全区港口总吞吐量达到4.5亿吨、集装箱吞吐量达到700万标箱。3年计划新开工重点项目26个,建成重点项目11个,投资约190亿元。

民航方面,广西初步建成"1+1+2+4"运输机场体系,机场旅客综合保障能力实现4000万人次以上。3年计划新开工重点项目3个,建成重点项目5个,投资约125亿元。

城市轨道交通方面,广西继续推进城市轨道交通及市郊铁路建设,不断扩大线网规模,到2022年,城市轨道交通里程达到135千米。3年计划新开工重点项目5个,建成重点项目3个,投资约274亿元。

第二节 物流设施布局

在大物流背景下,广西地区做好进一步的物流设施布局尤为必要,科学的布局能带动整个物流产业的可持续发展。以物流集中发展区为例,合理的规划有利于物流集中发展区探索新的经济发展思路、强化经济保障。

物流集中发展区的布局规划对于提高区域物流的组织化水平和集约化程度具有重要意义。广西物流集中发展区布局规划首先应明确区域物流的宗旨、目标、规划原则与战略定位;其次应以广西原有的经济布局为基础,以物流节点的类聚分析为手段,形成相应的物流空间布局;最后以区域的物流量和重要交通枢纽为依据,形成物流战略规划及产业发展布局。

物流园区、物流中心等类型的物流节点是近年来我国现代物流业发展中出现的新型业态,对提高物流的组织化水平和集约化程度具有重要意义。各级政府非常重视物流园区对当地经济的服务效应及社会效应,逐渐加快物流园区的建设步伐,广西各地都已经建成一定规模的物流园区。各级政府虽然积极参与物流园区的建设,但是很多都只从本地经济发展的要求来规划物流园区布局,没有考虑到物流园区的建设具有跨行业、跨地区、多功能、多层次等属性,忽视了通盘科学规划,没有从整个广西物流发展的角度来整合企业资源、优化工业布局,以实现物流园区的规模效益、聚集效应以促进物流园区更好的更健康的发展。而每个物流园区都有一定的服务辐射半径,如果缺乏统一布局和科学规划,很容易使同类物流园区在同一地区的有效辐射范围内重复建设,造成土地、人力、财力和其他资源的浪费。因此要使广西物流发展更科学有效,就必须从战略角度进行统一规划。

一、物流集中发展布局的战略定位和目标

物流集中发展应在广西物流发展战略的指导下进行科学的规划与布局。物流发展战略是指导广西物流发展的整体策划,是为了实现广西物流效益,对广西物流节点布局而进行的影响全局的长远性的重大问题总体谋划。广西现代物流业应以政府引导、全局规划政策保障、市场导向、企业运作为指导思想,将广西现代物流发展的定位于广西社会经济发展的支柱产业之一、广西经济发展的保障体系之一,使广西成为成西南重要货物集散中心之一,成为西南重要的出海通道之一,使南宁、柳州等地成为全国主要的物流中心城市之一。

(一)战略宗旨

战略宗旨即明确广西物流节点布局的方向、目标、目的、社会责任及义务,明确界定未来一段时间广西物流节点是什么样子。物流园区等物流节点是社会经济和现代物流发展到一定阶段的产物,它的产生、形成和发展都有特定的环境和条件,同时物流节点的形成也会促进社会经济的发展。

1.提高区域经济效益

政府可以按照资源整合、市场调节、梯度发展的原则对广西区域的物流节点进行合理布局,从而发挥物流在采购、生产、销售及回收等环节的作用,使工业、商业及农业持续实现降低物资消耗、提高劳动生产率以外的"第三利润源泉"。

2.促进现代物流的专业化发展

政府可以通过物流节点在广西区域的合理布局,促进物流企业在区域内合理分工,促进现代物流向专业化方向发展。

3.优化交通

政府可以通过交通转移来避免和缓解交通运输拥挤情况,改善现有交通布局。

4.环境保护和优化

政府可以通过合理布局,发挥广西区域内物流运输方式的多样化、联运化,构建合理的公路、铁路、水路及航空运输网络,减少物流活动对环境的污染。

(二)战略目标

2015年为起步阶段,构筑广西区域现代物流系统和物流基础设施,构建以南宁、柳州、桂林和玉林为轴的广西经济重点城市物流体系及基础设施,建设钦州、北海、防城港等沿海三港和凭祥国际物流园区及保税物流园区的立项申报与建设,建立初具规模的物流系统和具有一定水准的物流信息平台。

2015—2020年为完善阶段,完善物流产业保障体系,全面提升经济重点城市、

沿海港口、凭祥国际物流园区及保税物流园区物流服务水平,推进其他物流园区和配套服务项目的建设,大力发展现代物流企业,形成现代区域物流产业,保证其良性循环发展。

2021—2025年为腾飞阶段,形成新的经济增长极,促进广西区域物流系统得到更高层次的发展,实现物流现代化,使物流产业成为广西经济发展新的增长极和重要保障,成为经济快速发展的引领产业。

(三) 规划原则

1. 统一规划、合理布局原则

根据中国物流与采购联合会和中国物流学会对全国物流园区的调研结果,在政府规划推动建设的物流园区中,通过省级政府审批的占32%,通过地市级政府审批的占59%,通过区县级政府审批的占9%。可以看到,地市级和区省级政府审批建设的园区数量占比较高,在运行的物流园区中近60%的园区出现能力过剩或空置现象。因此,政府应打破现有地区、部门、行业之间的界线,统一规划,使现代物流业的发展与自治区产业结构、城市功能布局的空间演变趋势相适应。

2. 与经济形态相适应原则

区域经济形态决定了区域物流的发展模式。发达区域要求集约化的物流运作,落后地区要求相对粗放型的物流模式。工业城市围绕原材料的采购、产品生产及销售重点构建供应、生产及销售物流;农业区域应构建农产品物流节点;区域经济若以发展资源密集型产业为主,就应构建铁路、内河航运为主要运输方式的物流节点;区域经济若以发展资金密集型产业为主,就应发展公路运输为主的物流节点;外向型的经济发展战略必须以物流运输作为开放的载体工具,研究"出海"的方法,构建以保税物流园区为主的物流节点。

3. 适度超前原则

物流园区属于城市或区域的基础设施,一旦建成则很难变动,因此其建设应具有适当的超前性。物流园区建设超前于现有物流业发展阶段,主要目的是引导物流园区合理布局并提供发展的用地保障。因此,园区的建设应杜绝任何盲目的、与实际脱节的超前带来的浪费,也应避免过于保守所造成的用地不足,以免无法实现预期资源整合的目的。

4. 物流节点与重要货运枢纽相衔接的原则

广西区域物流节点的布局应充分利用现在的物流基础设施。目前,广西高速公路主要有桂海高速、南友高速、南梧高速等干线,高速公路网络逐步形成;湘桂线和黔桂线等构筑了广西通往华中、华南、西南,连接沿海港口、越南的铁路主通道,南(南宁)、防(防城港)和钦(钦州)、北(北海)沿海铁路线的规划构筑了沿海运输通道;防城港、钦州和北海数十万吨级航道及码头逐步形成,沿海港口朝大型化、专业化方向发展;以西江为代表的内河航运也逐步形成规模;以南宁机场和桂林机场为代表的航空运输节点将成为国际区域性枢纽机场。因此,广西区域物流节点的布局必须考虑现有重要货运枢纽的区位,必须使新建的物流节点与之衔接。

5. **循序渐进原则**

物流业的发展必须与区域经济发展水平相适应,自治区各区域经济发展不平衡,这就要求物流节点的布局遵循循序渐进原则,优先在经济发达地区进行节点布局并重点扶持,使其形成经济增长极,并带动周边区域发展,然后再对落后区域进行布局。

(四) 战略定位

在经济一体化背景下,各区域的经济联系日益密切。各个区域只有从战略角度明确本区域经济发展的目标和路线才能避免与其他区域发展结构雷同,从而形成具有自身优势的发展格局。特定区域的物流节点布局及发展模式必须以本区域的各种经济条件为基础,即根据本区域的资源、区位、市场发展的状况、产业结构等因素进行综合考虑。同时,区域物流的发展战略必须服务于区域的整体战略,必须基于整体战略制定相应的物流发展战略和发展目标。

南宁作为首府中心城市,是广西政治、经济和文化中心,应将其建设成为面向中国与东盟合作的区域性国际城市、综合交通枢纽和现代物流中心。以柳州为代表的广西中部城市区域具有工业优势,应重点建设面向工业企业的生产资料及服务于商贸的物流中心。以钦州、防城港、北海为代表的城市区域具有沿海的区位优势,应重点建设面向国际的港口物流中心。以桂林为代表的北部城市区域具有旅游资源和农林优势,应重点建设服务于旅游的客运物流及服务于农产品生产、流通的农产品物流中心。以梧州、玉林为代表的东部城市区域因具有毗邻粤港澳的区位优势,则应重点发展服务工业生产的生产物流及商贸物流。而以百色、河池及崇左为代表的西部城市区域有水能、矿产资源优势,应重点进行资源开发物流环境建设,提高资源的辐射半径,并为高效率开发资源提供物流成本与效率保障。以凭祥、东兴为代表的城市区域则应重点发展陆陆口岸的国际物流通道。

二、广西区域物流业的战略整合与布局

"九五"期间,广西壮族自治区党委根据自然资源的区域差异、区位作用的差异和现有产业的区域性差异,明确提出实施区域经济发展战略就是要在原有经济布局的基础上进一步形成"东西南北中"五个各具特色的经济区域,即桂南沿海经济区(以南宁、北海、钦州、防城港四市为主的经济区域,包括宾阳和横县)、桂中经济区(以柳州市为主的经济区域,包括柳州市及来宾市)、桂北经济区(以桂林市为主的经济区域)、桂东经济区(以梧州市、玉林市、贵港市和贺州市为主的经济区域)及

桂西经济区(以百色市、河池市、崇左市为主的经济区域,包括南宁市的上林、隆安、马山和柳州市的三江、融安、融水及来宾市的金秀、忻城等 15 个县市)。2008 年 1 月 16 日,国务院正式批准实施《广西北部湾经济区发展规划》,北部湾经济区开放开发已纳入国家发展战略。2009 年 3 月 10 日,《国务院关于印发物流业调整和振兴规划的通知》明确把南宁列入西南物流的中心城市。广西物流节点的布局应基于自治区党委关于广西经济区域的划分、北部湾经济开发区及南宁物流中心城市节点的总体战略布局要求,以服务经济区域为宗旨构建适合该区域经济形态的物流业。

(一)物流节点的类型

区域物流中,物流节点可以分为四类:物流园区、物流中心、配送中心及保税物流园区。一般认为,物流园区是几种运输方式的衔接地,是规划形成的物流节点活动的空间集聚体,是在政府规划指导下的多种现代物流设施设备和多家物流组织机构在空间上集中布局的大型场所,是具有一定规模和多种服务功能的新型物流业务载体。为实现物流园区运作的规模效应,必须有与之相适应的物流需求量,因此,政府在规划时必须把物流园区设置于省会城市或区域经济中心城市,从而发挥省会城市或区域经济中心城市的交通便利、信息畅通、辐射半径较大、经济发达等综合优势。物流中心的规模略小于物流园区,是组织、衔接、调节、管理物流活动的较大的物流节点,具有运输、仓储、流通加工、装卸搬运、包装、配送、信息处理、结算、需求预测等功能。物流中心在某个领域的综合性、专业性较强,具有这个领域的专业性。物流中心往往基于服务半径、所处经济圈来决定其数量及规模。配送中心是指接收供应者所提供的多品种、小批量的货物,通过储存、保管、分拣、配货以及流通加工和信息处理等作业后,将按订货要求配齐的货物送交顾客的组织机构和物流设施。配送中心往往具有规模小、分布多、区域内网络覆盖完整等特点,它一般为县级的行政中心、经济中心驻地,个别专业化乡镇也可以建设专业化物流配送节点。保税物流园区是经国务院批准,在保税区规划面积或者毗邻保税区的特定港区内设立的、专门发展现代国际物流业的海关特殊监管区域,主要存储进出口货物及其他未办结海关手续的货物,对所存货物开展流通性简单加工和增值服务,进出口贸易(包括转口贸易)、国际采购、分销和配送,国际中转检测、维修,商品展示等经海关批准的其他国际物流业务等业务,其布局具有明显的国家战略意图。

(二)广西区域物流节点的类聚分析

以广西各市的固定资产投资总额、社会零售总额、工业增加值、公路里程、人口总数、第一产业产值、第二产业产值及第三产业产值为指标体系,采用 SPSS15.0 软件中的类聚功能进行分析得出广西 14 个地级市不同类数的类聚结果:如果把广西分成两类物流辐射区,那么南宁就单独为一个区,其他 13 个地级市合并为另一个区;如果分成三类物流辐射区,则南宁依然为一个区,柳州、桂林、玉林三市为一区,其他10个地级市为另一区;如果分成四类物流辐射区,则在三类物流辐射区基础上,崇左市构成另一区。根据物流节点的构成及物流区域的辐射能力大小,应该把广西分为三个物流辐射区域,即南宁为一类区域,柳州、桂林、玉林三市为二类区域,其余城市为三类区域。这是广西进行区域物流节点布局的重要依据之一。

(三) 广西物流节点的空间布局

结合类聚分析结果和广西壮族自治区党委关于区域经济区的划分及广西各区域的交通枢纽要素,笔者认为,南宁、柳州、桂林及玉林可以建立适当规模的物流园区,成为辐射其所在区域的重要物流枢纽,主要为本区域进出货物的集散与大型厂商在全国及亚太地区采购和分销货物提供物流平台,并配以相应规模的物流中心和配送中心,以完善该城市的物流网络;其他地级市则建立与其经济规模相适应的物流中心及配送中心。此外,应考虑海洋经济效益及未来高速公路、铁路的布局(六景到钦州港的高速公路、玉林到钦州港的高速铁路),在钦州、软州应建立一个物流园区,以之辐射钦北防一带,作为三个港口的配套工程。

第三节 通道枢纽建设

这里以南宁地区为例进行介绍,该地区在通道枢纽建设中取得了良好成绩。

一、高速铁路取得突破性进展

2021年11月22日,随着南宁南货场双线特大桥最后一榀箱梁成功架设,南宁至崇左客运专线(以下简称南崇铁路)全线桥梁工程圆满完成,铺轨通道全线贯通,为后续加快推进铺轨工程奠定了坚实基础。同日,随着一声响亮的爆破,南宁至贵阳客运专线(以下简称贵南高铁)九万大山三号隧道顺利贯通,成为九万大山隧道群首座贯通的隧道。至此,贵南高铁广西段隧道贯通数量突破80%。两条铁路节点工程取得新突破,加快了南崇铁路和贵南高铁的通车进度。

南崇铁路全线贯通后,结束了边城广西崇左市没有高铁的历史,实现南宁东站、南宁站与南宁吴圩国际机场动车直通,飞机与高铁无缝换乘,南宁至崇左乘车时间将从现在的2个小时缩短为半小时。贵南高铁贯穿广西西北部和贵州东南部,是我国《中长期铁路网规划》"八纵八横"高速铁路网包海通道的重要组成部分,是广西首条设计时速达350千米的高速铁路,线路全长482千米,计划于2023年底全线开通运营,届时南宁至贵阳通行时间将缩短至2个多小时。

南玉铁路正线全长19331千米,经过广西南宁、贵港、玉林三市,连接北部湾城市群,是南深高铁的重要组成部分,计划2023年开通运营。届时将拉近玉林与南宁等地之间的时空距离,玉林将融入首府南宁"1小时经济圈"。

南崇铁路、贵南高铁、南玉铁路取得的新进展,推动了南宁市"一带一路"建设向纵深发展。项目建成后,将形成桂西南地区新的交通大动脉,极大地改善区域交通条件,为加强广西与各地区的交流发展注入新活力,加快广西构建"南向、北联、东融、西合"全方位开放发展新格局,打通国内国际双循环,建设 RCEP 先行示范区,为加强首府战略实施提供有力保障,对促进中国-东盟交通基础设施互联互通、完善广西铁路网络、优化区域综合交通结构、构建现代综合交通运输体系、加快西部陆海新通道建设起到十分重要的作用。

二、铁路通道建设有序推进

近年来,南宁市铁路大通道建设成绩突出,客货分离的"米"字形干线铁路网基本成型。截止2021年11月,南宁市境内有普通铁路线5条,分别为湘桂铁路、南昆铁路、南防铁路、黎钦铁路和黎湛铁路;高速铁路线4条,分别为柳南客专、邕北线、南广线、南昆客专。动车通达3个直辖市、15个省会城市及区内11个地级市,铁路营业里程达775千米,铁路路网密度为每百平方千米3.5千米。南宁至贵阳客运专线(广西段)、南宁至崇左城际铁路、南宁至玉林城际铁路等3个在建铁路项目正加快建设,南通北联、西进东融的高速铁路客运骨干线路网逐步成型。

2021年1—10月,南宁市铁路项目累计完成投资93.25亿元,投资完成率为109%。南宁高铁物流示范基地实现开工建设,南宁北站项目被列入2021年城建计划(第二期)。南宁至北部湾城市群的"1小时城际铁路出行圈"加速形成。

南宁市铁路货运发展取得新成效,南宁国际铁路港是自治区推进西陆海新通道建设的重点项目,也是南宁市建设陆港型国家物流枢纽的核心项目,2021年1月—10月货物到发量130.3万吨,同比增加12.2万吨,增幅10.3%。2021年5月,南宁国际铁路港海关监管作业场所正式封关运营,为中越班列的整体运行时间节省约72小时,1月—10月,中越跨境班列累计开行272列,同比增长112.5%。

在《南宁市大力推进多式联运发展的若干政策》的支持下,2021年9月南宁国际铁路港顺利开行了"南宁-钦州-唐山"(公铁海)多式联运班列,截至2021年11月已累计开行60列,发送货物5464箱、20万吨。同时,南宁国际铁路港新开行了南宁-哈萨克斯坦、南宁-吉尔吉斯斯坦和南宁-挪威等国的中欧班列和中越老农资产品跨境多式联运班列。南宁国际铁路港货物集散能力大幅提升,有效发挥其作为西部陆海新通道重点培育铁路物流基地以及南宁陆港型国家物流枢纽核心项目的主要载体作用。

三、不断完善铁路配套项目建设

在铁路通道建设有序推进的基础上,南宁市将全面落实强首府战略,强枢纽专项组将加快完善以南宁为中心的铁路枢纽建设,谋划更高效率的铁路网,大力推动铁路项目建设,不断畅通铁路运输大通道,完善北部湾城市群城际轨道系统,实现南宁至广西北部湾城市群"1小时通勤服务",构建以南宁为枢纽的全方位高速铁路网,提升以南宁为中心的通往粤港澳大湾区、成渝、长三角、中南地区及东盟国家的对外通道能力。

南宁市还将推进市郊铁路机场线、南宁站改扩建、南宁铁路枢纽五象站等项目前期手续办理工作;推动对外干线铁路通道提速升级,提升与周边重点城市群间高铁联通效率,加快大塘至吴圩机场铁路项目、湘桂铁路南宁至凭祥扩能改造项目前期工作,实质性开展南宁至衡阳高铁前期研究。

同时,南宁市还将做好《南宁枢纽铁路专项规划》的成果运用,升级南宁铁路枢纽功能,推动对外干线铁路通道提速升级;持续推动中越铁路轨道标准化建设,加快南宁至玉林、南宁至崇左城际铁路、南宁至贵阳高铁、南宁北站扩大规模工程的前期建设;推进南宁国际铁路港建设,确保成熟一区、建设一区、投产一区;加快高铁物流基地施工,打造产业集聚、功能完善、便捷高效的"一站式"物流基地。

四、高铁快运物流中心

南宁市正大力推行多式联运政策,畅通南北向运输通道,加快培育开辟以南宁为中心、联系粤港澳大湾区和西部陆海新通道方向的水铁联运线路,力争再开通一条铁路班列(南宁-广州货运班列),以及水铁联运示范线[云南-六景作业区-(铁路)-北部湾北方沿海、云南-六景作业区-(水路)-粤港澳大湾区/北方沿海]。

第四节　开放共享平台建设

在大物流背景下,为进一步推进广西地区共享平台的开发与建设,我们要改变以往的发展理念,注重综合服务共享平台的建设,进一步强化风险管理。这里以广西北部湾物流综合服务共享平台(以下简称综合共享平台)为例,着重从以下几个层面论述风险管理对策。

一、管理风险应对预案

在综合共享平台项目中,人是决定项目成败的关键。尤其是在软件开发领域,很难找到适合人选,而且相关人员需要从项目立项到顺利完成及后续运行过程中全程跟进,如果技术人员尤其是负责某模块的人员突然离职,会给项目带来损失,所以必须在此之前做好相应的人员安排,提前抽调或招聘人员及时跟进,这样才能够了解掌握开发实施的需求和相应的情况,把风险降到最低。

一般情况下,项目团队建立以后还不能立即形成有效的合力,需要有一个熟悉、适应和磨合的阶段,即使项目团队中技术精英充足,如果缺乏团队精神,项目目标也难以实现。所以,要通过项目团队建设来培养、改进和提高项目团队成员及团队整体的工作能力,使之成为一个高效的整体,在项目管理过程中不断增强管理能力,提升项目绩效。

在综合共享平台建设中,由于项目开发人员的工作、文化、技术等背景存在差异,他们对同一种事物的理解也存在一定的偏差,这容易导致各项目干系人之间缺乏充分有效的沟通,难以实现信息共享,因此在项目初期,项目负责人应制定相关的沟通管理机制、改进沟通方式和管理风险的应对预案。

二、管理风险应对方法

在综合共享平台建设早期,管理人员需要根据项目的实际情况和具体需求进行项目的整体人力资源规划,建立稳定的人力资源和培养机制,完善和巩固开发相关的知识和技能,明确岗位设置、工作职责,随后加强项目团队建设,建立愉快的合作环境和氛围。管理人员要根据工作职责和目标,及时跟踪工作绩效,发现问题及时予以调整和改进,提升项目的整体绩效。

综合共享平台项目干系人之间的沟通可以采用以下办法。

首先,客户方面,项目承建方应明确合作是成功的基础。项目从开始到结束,用户的参与都是不可或缺的。项目承建方必须让客户知道自己是在实实在在地为他们做事。这样才能得到客户的认可,消除其顾虑,让事情顺利办起来。

其次,系统分析师方面。系统分析师要尽可能在设计阶段把所有可能出现的问题放到桌面上来讲,与客户一起参与问题的产生条件、特点、后果、解决办法等讨论,一同分析解决方案,尽可能少把分析设计上的错误带到下一步的开发阶段。

再次,程序员方面。项目承建方要向开发人员说明程序开发规范、规则的重要性。在对程序员的技能业务培训上,一是调查询问开发人员哪方面的知识存在欠缺,并及时进行查漏补缺;二是通过阶段性代码检查发现普遍问题并进行指导修正。这样才能无形中培养程序员积极向上的团队协作精神。

最后,团队建设方面,为了消除项目成员之间的分歧,项目承建方可组织例会探讨技术业务难题,为项目中遇到的问题提出意见和改进办法;或组织拓展活动,开展集体性运动或活动;或提高员工的福利待遇,在特定时间如员工生日、结婚、生子及重大节日发放礼物。

发包方为了追求更低的成本或其他利益收益,会将综合共享平台项目的部分辅助业务进行本地化招收,或用外包人力来替代不熟悉业务的成员。在项目建设初期,项目承建方就要考虑项目团队建设的稳定性。为了让项目组的团队成员与外包人员平稳地度过磨合期,使外包人员快速融入项目团队,我们可以加强项目技能培训、深化技术业务交流,采取适当的激励措施提高其归属感。如果现有分包商存在施工品质下降、沟通协调成本高、柔性降低、交易费用增加等失控问题,就只能撤销其资格,另找分包商合作。

三、成本风险控制

(一)成本风险应对预案

项目成本超支,在软件开发项目中经常看到。在制订软件项目计划前,项目经理要进行科学、合理、准确的项目成本估算，以便安排项目预算经费。由于软件项目的固有特点，项目在实施过程中并不能准确地估算成本。一方面，出现未估算的成本时，只能向公司申请增加预算；另一方面，开发人员离职、被征调、休假、出差等造成人员流失或使用高薪的中、高级开发人员，都会影响项目成本的支出。再者，需求文档定义或描述不准确，客户需求的频繁变更造成项目进度滞后都可能导致成本超预算。在这种情况下，可要求客户追加项目资金，减少成本损失。

（二）成本风险应对方法

相关负责人对项目建设的周期、费用信息了解得不深入且带有一定主观上的估计错误，项目规划设计得不够完善，项目成本计算的数据不准确或有漏项，都会导致计算成本偏低。随着项目周期延期，原先的成本估算就不能满足项目整体成本的实际需求了。

综合共享平台项目的成本风险主要体现在以下几个方面：一是相关人员对项目计划成本与实际成本分析不足，也没有及时进行状态报告及经验总结等；二是项目负责人在项目实施的各个阶段对成本的控制要求不明确，在项目进展中缺乏连贯性控制；三是缺乏对从外地过来驻场的开发人员的日常费用和差旅成本的控制。减少费用和成本可以从以下几个方面入手：一是提高工作效率，用工作效率高的人员更换工作效率低的人员或培训初级团队成员使其可以完成中、高级团队成员的工作；二是适当减少出差人员，可通过第三方外包公司开展服务外包的形式获得人力资源；三是加强成本监控，准确记录所有与成本基准有关的偏差；四是采用科学、严格、完整的成本控制方法，如挣值曲线判断图等。

第五节 冷链物流服务体系建设

在大物流背景下,优化冷链管理尤为必要。冷链物流是现代物流业的重要分支,在生鲜产品产销链中扮演了重要的角色。加快冷链物流业的发展,对保证销售过程中生鲜产品的品质具有重要的现实意义。现阶段,在电商高速发展的驱动下,广西冷链物流水平得到快速发展。要促进生鲜产业高质量发展,降低企业物流成本,完善仓储配送系统是关键。本章通过对广西生鲜冷链物流运作模式现状进行分析,提出了生鲜产品仓配一体化的物流运作模式,为推动广西生鲜产品物流发展提供了一种全新的思路。

一、广西生鲜冷链物流发展现状及存在的问题

(一) 广西生鲜冷链物流运作模式现状分析

广西生鲜冷链物流业还不是十分发达,与发达地区相比存在一定的差距,特别是在冷链物流市场体系、基础设施设备、运作模式等方面还不够完善,没有形成一套完整的体系。以广西生鲜批发市场现状为切入点,我们在调查中发现,目前广西的生鲜产品流通大多采用的还是传统的流通模式,并且在实际运输过程中暴露出诸多问题,无法保证全程冷链运输,生鲜冷链物流配送链中断现象较为严重,导致生鲜产品品质降低,影响了商家的销售量,也降低了客户的购物体验好感度。因此,不断完善和发展生鲜冷链物流运作模式是广西物流发展面临的重要问题。

(二)广西生鲜冷链物流模式存在的问题

广西是农业大省,以荔枝、砂糖橘、芒果为代表的农产品声名远扬。众所周知,生鲜产品对物流运输要求较为苛刻,而广西目前储藏、冷藏、冷冻技术发展缓慢,致使广西生鲜冷链物流存在诸多问题。生鲜产品本身不耐储存,在运输过程中还面临一些不确定的因素,无法保证农产品的质量安全,这大大增加了物流成本。据统计,在生鲜产品销售中,冷链运输成本占销售商品价格的25%~40%并且现有的冷链模式也不是十分适合广西生鲜农产品。总结起来,冷链物流的发展存在问题主要包括以下几个方面。

1. 基础设施不完善,"断链"现象严重

广西的道路建设还不够完善,特别是一些乡村道路基础设施条件较差,难以满足当下市场的需求。广西生鲜冷链物流建设起步较晚,与发达地区差距较大,特别是在基础设施建设方面缺口较大,比如冷库建设不足、容量低、运输装备少、设备陈旧等。在广西,一些种植农产品的农户并未购置专业的冷藏设备,缺乏低温冷链的保障,加大了农产品破损率,造成了一定的经济损失。此外,一些销售市场在生鲜产品销售过程中并未对生鲜产品实施保鲜措施,这导致冷链物流末端的生鲜产品难以发挥冷链物流的作用出现"断链"现象。这些因素都严重制约了广西生鲜冷链物流的高质量发展。

2. 网络建设滞后,生鲜产品冷链物流信息平台不够丰富

在生鲜产品产销、流通各个环节,信息传达的时效性和准确性都是保证物流效率的关键,但从调查结果来看,广西地区还缺少专业的物流信息平台,在储存、运输、销售之间还未形成完整的供应链,从各大生鲜产品批发市场来看,存在的共性问题是信息传播途径少、信息滞后、缺少独立的信息中心,导致市场供求脱节、价格波动紊乱现象时有发生,不利于保证消费者的利益。此外,由于没有信息平台的整合特别是在实际运输中空载、不满载现象多,无法进行联运,浪费了资源,导致生鲜产品物流成本较高。因此现阶段广西地区应结合实际,利用互联网技术建设信息平台,清晰掌握每个环节进度,提高信息透明度。

3. 企业冷链意识低,仓配费用高

随着人民对生鲜产品的需求的增加,广西生鲜冷链物流企业也越来越多地涌现,但我们在调研过程中发现,其服务的对象只是一些全国连锁的大型企业,如沃尔玛、百胜、双汇、伊利蒙牛等供应生鲜食品的大型连锁企业。冷链物流是重资产、运营成本高的行业,高昂的仓配费用让其他服务商放弃其全程冷链服务,其冷链意识低、仓配费用高是阻碍广西生鲜仓配一体化发展的非常重要的原因,而降低配送成本、促进冷链物流企业仓配一体化模式的健康发展尤为重要。

（三）应用仓配一体化物流运作模式解决广西生鲜冷链物流问题

1. 仓配一体化的基本概念

仓配一体化是指物流业为电商提供仓储和配送一体化的服务解决方案，其基本模式就是电商将订单交给物流公司，由物流公司完成，后续事宜是将各个功能集成起来提供的一站式服务模式，但它又不是简单的"仓储＋配送"服务。这种新型的服务模式简化了生鲜产品的周转流程，减少了许多中间环节，节约了运输时间，提高了物流效率，降低了运输成本。仓配一体化服务模式是当下物流行业的重要发展方向，通过对整个物流服务过程的深度融合实现了各业务流程的无缝对接，产生了一定的经济效益。

2. 仓配一体化物流模式的特性分析

仓配一体化物流模式提高了各个物流环节的协作性，降低了成本，满足了市场对生鲜产品的现实需求，同时简化了区域物流网络；其通过整合各种运输方式，避免了资源浪费，提高了物流资源利用效率和配送效率，同时有效降低了生鲜产品在实际运输中的风险，避免频繁的装卸流程，降低了外界不确定因素对生鲜产品的影响，降低了生鲜产品的破损率，提高了经营者的收益，保证了终端客户的利益。

3. 仓配一体化与其他物流模式的比较

传统"仓储＋配送"业务流程即仓库在接到入库订单后进行入库，然后对货物进行仓储管理。而基于现代服务理念的仓配一体化物流模式是由信息系统将入库订单发给仓库，仓库方依据实际情况，安排下一步工作，并且通过采用立体化自动仓库使得效率更高，管理更便捷。仓配一体化物流信息系统会下发出货订单，提前对订单进行整合，即在同一条配送路径上的货物可以一起配送，这样不仅提高了资源利用率，而且通过利益电子标签显著提高了工作效率和准确度。在整个配送过程中，系统会通过 GS、GPS 等技术监控配送进度，相比于传统的物理模式提升了效率、降低了运输成本和物流作业的出错率。

二、广西生鲜冷链物流仓配一体化运作模式的构建

（一）构建现代化物流信息管理平台

在仓配一体化运作模式中，建立物流信息管理系统，需要包含多个子系统，如订单服务管理系统平台、仓储服务管理系统平台和运输服务管理系统等。在仓储服务系统平台中，可以利用信息技术如二维码、RFD 标签等建立智能化仓储系统和拣货系统，实现货物的动态管理并且实现全程可追溯。此外，在运输环节，通过

安装 GPS、温度传感器、司机 App 等全程监控车内温度、湿度以及车辆运行状况，保证整个物流运输全程的可视化，为生鲜食品质量提供有力保证。

（二）实施共同配送路径优化的方案

通过建立全渠道订单管理系统，将订单进行统一管理，特别是电商企业在配送时，可依据订单信息对同一区域或者地理位置相邻的区域进行合单配送。此外，在仓配一体化运作模式中，拣货作业占整个仓库作业时间的 30% 左右，因此优化仓库内货物的拣选路径，可提升仓库内部工作效率、降低成本。传统的拣货方式大多依据人工经验进行，效率低下，而通过利用计算机技术进行路径优化，可显著提升仓配一体化运作模式的拣货线路。相关研究报告通过分别采用遗传算法（GA）和遗传模拟退火算法（GASA），求出供给点与需求点、需求点与需求点之间的最短路径，在最短路径求得的基础上，运用节约里程法对冷链物流配送路径进行结果优化得出结论——GASA 比 GA 更适合求解该类问题，路径节约了 0.6%，拣货时间节约了 0.5%，有利于提升物流配送效率、降低仓配成本。

第六节　国内国际双循环物流通道建设

现代流通体系是广西服务和融入新发展格局、推动经济高质量发展、融入全国统一大市场的有力支撑和重要保障。2022年8月,《广西"十四五"现代流通体系建设规划》(以下简称《规划》)正式印发。《规划》着眼于现代流通体系高质量发展,以融入全国统一大市场为目标,优化现代流通体系空间布局,加快构建现代商贸流通和现代物流两大体系,强化交通运输、金融和信用三方面支撑,是"十四五"时期广西现代流通体系发展的指导性文件和未来五年广西现代流通业高质量发展的重要依据。

一、现代流通业蓬勃发展

"十三五"时期,广西加快推进市场化改革,持续完善现代流通基础设施和金融信用监管体系,推动现代流通体系向智慧化、标准化、集约化、绿色化转型升级,呈现流通产业规模持续扩大、流通基础设施建设加快、流通主体能级不断提升、流通方式转型升级加快、流通网络体系加快完善、流通发展环境持续优化等特点,为广西"十四五"经济发展开新局,为服务和融入新发展格局谱新篇。

"十四五"时期,广西现代流通体系该如何发展?《规划》从发展背景、总体要求、优化现代流通体系空间布局、深化现代流通市场化改革、完善现代商贸流通体系、加快发展现代物流体系、强化综合交通运输体系支撑能力、加强现代金融服务流通功能、推进流通领域信用体系建设、实施保障等十个方面入手,为未来五年广西现代流通业高质量发展指明了方向。

二、优化空间布局

作为广西首府,"十三五"时期,南宁市现代流通业蓬勃发展,南宁华南城等产业覆盖面广、辐射带动能力强的商贸流通基础设施相继建成;南宁陆港型国家物流枢纽建设稳步推进;南宁获批跨境电子商务综合试验区,南宁高新区获批国家电子商务示范基地;南宁国际航空枢纽能级提升,覆盖东盟10国19个城市,货运航线网络初步形成。

"十四五"时期,广西现代流通体系的空间布局将如何优化?《规划》给出了答案:重点打造南宁国内国际双循环战略链接核心城市,重点发展边海联动流通发展带、面向粤港澳大湾区流通发展带,打造区域性流通先行示范区和区域性流通活力提升区,总体上形成"一核两带两区"的现代流通空间布局。其中,南宁作为北部湾经济区、珠江-西江经济带和北部湾城市群核心城市,充分发挥华南经济圈、西南经济圈、中国-东盟经济圈交汇点的区位优势,利用中国(广西)自由贸易试验区南宁片区、中国-东盟信息港南宁核心基地、南宁陆港型国家物流枢纽、南宁临空经济示范区等国家级平台,围绕国际消费中心城市核心功能,强化南宁在流通体系中的引领辐射、门户枢纽作用。

《规划》还明确,南宁要以"提升中心城区,推动南拓东进"战略为抓手,大力发展现代商贸、智慧物流、总部经济、金融服务等业态,重点打造朝阳商圈、埌东-凤岭商圈、五象商圈三大核心商圈,创建国家物流枢纽经济示范区,加快建设保险创新综合试验区、绿色金融改革创新示范区和面向东盟的金融开放门户南宁核心区,将南宁打造成为面向东盟的区域性流通中心、区域性国际消费中心城市和面向东盟的国际物流枢纽。

三、政策红利惠及百姓

《规划》提出了多项现代商贸流通体系升级工程,不少工程和南宁息息相关,让老百姓享受到实实在在的实惠和便捷。如在城市智慧商圈建设工程中,广西将推动南宁的朝阳商圈、东盟商务商圈、江南商圈、五象商圈等一批商圈,向场景化、智能化、国际化转变,提升数字化能力。

针对完善现代商贸流通体系,《规划》还提出,要构建国际级消费集聚区、市级商业中心、地区级商业中心、社区级商业中心四级网络,推动五象商圈、朝阳商圈等中心商圈提质升级,加强盛天地、百益上河城、柳州窑埠古镇等特色商业街区建设,推动首发经济示范区、夜间经济集聚区发展。

跨境电商和物流也将更加畅通便捷。广西将支持南宁、柳州、北海、钦州、防城港、崇左、梧州等市扩大跨境电商零售进口试点业务。加快打造以南宁机场为核心,其他机场为重要节点的国际航空物流空间布局,开通、加密南宁至东盟国家的全货机航线航班,加强与东盟、大湄公河次区域国际航空货运枢纽对接,强化南宁临空经济核心产业示范区的带动辐射作用,加快南宁国际航空货运枢纽建设。

第七章 广西物流的峥嵘岁月

第一节……东盟贸易中的广西物流业
第二节……"一带一路"倡议中的广西物流业
第三节……北部湾经济合作区中的广西物流业
第四节……泛珠三角经济区中的广西物流业
第五节……西部陆海新通道建设中的广西物流业
第六节……向海经济发展中的广西物流业
第七节……西部大开发中的广西物流业
第八节……水运航运发展中的广西物流业
第九节……守护"菜篮子"工程中的广西物流业
第十节……智慧绿色物流发展中的广西物流业
第十一节……建设"美丽中国"中的广西物流业
第十二节……"健康中国"中的广西物流业
第十三节……国防建设中的广西物流业
第十四节……边境贸易发展中的广西物流业
第十五节……科技成果开发中的广西物流业
第十六节……技术服务发展中的广西物流业
第十七节……助力支柱产业发展中的广西物流业
第十八节……新兴产业发展中的广西物流业
第十九节……特色产业发展中的广西物流业

随着中国特色社会主义进入新时代,广西大力推进现代物流体系建设,物流业发展进入快车道,发展动能不断增强,发展环境持续向好,物流资源集聚能力和物流运行效率不断提升,为全区打赢脱贫攻坚战、为实现与全国同步全面建成小康社会的目标提供重要支撑。在过去的发展中,广西物流业持续发挥基础性、先导性作用,支撑着广西经济社会领域的一系列重大战略、重大部署、重大决策,谱写了广西经济社会发展的物流篇章。

第一节 东盟贸易中的广西物流业

在大物流背景下,广西可进一步创新物流发展模式,聚焦中国-东盟贸易,探究东盟自由贸易区电子贸易发展之路。

一、自由贸易区贸易

电子贸易的运用让自由贸易区的国际贸易商务场所和运营方式发生了根本性变化,整个贸易活动由原来的传统贸易单项物流为主的格局转变为以物流为基础、以信息流为中心、以商务流为主体的经济战略,实现了资源的共享和业务的重组。

(一)贸易运行环境扩大

经济全球化与信息化的结合和信息技术在国际贸易中的广泛应用,使自由贸易区的经营主体和组织结构有所改变,这为虚拟公司的产生和中小企业的发展提供了空间。信息网络平台成为最大的中间商,而传统贸易的中间商、代理商和进出口商地位相应下降;贸易双方从磋商、签订合同到支付,交易过程均在网上进行;在安全措施的保护下,信息传输可互相核对,整个交易完全虚拟化。

2004年下半年,易趣互联网交易平台开展海外贸易后,加入平台贸易的卖家和买家增加了300%以上,越来越多的个人和中小企业把买卖"做"出了国门。国内众多小型制造加工企业,也看好互联网这块自由贸易区的无限商机,开始把电子商务作为其打开国际市场的主要途径。

(二) 经营管理方式改变

网络化管理为区域制造业、贸易厂商提供了多角度的互动商贸服务。2006年5月25日,由欧盟-中国经济文化合作组织和中国太平洋经济合作全国委员会共同组建的全球第一个网络自由贸易区市场环球贸易电子商务网(www.ecfta.cam)正式启动。该网站是在欧洲自由贸易区框架体系下,以欧洲自由贸易区与中国签署的双边网络贸易协定为蓝本,采用国际化战略、政府化行为、市场化运作构建的全球商业数据交互平台。网站与全球200多个国家的政府商务部门、全球贸易协会联盟等国际贸易组织和机构进行战略合作,用先进的信息技术整合全球贸易信息资源,实现全球经济一体化的经济贸易信息资源共享与商业数据交互。环球贸易网站的建立创造了新型网络化的国际贸易环境,形成了国际贸易全球化、低成本、高效率的电子商务发展新格局。

(三) 电子商务对国际贸易的基础性影响加深

电子贸易方式的运用,使得企业生产更具灵活性,贸易交易更便利、快捷,成本和交易费用降低,资金运转和支付方式向多样化发展。贸易过程中标准化的商业报文能即时传递,原料采购、产品生产、需求与销售、银行汇兑、保险、货物托运机申报等能在最短时间内完成。欧盟电子贸易发展已经达到相当高的水平。企业与企业之间的交易增长也很快。为节约时间和成本,许多买家不会直接去其他国家,而是选择从一些国际性网站上寻找供应商。比如浙江余姚宝马印刷器材有限公司成功利用阿里巴巴国际网站(www.alibaba.cam)打开了世界之窗。该公司以网络系统作为媒介来展示企业和产品信息,采购商能在网上迅速找到公司的产品,发出询盘并收到公司提供的一份详细报价和产品规格描述,之后双方通过平台建立联系,通过电子邮件进行充分沟通,最终完成交易,工作效率和准确性大大提升。目前,该公司通过B2B方式已与法国、英国、澳大利亚等国的采购商建立了业务关系。

(四) 贸易政策取向

由于电子商务的引入,自由贸易区贸易政策发生变化,主要表现为已有的协议如何接轨、国家经济安全和企业数据安全保护、经济指标统计及税收制度、知识产权和传统国际贸易法规在这一条件下的调整。如:1994年1月1日成立的北美自由贸易区为当今世界上最大的自由贸易区,其功能包括消除关税和削减非关税壁垒、开放服务贸易、便利和贸易有关的投资,以及实行原产地原则等。1997年1月,美国政府率先提出"全球网络贸易框架",明确了网络自由贸易区的新概念,极力主张建立互联网免税区,将电子贸易推向全球各地。欧洲自由贸易区一直认为,各成员国虽然原则上同意不向希望通过网络空间进行贸易的公司实行新的贸易壁垒或者征收新的税种,但不认为电子贸易应当成为全球的免税商店;成员国间要加强税收领域的合作,对电子贸易的税务制度做必要的修改。

二、广西与自由贸易区电子贸易对接要素分析

1998年7月,中国开始进入互联网电子商务发展阶段。2008年起,国内企业开始广泛应用网络技术寻找贸易机会,并以市场与政府有效结合为导向,推进国际贸易从传统贸易向电子贸易的革命性转化。广西处于中国-东盟自由贸易区前沿,贸易比较优势和竞争优势较为明显。

(一)贸易理念

中国-东盟自由贸易区作为一种机制,架起了广西与东盟经贸合作的平台,为区域电子贸易发展奠定了基础。良好的电子贸易环境需要政府早期的介入和扶持,电子贸易运行机制网上虚拟市场的创新也要求双方管理部门为电子贸易发展创造良好的外部环境。双方必须打破国家之间的界限,强调市场化原则,建立区域统一的自律性行业规范与规则:确保合同履行,保护知识产权,增强透明度,增进商业贸易,促进争端的解决;解除传统贸易活动中物质、时间、空间对交易双方的限制,有效配置市场、技术、信息资源;减少电子贸易交易的不确定性,促使商家与供应商和客户更紧密联系。新加坡政府为自由贸易区电子贸易发展做出了典范。20世纪90年代,新加坡政府斥资2.1亿元建成世界上第一个全国贸易信息网,为新加坡创造了良好的无纸化贸易环境。目前,新加坡所有进出口商品都采用EDI(电子数据传输)报关,在税收、贸易、运输等领域应用水平达95%以上,超过欧美发达国家水平。广西壮族自治区商务厅在亚洲开发银行、商务部的支持下,于2005年和2006年先后承办了由柬埔寨、老挝、缅甸、泰国、越南等国家和我国云南省、广西壮族自治区人民政府及企业专业人士参加的GMS(大湄公河次区域)电子商务培训班和企业信息化建设研讨班,推进了广西与GMS各国的电子商务和信息化合作。

不过,应该看到,广西与东盟电子贸易整体水平仍远远落后于欧美国家。双方政府虽然已组建成立信息技术管理机构,但在推动电子贸易发展的观念、行动和措施上仍有待进一步加强和完善。而电子贸易在美国、加拿大、欧盟成员国、日本等主要发达国家的推动下已成为国际贸易发展最具前途的领域之一。如果自由贸易区贸易方式跟不上世界潮流,区域贸易将面临巨大挑战。

(二)组织机构

中国-东盟自由贸易区合作框架内容之一,是建立相应的组织机制以执行合作协议。就自由贸易区电子贸易规模和组织系统而言,应分三个层次:自由贸易区电子贸易统一管理机构,各国主管部门和企业体系。由双方政府官员和专业技术人

员参与组成的自由贸易区电子贸易统一管理机构,是区域电子贸易取得实质性发展的关键。目前,中国与东盟间的高官磋商、商务理事会、联合合作委员会、经贸联委会以及科技联委会共同构建了中国-东盟五大平行对话合作机制,在国际关系领域的反对恐怖主义、伊拉克战后形势、朝鲜半岛局势等地区和国际问题,卫生合作领域的抗击非典,经济合作领域的交通、能源、旅游及中国-东盟博览会等方面已取得实效,但双方的电子贸易合作机构尚未建立,区域统一的电子贸易国际框架尚未形成。自由贸易区电子贸易的基础是各成员国电子贸易方式的形成。各成员国要切实参与各国政府和国际组织举行的双边、多边谈判和有关法规标准制定工作,完善磋商机制,实现成员国间国际贸易数字化,并与全球贸易协调发展。各成员国电子贸易主管机构如商务部、贸易部、工业部等要发挥宏观规划与指导作用,并结合本国国情和自由贸易区电子贸易整体性和复杂性特点,在自由贸易区电子贸易框架内建立各成员国相互接轨的市场环境与制度,确保本国电子贸易与区域贸易的一致性、连续性。电子贸易创新了企业虚拟公司组织形式,并以联盟和虚拟经营方式迅速适应经济竞争环境和消费需求向个性化、多样化方向发展趋势。如泰国公司 Charoen Pokphand Group Co. Ltd 和广西丰润进出口贸易有限责任公司通过动态网络组合形成分工合作、优势互补、资源互用,利用高新技术降低了企业转置成本,增加了贸易机会。

(三) 管理方式

电子贸易网络运行机制将改变广西与东盟贸易传统管理方式。一是贸易管理电子化,从客户选择、合同签订、货源组织、验货报关到货款支付等环节,到双方及时供货制度、零库存生产、货物运输及跟踪的物流体系,广西与东盟的贸易管理将实现全方位数据管理。二是深化海关管理体制,双方海关规范进出口报关管理,实行电子报关,为企业进出口提供方便,同时打击偷税逃税行为,维护双方贸易正常秩序。三是完善进出口商品检验和检疫管理,管理涉及的双方贸易企业、进出口商品生产企业,以及运输、银行、保险等部门,在受理报检、签发商检证书、进出口货物流向信息和对商品检疫协同配合,及时检查、跟踪。四是实行对经营主体的动态管理,双方贸易行政管理增强透明度,为对方提供尽可能多的包括进出口许可证管理、原产地证等在内的管理服务,净化经营环境。2005 年 7 月,中国与东盟正式开始对原产于双方的 7000 种商品相互给予优惠关税待遇,实施中国-东盟自由贸易区协定税率;双方如何鉴定和认证中国与东盟国家指定签发机构所签发的优惠原产地书 FORME 证是协定执行的关键;双方通过电子贸易实行全面的原产地证管理合作,在最短的时间里完成对企业和原产地证的核查及反馈。

(四) 交易手段

电子贸易虚拟市场的出现加速了资本、商品、技术等生产要素的流动,推动了全球网络经济的崛起,促进了国际经贸联系与合作及世界经济市场全球化的形成,同时创新了广西与东盟自由贸易区电子贸易的运行模式和手段。一是互动式电子贸易。贸易双方以网络互动性为基础,主动选择并直接参与贸易活动,利用网络贸易及时了解国际市场需求,实施互联网数字化互动,以最快的速度将产品打入国际市场,比如,生产经营医疗设备和器械的越南公司 Tien Tuan PhamaceuticalMachinery. Ltd 注重产品的网上展示、电子合同、个性化的客户服务及与合作伙伴的关系,建立健全一整套电子贸易管理和操作程序,充分考虑对方需求和企业利润,以实现客户需求最大化和企业利益最大化。二是整合式电子贸易。致力于为顾客提供森林化工产品及商务信息增值服务的广西华讯电子商务有限公司是由上海南方资源集团、广西梧州松脂厂及风险投资者共同投资组建的科技型企业。公司网站设有中文和国际(英文)两个门户,除提供互动式电子贸易外,由于产品特性强、顾客群稳定,贸易(国内国外)双方以网络手段而不是以直接面谈方式或当面交换方式来完成贸易交易;贸易双方关系在内部网、外部网和互联网支持下发展紧密;贸易活动如洽谈、订货合同和物流服务已成为一种惯例;双方持续的业务交流和决策的双向性明显,实现了管理一站式电子贸易服务。

(五) 政策定位

电子贸易发展需要适宜的制度环境和完善的法律法规。我国的《电子签名法》、菲律宾的《电子商务法》、新加坡的《电子商务政策框架》和《电子交易法》对电子贸易均有所描述,并对自由贸易区电子贸易政策的制定产生了积极影响。由于各成员国政治经济制度不同、社会文化不同,各国的法律制度有所不同,每个国家都存在贸易政策的利己性、排他性和限定性。但在制定相关法律时都必须注意以下几点:一是对原有法律体系进行必要调整;二是为适应发展需要而制定包括税收、支付、网络加密、消费者权益等在内的新法律法规;三是必须推动企业界积极参与。也就是说,必须从自由贸易区、成员国和企业三个角度加强相关法律法规和网上安全保证措施,保证自由贸易区电子贸易政策统一、高效。当前,自由贸易区电子贸易政策的焦点是税收方面免除网络贸易关税、跨境在线服务、支付手段的安全有效和便捷、电子合同和数字签名的鉴别和认证、消费者方面的知情权和退货物权等。广西也应积极参与自由贸易区电子贸易政策法规建设,为自由贸易区创造良好的法治氛围。

随着中国-东盟自由贸易区的建设与发展,在自由贸易区内发展电子贸易,将对实现中国与东盟国家国际贸易从传统贸易向网络贸易的转化、架起连接广西与东盟各国经贸往来的更便捷的桥梁起到重要作用。发展电子贸易不仅是网络信息技术问题,更是一项实现产业对接的措施,需要中国与东盟各国订立相应的国际协议。广西直面东南亚,更有责任和义务推动这一对接。同时,各前沿省份也应联手面向东盟发展电子贸易,这是必须抓住的机遇,为此还需要有更多的协作。

第二节 "一带一路"倡议中的广西物流业

在大物流背景下,广西地区"一带一路"建设要从多个角度入手,紧跟政策要求,把握发展方向,本节以南宁地区为例展开论述。

一、探索合作新路径,"云"上通道显神通

2020年以来,中国与东盟经贸合作逆势上扬,前10个月,双方贸易额达3.79万亿元人民币,占中国外贸总值的14.6%,中国与东盟成为彼此第一大贸易伙伴。良好开局之下,作为中国面向东盟开放合作的前沿和枢纽城市,南宁再次受到世界瞩目。

位于凭祥市的友谊关口岸货运专用通道如今是一派车水马龙的景象,每天,报关员忙而不乱地工作着,中越两国货车有序排队通关,在调度指挥中心的大屏幕上,货物通关的各种信息正实时显现。

"大量的跨境电商货物在南宁完成集结清关后,都通过我们口岸销往东盟市场,这个趋势越来越明显。"中国(广西)自由贸易试验区崇左片区管委会跨境合作局一级主任科员说道。[1]

据悉,近年来南宁市积极探索"跨境电商+国际联运"新模式,中越跨境电商公路运输通道实现常态化运行,南宁国际铁路港建设进一步提速,顺丰中越(南宁—胡志明)全货机国际航空货运航线2020年1—10月累计起落518架次,装载率达

---

[1] 郭少东.乘风破浪新通道|"南宁渠道"加快升级 海铁联运愈发通畅[EB/OL].(2020-11-26)[2023-05-04].http://www.nnnews.net/yaowen/p/3061796.html.

70.5%。随着面向东盟的跨境物流体系逐步完善，越来越多的企业通过"南宁渠道"实现国货出海。

二、海铁联运新通道，乘风破浪新征程

中国广阔的西部腹地资源丰富，发展潜力不可小觑。2017年，一条"黄金通道"将我国西部与泛北部湾区域紧密相连，这就是西部陆海新通道。

位于北部湾畔的广西钢铁集团有限公司防城港钢铁基地，将漂洋过海抵达的原料卸下船，送进厂制造，再将产品集结装车发往各地，这一系列工业流程方便快捷。据该公司物流部副部长介绍，防城港钢铁基地是按千万吨级规模规划的，配套码头是14个，码头年通货能力为4000万吨以上，同时配套铁路专线19.24千米，码头直接对接钢厂生产线，结合铁水联运，将产品第一时间发给全国各地客户。

海铁联运的强强联合，不仅扩大了铁路和海路运输的辐射范围，还能在通关服务、货物集散等多方面取长补短，产生"1+1＞2"的效应，临港建站成为大势所趋。

如今，随着以南宁为首的海铁联运通道沿线节点城市进一步发挥铁路交通枢纽的作用，"出海最后一公里"的瓶颈被打通，汽车零配件、热带水果等产品可以经过海铁联运更快地送达消费者手中，西部陆海新通道发展愈发迅速，实现由"通"到"畅"的转变。

三、风生水起北部湾，连接世界大舞台

沿着历史的轴线，在开启东西方交往大门的汉朝，商船满载货物从今天的合浦港扬帆出海；2000多年后的今天，站在扩大开放的伟大宏图上，广西又打造了一条与世界对话合作的"南宁渠道"。

随着西部陆海新通道品牌效应不断扩大，北部湾国际门户港建设硕果累累：铁山港进港铁路专用线建成，钦州港30万吨级油码头、防城港401号泊位等项目建成；已开通航线52条，实现与世界100多个国家和地区的200多个港口通航，覆盖东南亚、东北亚地区，以及南美和非洲部分港口。

东临粤港澳大湾区，西瞰新通道，南望东盟，北连湘黔，独特的区位优势使南宁成为西南、中南地区开放发展新的战略支点和重要支撑。自贸试验区南宁片区揭牌成立、南宁跨境电商综试区零售进出口突破3000万单、第17届中国-东盟博览会顺利举办……南宁，正以开放的姿态拥抱世界，全面落实强首府战略，融入以国内大循环为主体、国内国际双循环相互促进的新发展格局，在积极承接西部陆海新通道、中国（广西）自由贸易试验区、面向东盟的金融开放门户建设等多项国家战略中发挥"南宁渠道"的作用。

第三节　北部湾经济合作区中的广西物流业

在大物流背景下,广西地区北部湾经济合作区发展要紧跟时代发展要求,从目前来看,随着北部湾经济合作区的设立,该区物流业得到快速发展。本节重点总结北部湾经济合作区物流企业的基本类型,讨论北部湾经济合作区物流企业在管理思想与体制、物流技术与装备、物流人才和自主创新等几个方面存在的问题。

一、物流企业基本类型

北部湾经济合作区物流行业虽然发展迅速,但总体上管理水平较低。就南宁而言,2001年时仅有为数不多的几家货运公司,经过几年的发展,南宁市场大大小小的物流公司迅速发展到上万家。由于目前开办物流公司的门槛比较低,监管部门的监管力度不够,加上许多物流公司的管理水平比较低,所以有些物流公司的服务承诺做不到,诚信度不高,有时甚至还会出现恶意降价、恶性竞争。虽然目前物流公司的数量很多,但通过调查整理,可以将这些公司归纳为以下几种类型。

第一种类型是如广西超大、广西运德等由运输(场站)企业转型的企业。这些企业拥有本土优势和人力成本低的优势,可以通过合资、合作、参股、互为代理等方式与国内外大型物流企业建立战略联盟,通过学习国外先进的管理理念和管理技术,进一步提高企业的软硬件水平,且有很大的提升空间。

第二种类型是由仓储企业转型的企业,如广西外运、广西物资集团等。这些企业可以在依托大型仓储的基础上,以现有仓储群等设施为基础,整合社会仓储资源,通过资产重组和联合经营等方式,逐渐发展为集运输、包装、加工、配送、信息等多种服务于一体的综合性物流企业。

第三种类型是如利客隆、南城百货等以连锁配送业务为主的新型商业连锁配送企业。这些企业可以将沃尔玛作为标杆。玉柴通过对汽车安装GPS全球卫星定位设备,实现了运输的动态调度,提高了顾客的满意度和社会的满意度,同时降低了空载率,大大地降低了成本,赢得了行业和广大客户的认可。

第四种类型是综合型物流企业,如防港物流、邮政物流等。它们利用自身的特点发展起来,是一种新型的物流形式。

二、物流管理存在的问题

(一)物流管理思想与体制相对滞后

由于北部湾经济合作区(以下简称经济区)物流企业起步较晚,受传统经济影响比较大,认为物流就是运输、仓储、装卸、加工、配送等环节的简单堆砌,物流管理思想相对滞后,缺乏系统的服务意识,缺乏创新意识。从服务内容看,北部湾经济合作区物流企业一般只承担仓储、运输、装卸等物流服务,很少有物流企业提供包装、配送、拆零、单证等服务。从经营方式看,大多数物流企业普遍采用单车承包、个体挂靠、融资租赁等形式分散经营。再加上物流管理权条块分割和部门分割,比如,铁路运输的管理权属于铁路交通部门,衔接水陆运输的港口的管理权属于水运交通门,而在对外贸易中货物的报关、检验检疫等管理权又属于海关,而这些职能部门之间缺乏衔接和沟通的意识。这些大大地降低了经济区物流管理的效率。对经济区物流企业来讲,由于起步较晚,绝大部分物流企业是在近几年出现的,这就导致经济区物流行业经营规模小,市场份额少,服务功能弱,高素质人才少,竞争力、融资能力弱和结构单一,缺乏网络或网络分散,经营秩序不规范的情况。所以经济区发展现代物流的突出问题不在于技术也不在于资金,而在于思想和体制。因此,改变思想观念、改革流通管理体制和流通组织形式是经济区物流管理的当务之急。

(二)物流企业经营管理不规范,物流技术装备落后,信息化程度低

随着经济区物流业迅速发展,市场不规范的现象日益凸显。由于没有专门的物流企业管理机构,所以目前市场上存在的物流公司良莠不齐,真正在工商部门注册登记的不到三分之一,这就使得有些物流企业承诺的服务做不到,诚信度不高,甚至出现恶意降价、恶性竞争。许多业内人士有同样的感受,一些企业呼吁政府出台相关措施,加大力度规范物流市场。

由于经济区物流行业经营规模小、市场份额少,绝大部分物流企业仍停留在传统的人工操作层面上,现代化的物流技术与装备较少,除了如卷烟厂、玉柴等一些

大型企业拥有一些现代化的物流技术与装备以外,其他企业都少之又少。物流功能单一化,专业人才缺乏,经济区目前大多数物流企业在提供的物流服务功能方面比较单一,许多物流企业只能提供单一的运输或仓储服务。在调查的过程中发现,在经济区众多的物流企业中,仅有为数不多的企业提供全程物流服务,而且在这些企业中,对物流方案设计、物流信息服务和供应链管理服务的提供也还只有一年左右的经验,专业化水平仍有待提高。从运输装备上看,经济区的物流业运输企业性能先进的大吨位车辆、集装箱车辆、特种运输车辆和其他专业车辆装备较少;从库存管理上看,经济区物流企业主要是采用传统的管理模式,造成了成本控制和流通加工上许多不必要的损失,大多数物流企业功能单一,信息化和科技化等先进的物流技术没有得到合理运用,难以适应社会化发展的要求。

制约经济区物流管理发展的另外一个主要的"瓶颈"是物流专业人才的缺乏。在调查中发现,目前从事物流行业的人员大部分是高中毕业或初中毕业,他们经过几年的实际操作,对物流操作技能比较熟悉,但缺少专业的理论知识,所以提升的空间不大,包括低层或中层的管理人员,也是这种情况。全区虽然有许多学校正在大力培养物流专业的人才,可是对于快速发展的物流行业来说仍然是杯水车薪,而且刚从大学里出来的大学生虽然初步掌握了比较新的物流理论和理念,但由于刚踏入社会,对企业流程比较陌生,所以他们也需要一定的时间来摸索和了解,才能把所学的知识和实践很好地结合起来。

(三)物流创新能力不强

经济区物流的发展基本上都是在走模仿先进地区发展方式的道路。当然,学习和模仿是发展的一种方式,但不能照搬照抄,应该在学习和模仿的同时融入自己的特色,走具有自己特色的道路,增强创新的意识和力度。国家在相关布局上考虑了北部湾特点(北部湾的保税区和物流园区以外贸港口物流和边境物流为主),但我们在保税区和物流园区的建设当中基本上是学习别人的经验,自主创新力度不够。比如同样是保税物流和边贸物流的出口加工,我们应该抓住对外贸易和边境贸易(主要是边境贸易)的特点,抓住中南亚(主要是越南)的特点,争取将商品外包装的最后一个程序安排在出口加工区来完成(如冰箱外表的颜色和图案,我国出厂的成品以白色等几个有限的颜色为主,但不同民族风格偏好不同,我们可以根据客户的需求和意向,在加工区灵活地满足其他地区的需要)。

三、广西北部湾经济区物流管理体系的构建

(一)北部湾经济区物流管理体系

加快推进广西北部湾经济合作区(以下简称经济区)开放开发,既关系到广西

自身发展,也关系到国家整体发展,具有重要的战略意义。经济区的物流发展是依托区位优势和深水良港优势,大力发展海洋运输,加快构建沿海和城市保税物流体系,充分利用中国-东盟博览会形成的平台;大力发展国际经济贸易和服务贸易,建设南宁区域性国际现代物流基地;依托边境贸易、边境出口加工、跨国旅游,建设边境商贸物流基地和边境综合保税区;培育现代物流企业集团,加强与国内外物流企业合作,大力发展第三方物流,加快电子口岸建设,形成面向东盟、连接西南、通达珠三角的高效、便捷、低成本的物流服务体系;坚持产业化、市场化、社会化方向,拓宽领域、扩大规模、优化结构、增强功能、规范市场,提高物流服务现代化水平。因此,经济区物流发展战略应坚持与经济发展相结合、坚持速度和效益相结合、坚持物流规划经济发展和城市规划相结合、坚持城市物流体系与农村物流体系相结合、坚持结构调整和优化相结合、坚持梯次发展和超前规划相结合的原则。

(二) 北部湾经济区物流体系构建

1. 做好增长极点的定位

经济区所辖的四个重要城市南宁、北海、钦州和防城港,是经济区物流体系的四个极点。南宁市是经济区的生产制造和加工基地,应发挥首府中心城市作用,将其建设成为面向中国与东盟合作的区域性国际城市、综合交通枢纽和现代服务业中心。所以南宁物流园区应该首先定位于仓储物流,园区面积要大,可以使本地企业的产品及时入库,同时可以作为大西南和北部湾地区物流集散中心。其次南宁物流园区还可以定位于保税物流,充分利用经济区沿边、沿海、西部大开发和民族自治的各项优惠政策,吸引各个经济体到南宁投资,吸引区外物流入园。北海要发挥亚热带滨海旅游资源优势,开发滨海旅游和跨国旅游业,重点发展电子信息、生物制药、海洋开发等高技术产业和出口加工业,其物流园区应定位于出口加工保税物流。钦州和防城港物流园区要充分发挥港口优势,大力发展石化、能源、磷化工、林浆纸及其他配套或关联产业,建设现代化大型组合港,布局临海大工业,发展大物流。所以钦州和防城港物流园区一是定位于石化和重工业领域的保税物流,积极吸引中国-东盟的进出口物流;二是定位于周转物流,充分发挥港口物流的周转功能,要致力于完善服务、机动灵活。

2. 做好各个物流节点的选择和定位

根据北部湾具体情况,可以选择四个极点所辖的物流园区和保税区作为物流体系的重要节点。其中,南宁以安吉、江南、金桥、玉洞国际性综合物流园区和南宁保税物流中心为主要的物流节点,北海以出口加工物流基地为主要的物流节点,钦州以钦州港物流园区和保税区为主要的物流节点,防城港以物流园区为主要的物流节点,凭祥以口岸物流园区和保税区为主要的物流节点,东兴以口岸物流园区为主要的物流节点,玉林以物流基地为主要的物流节点,崇左以东盟国际物流中心为主要的物流节点。南宁作为首府,涵盖商业、贸易、制造、加工等各个领域,所以南宁物流基地的定位应该是综合性物流基地。北海出口加工物流基地作为中国西部唯一临海、最靠近东盟的出口加工区,应定位于电子信息产业、再生资源业、林浆纸及林板材一体化深加工业、机械装备制造产业、临海重化工配套产业等符合国家政策和环保要求的物流周转基地。钦州、防城港是北部湾区域重要的货物转运中心和临港工业加工区,钦州港和防城港物流园区应配合钦州港和防城港向现代化大型组合港的目标发展,在定位于大型港口物流集散和中转贸易周转基地的同时,加快集装箱运输发展。东兴和凭祥口岸物流园区在依托边境贸易、加工和旅游的基础上,定位于集陆路边境口岸、国际贸易、保税物流、保税加工、国际配送等功能于一体的国际经济合作商贸物流转运基地。玉林应发挥五金机电、农副产品和中草药等强项,着力打造和发展五金机电、农副产品和中草药物流集散和转运基地。崇左市外贸进出口总额在 2007 年就已经达到 9.28 亿美元,在中国-东盟自由贸易区的大趋势下,崇左市边境贸易和进出口贸易将快速增长,物流体系的完善与发展将成为崇左市经济快速增长的加速器。因此,崇左东盟国际物流中心应定位于以交易贸易为主的国际贸易集散中心,起到仓储和周转的双重作用。

3. 做好各个极点、节点的物流服务

现代物流体系的核心是物流服务的完善和信息的及时共享。物流业本身就是服务行业,人们要从思想上重视物流服务,各个极点和节点的物流园区人员(从最高层到面向客户的基层工作人员)不仅要树立正确的服务意识,为企业提供增值物流服务,还要充分利用信息技术,将割裂的物流环节整合在一起,在不断提高工作速度和效率的同时降低成本,同时共享各个环节的信息。因此,信息技术的应用是物流业效率和竞争能力的主要来源。

第四节 泛珠三角经济区中的广西物流业

一、科学规划港口功能定位，发挥珠三角港口群优势

在现代运输业的发展趋势下，港口将成为运输、转运、储存、装拆集装箱、信息处理、配送等的综合物流中心，我们必须充分认识区域港口的群体功能。根据区域的货源特点和各港口现有条件、国家对运输网的发展规划，以及各主要港口职能分工的科学界定，做到统一规划、分工合作、相互补充，使港口布局更趋合理化，实现大港口、大交通、大腹地、大产业的一体化、系统化、网络化，使港口成为现代国际物流链中的重要一环。我们还要构建以香港为国际航运中心，广州港和深圳新港为主枢纽港，珠三角其他港口为补充的货运港（或喂给港）港口群基本格局；开发内河支线运输，建立珠江集装箱物流体系。珠江集装箱内河支线运输主要是利用内河支线驳船将珠江沿岸各地出口集装箱运抵珠江下游广州、深圳及香港枢纽港，再中转国际航线班轮运往世界各口岸；与此同时，世界各地进口集装箱还可以通过枢纽港中转至内河支线驳船转运到珠江沿线各港口。将开发内河支线运输作为泛珠三角战略的重要组成部分，通过西江将水上运输延伸至滇、黔、桂等省，对扩大珠江水运网的辐射能力，形成更辽阔的经济腹地，吸纳更广泛的集装箱货源，服务泛珠三角经济，有重要的战略意义和深远的现实意义。

二、从"大珠三角"的角度，规划"大珠三角"国际性物流中心

现代物流业的核心在于它的系统化理念，即将整个社会看作一个物流运行系

统,通过信息的共享来整合对顾客、经销商、运输商、生产商、物流公司和供应商之间的管理,让物的流动具有最佳的目的性和经济性,减少整个流通过程的浪费,从而提高整个社会的资源利用水平,提高整个社会的竞争力。从"大珠三角"的角度,构建香港、澳门与珠三角之间的更紧密的经贸与策略合作伙伴关系,为区域及全球市场提供一个稳固的供应链基地,共同构建"大珠三角"物尽其用、货畅其流的立体化、现代化物流体系,是现代物流理念的充分体现。如此一来,粤、港、澳之间的物流合作就不再是一种单一的产业合作关系,而是一种两地经济融合的加强。为协调解决影响物流业发展的问题,积极推进"大珠三角"策略,整合包括香港、澳门在内的"大珠三角"地区的物流资源,达成共建国际性物流中心的共识,当务之急是做好"大珠三角"国际性物流中心的科学规划,将香港高水平的物流服务业与珠三角发达的制造业相结合,推进两地物流业的合作,促进香港物流业发展的同时提升珠三角的物流水平,同时将香港、澳门与珠三角强势联合,以整体概念向海外客商推介,提高"大珠三角"经济圈的整体核心竞争力。

三、强化增值服务,发展战略同盟关系

从物流业的发展趋势看,那些既拥有完备的物流设施、健全的网络,又具有强大的物流设计能力的复合型物流公司发展空间最大。只有把信息技术和实施能力融为一体,才能形成全过程物流服务的整体物流解决方案。因此,物流企业在提供基本物流服务的同时,还要根据市场需要,不断细分市场,拓展业务范围,发展增值物流服务,广泛开展加工、配送、货代等业务,甚至还可以提供包括物流策略和流程在内的解决方案,用专业化服务满足客户的个性化需求,不断加强与客户的业务联系,增强相互依赖性,发展战略同盟的伙伴关系。

针对珠三角小产业、小企业整体分散性特点,通过区域性综合物流中心提供配送服务,不失为一个良好的解决方案。现代物流中心依靠全方位的科技支持、高效的信息系统为完善的物流计划的实施提供了保障。完善的计划系统是在时间上做出的精确安排,并通过有效的末端物流系统保证集货、配送的准时。这种配送服务在理论上等同于集约式的整体外包模式。

由于配送中心库存集中,因此相对于各生产商小企业,配送中心扮演了联合库存管理的角色。其经济性还体现在,通过配送的准时性,有效地降低生产商的库存,甚至实现零库存。

四、增强企业产品的个性化特色,提高企业的核心竞争力

随着消费多样化、生产柔性化、流通高效化时代的到来,客户需求不断升级,客

户个性化、差异化、专业化的要求,迫使物流企业参与客户的采购、生产、运输等活动,成为客户供应链中不可分割的组成部分。物流企业只有遵循消费者导向原则、差异性原则、个性化原则和动态调整原则,根据本地区服务对象的特点和需求取向,进行正确的服务标准定位,才能把握市场的发展脉搏,赢得自己的生存和发展空间;只有增强企业产品的个性化特色,才能不断提高企业的核心竞争力。这是个动态的复杂过程,其核心是 STP,即细分市场(segmenting)、目标市场选择(targeting)和具体定位(positioning)。这也是本地区物流企业能否切入"三来一补(来料加工、来样加工、来件装配和补偿贸易)企业"的关键所在。

五、以信息技术应用为基础,提高运输市场的资源利用率

信息化是衡量现代物流企业的主要标志之一。"一流三网"(即订单信息流、全球供应链资源网络、全球用户资源网络、计算机信息网络)已成为现代物流企业信息技术的基础。通过采用现代信息技术,建立一套可以发挥增值服务的管理平台,以国际化、标准化、规范化、规模化的操作流程为顾客提供服务,物流企业不仅能迅速、准确、全面地了解市场需求信息,而且可以实现基于客户订货需求的生产模式和物流服务。信息技术已成为企业整合业务流程,并通过融入客户的生产过程、经营过程,建立一种交易管理与生产模式的重要手段。不少物流企业建立信息网络,通过互联网、管理信息系统、数据交换技术等信息技术实现物流企业和客户的共享资源,实现对物流各环节的实时跟踪、有效控制与全程管理,形成互相依赖的市场共生关系。如中运网就是一个利用互联网进行全国性货运配载的无形货运市场的成功案例,这种方式大大提高了运输市场的资源利用率,加快了物流速度,降低了运输成本。

六、重视物流人才培养,实施人才战略

企业的竞争归根结底是人才的竞争。我们与物流发达国家的差距,不仅仅是装备、技术、资金上的差距,更重要的是观念和知识上的差距。企业的发展需要科学技术的支撑,也为科技院所提供了科技课题。要解决目前珠三角地区专业物流人才缺乏的问题,较好的办法是加强物流企业与科技院所的合作,以技术创新提高产业界的竞争能力,以实务引导科技院所的学术方向,使理论研究和实际应用相结合,这样有利于加快物流专业人才和管理人才的培养,打造一支熟悉物流运作规律并有开拓精神的人才队伍。物流企业在重视少数专业人才和管理人才培养的同时,还要重视所有员工的物流知识和业务培训,提高企业人员的整体素质。

第五节　西部陆海新通道建设中的广西物流业

广西地区陆海新通道建设是我国西部陆海新通道的战略节点,能够带动整体物流产业的发展。本节着重从以下几个角度论述西部陆海新通道背景下广西现代物流体系的构建路径。

一、轴-辐式物流网络体系

轴-辐式物流网络体系主要以综合性枢纽为基础,产品货物通过综合性枢纽集中后,向各个节点运输,而不是直接从供应点运输至终点。通过大型枢纽之间的干线运输能够在很大程度上降低物流运输成本、增加运量,具有相当大的规模经济效应。

轴-辐式物流网络体系如图7-1所示。

广西构建轴-辐式物流网络体系,能够充分发挥轴与轴之间的运量优势,提升整个区域物流活动的经济性、系统性和便利性,实现网络整体运输成本的最优化及资源利用的最大化。同时,轴-辐式物流网络体系能将港口和铁路系统进行有效衔接,创新"点到点"的货物交付模式,取代了传统的"港口到港口"模式,实现了更高效的产品"最后一公里"和"第一公里"交付。

二、物流网络体系的构建

(一)指标体系构建与主成分分析

相关统计数据显示,2017年我国全国人均国内生产总值(GDP)为59660元,

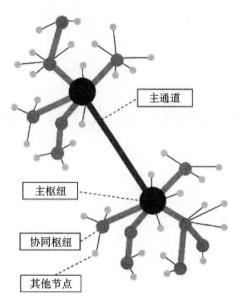

图 7-1　轴-辐式物流网络体系

西部地区人均 GDP 为 42087 元。[①] 参考上述两个参数,综合考虑西部地区主要城市间经济发展不平衡、西部地区各省区市内部经济发展均衡水平低等因素,剔除我国西部地区所有地级市中人均 GDP 低于 35000 元的城市,并结合《"十三五"现代综合交通运输体系发展规划》《国家物流枢纽布局和建设规划》《西部陆海新通道总体规划》等国家重大战略规划中涉及的西部地区节点,本节最终确定了 40 个西部地区的城市作为研究对象。

研究从经济发展水平、物流业规模、物流强度、物流设施强度和枢纽地位五个方面,构建物流节点城市评估指标体系。其中,经济发展水平采用人均 GDP 指标进行衡量,物流业规模采用交通运输仓储和邮政业增加值衡量,物流强度采用每平方千米公路货物周转量进行衡量,物流设施强度采用每平方千米等级公路里程进行衡量。各项指标数据均来源于 2018 年各城市统计年鉴和 2017 年各城市统计公报。主成分分析法是一种将多个变量分为少数几个综合指标的多元统计方法,它在信息丢失最少的原则下,对原指标进行降维处理,可以更合理地反映客观经济现象。本研究采用主成分分析法对城市节点进行综合评估,并在此基础上进行聚类分析,以便更加清晰地呈现各个城市之间的共性和差异。主成分分析法包含以下几个步骤:第一,对原始数据进行标准化处理,以消除不同量纲带来的影响;第二,采用 KMO 检验统计量和 Bartlett's(巴特利)球形度检验,确定该模型是否适用于本研究;第三,计算标准化后的样本相关系数矩阵,以及矩阵的特征值和特征向量;第四,确定主成分的个数,分别计算贡献率和累计贡献率,选择累计贡献率较大且

---

① 国家统计局.中华人民共和国 2017 年国民经济和社会发展统计公报[EB/OL].(2018-2-28)[2022-10-30].http://www.stats.gov.cn/sj/zxfb/202302/t20230203_1899855.html.

特征值大于1的因子作为主成分；第五，根据各个主成分的贡献率确定主成分的表达式，并计算得到综合得分。

聚类分析主要采用离差平方和法，如果是同类物流城市，则离差平方和相对较小；如果不是同类物流城市，则离差平方和相对较大。主成分分析和聚类分析均采用SPSS应用统计软件完成。

基于统计分析软件进行KMO检验和Bartlett's球形度检验，结果显示检验在1%的水平显著，因此主成分分析法适用于物流节点评估。

根据分析结果，综合评分前15的城市中包括成都、西安、贵阳、南宁、昆明、兰州、乌鲁木齐、重庆等7个省会城市和1个直辖市及其他7个城市，从分类上看，综合评分排名前15的城市中涉及第一类城市2个（重庆、成都），第二类城市6个（西安、贵阳、南宁、昆明、兰州、乌鲁木齐），第三类城市7个（遵义、内江、咸阳、六盘水、宜宾、自贡、德阳）。

（二）广西对外通道布局的节点分类

根据物流节点筛选结果，我们确定了广西对外通道布局中的主枢纽、协同枢纽和其他节点及其主要功能（见表7-1）。

表7-1 不同类型节点名单及主要功能

节点类型	节点名单	主要功能
主枢纽	成都、重庆、"广西陆港"	西部陆海新通道物流网络的核心，主枢纽衔接形成西部陆海新通道主通道，具备枢纽承载能力强、组织效率高、多式联运成熟等特征，是带动西部地区城市群经济发展的极核，具备干线运输组织、区域分拨配送、多式联运转运、国际物流服务等基本功能
协同枢纽	西安、兰州、贵阳、昆明、乌鲁木齐	西部陆海新通道在西部内陆地区集中实现货物集散、存储、分拨、转运等多种功能，它也是西部内陆地区向主枢纽进行喂给的重要节点，包括内陆协同枢纽和海运协同枢纽
其他节点	西宁、银川、榆林、遵义、咸阳、嘉峪关、自贡、德阳、桂林、柳州、玉溪、宜宾、泸州、攀枝花、百色等	实现货物的集中和配送，是拓展西部陆海新通道腹地范围并提供定制化服务的普通集散节点，主要依托公铁等交通设施就近将货物集中运输至主枢纽和协同枢纽

1. 主枢纽

主枢纽包括内陆端枢纽和陆海端枢纽。其中，内陆端枢纽主要产生于综合评分排名前15且属于第一类和第二类的城市名单中，包括成都、重庆、西安、贵阳、南宁、昆明、兰州、乌鲁木齐、"广西陆港"。在一类城市中,由于成都和重庆较西部内陆其他城市如西安、贵阳、昆明等在经济发展水平、枢纽场站能级、班列运输组织效率、多式联运发展等方面具备明显的优势,因此确定成都和重庆为广西对外开放通道内陆端枢纽。对于陆海端枢纽的确定,南宁作为广西面向东盟的国际综合交通枢纽和全国性综合交通枢纽,在铁路运输组织、综合交通条件方面具备绝对优势。北部湾港(钦州港、防城港港、北海港)是离西部地区最近、广西唯一的出海口,也是《西部陆海新通道总体规划》的"两端枢纽"。崇左是我国边境口岸最多的城市,也是广西陆上边境口岸型国家物流枢纽承载城市。因此,将南宁、北部湾港、崇左(凭祥)的优势资源进行整合,构建集南宁国际铁路港、北部湾海港、吴圩空港、崇左(凭祥)陆上边境口岸于一体的陆海新通道港区"广西陆港",并确定"广西陆港"为广西对外开放通道陆海端枢纽。

2. 协同枢纽

根据分析结果,内陆协同枢纽主要产生于第二类城市名单中,对比名单中各城市的经济发展水平、场站设施能力、物流设施规模等要素,结合《西部陆海新通道总体规划》对沿线枢纽的规划,确定西安、兰州、贵阳、昆明和乌鲁木齐为广西对外开放通道内陆协同枢纽。

3. 其他节点

其他节点包括但不限于西宁、银川、榆林、遵义、宜宾、泸州、攀枝花、百色等第二类、第三类城市。

(三)广西内部物流网络体系节点分类

本节基于《"十三五"现代综合交通运输体系发展规划》《国家物流枢纽布局和建设规划》《西部陆海新通道总体规划》等国家规划和《广西物流业发展"十三五"规划》《北部湾城市群建设"十四五"实施方案》等地方规划,并依据广西各地市经济(GDP、人均GDP、进出口贸易额等指标)、产业(产业发展结构、对外贸易依存度、重点产业产值等指标)、物流(物流业增加值、物流费用、4A级物流企业数量等指标)等方面的指标数据,确定了广西的一级、二级物流节点名单。其中,一级物流节点包括柳州、百色、梧州、河池4座城市,二级物流节点包括桂林、贵港、玉林、贺州和来宾5座城市。

三、发展路径

(一)完善口岸功能,提高通关效率

做强进境指定监管场地制度已成为响应国家全方位对外开放战略、服务外向型经济发展的重要平台和有力抓手。要按照"应有尽有、提前建设"的原则,加快申报和建设更多适合枢纽集散需求和产业需求的各类特殊货物进境指定监管场地。铁路口岸方面,推进凭祥铁路口岸设立独立海关关区,设立铁路进境水果指定监管场地。加快南宁铁路口岸建设,加强与凭祥口岸的衔接、差异化协同,建设指定监管场地。水运口岸方面,提升钦州港、北海港、防城港水运口岸辐射能级,分别发展大宗物资、冷链生鲜等,丰富防城港和北海港指定监管场地类型。航空口岸方面,发挥南宁国际邮件互换局和中国邮政东盟跨境电商监管中心的作用,促进航空口岸扩大开放。支持南宁航空口岸建设水果、海产品等生鲜产品指定监管场地,扩大相关产品经广西航空口岸的进口规模。

(二)降低口岸通关成本

一方面,地方政府要加强口岸基础设施建设,提高口岸自动化和智能化水平,并着力推进中国(广西)国际贸易"单一窗口"建设,加大与欧盟、东盟及澳新各国海关的合作力度,打通国际大通关通道,实现与"一带一路"沿线国家主要口岸的互联互通。另一方面,地方政府要通过建立口岸收费监督管理协助机制,清理规范口岸经营服务性收费。对于符合要求的集装箱、货物在口岸的"两吊一转"和查验相关基础作业费用全额免除,参考"成都模式",逐步实现枢纽口岸基础作业"零收费"。同时,根据货物进出口操作逻辑,政府主管部门要统一梳理口岸收费项目,制订收费标准分类并根据口岸自身特点列出具体收费项目,对服务内容相近的项目进行合并,对每个收费项目的服务内容和收费细节做出详细阐述,由区价格主管部门牵头,区直相关部门配合,开展收费日常监管检查、价格专项检查和反垄断检查。

(三)扩大产业规模,强化产业支撑作用

1. 扩大核心物流产业规模,发展国际贸易外向型产业

一方面,政府要大力发展以产业物流、冷链物流、电商物流、大宗商品物流、保税物流等为基础的现代物流业,做大做强广西的物流产业;以南宁、北部湾港、柳州、桂林、河池、梧州等重要产业聚集区域为重点,推动物流与相关产业在空间上相互融合发展;坚持服务实体经济,鼓励制造企业和商贸企业剥离物流业务,大力发展供应链物流,重点发展广西新一代信息技术、智能装备制造、新材料、新能源汽车等新兴制造业,支持物流企业积极介入采购物流、厂内物流、配送物流、逆向物流等全供应链环节,为制造企业提供从原材料采购到产品销售的完整供应链服务。另一方面,发挥现代物流对国际货物贸易的支撑保障作用,主动对接中国-东盟自由贸易区相关政策,把东南亚、澳、新作为广西国际贸易的瞄准地,通过固通道、立码头、强口岸、搭平台弥补制约广西现代物流业发展的短板和改进瓶颈环节,改善国际贸易物流环境,有效降低企业物流成本,促进广西大宗商品交易、农产品交易、跨境电商、市场采购等发展。

2. 培育具有全球要素配置能力的市场主体

广西现代物流的发展要以面向东南亚、澳新的物流合作为导向,以产业聚集和国际贸易发展为契机,完善广西产业链和产业体系,重点培育知名物流企业,大力吸引国外知名物流企业落户,建立健全物流周边供应链服务及配套体系,发展与西部陆海新通道紧密结合的专业化、网络化、全流程物流服务,形成一批国际竞争力强、社会公信度高、影响范围广的大型综合物流企业和物流服务品牌。

第六节　向海经济发展中的广西物流业

党的二十大报告指出,发展海洋经济,保护海洋生态环境,加快建设海洋强国。这是党中央从战略全局的高度,对我国海洋事业提出的新任务、明确的新要求、做出的新部署,赋予海洋经济在全面建设社会主义现代化国家、全面推进中华民族伟大复兴中的重要历史使命,不仅为新时代广西海洋事业树起新的历史坐标,更为踏上奋斗新征程的广西海洋工作者指明了前进方向。

当前我们最重要的任务就是将学习宣传贯彻党的二十大、二十届一中全会精神和习近平总书记在会议期间发表的重要讲话精神,与深入贯彻落实习近平总书记视察广西"4·27"重要讲话和对广西工作的系列重要指示要求紧密结合,紧跟伟大复兴领航人踔厉笃行,在释放"海"的潜力中加快构建向海发展的新格局,把广西海洋事业高质量发展融入建设新时代中国特色社会主义壮美广西的总目标,向海而兴、向海图强,奋力开创新时代壮美广西建设新局面。

一、更加深入地实施向海图强战略,加快构建向海经济发展新格局

中国是陆海复合型大国,能否成功经略海洋与中华民族伟大复兴伟业息息相关。习近平总书记指出,向海之路是一个国家发展的重要途径。广西辖区内与海岸线最远的直线距离不超过500千米,总体上都属于沿海地区。作为西部地区唯一的沿海省份,拥有海洋这笔巨大财富是未来广西最大的优势和出路所在。

近年来,自治区党委、政府牢记嘱托,把大力发展向海经济融入广西发展大局,

进行系统谋划、系统部署,全方位实施向海发展战略。2021年,中国共产党广西壮族自治区第十二次代表大会明确提出,坚持面朝大海、向海图强,全方位实施向海发展战略。这一系列部署和举措,是坚定捍卫"两个确立"、坚决做到"两个维护"的具体行动,是奋力开创新时代中国特色社会主义壮美广西建设新局面的务实之举。

自治区海洋行政管理部门和自治区海洋工作领导小组办公室坚定不移地服从和服务于国家发展战略,把向海图强的"蓝图"转化为"施工图",以更大的力度强化保障,积极推动以全国十大国际枢纽海港之一的北部湾港为龙头,以高水平共建西部陆海新通道为牵引,以骨干工程平陆运河为通江达海关键节点,全力打通广西及我国西南地区和中南部分地区距离最短、更加经济、更为便捷的入海水运新通道,促进北部湾经济区与粤港澳大湾区、海南自由贸易港建设,长江经济带发展和成渝地双城经济圈对接联动,以陆带海、以海促陆,辐射牵引内陆地区,推动向海经济北部湾先行区建设,打造向海开放高地,积极构建陆海统筹、江海联动、内聚外合、纵横联动的向海经济发展新格局。

二、更加积极地履行自然资源"两统一"职责,做好用海资源要素保障

党的二十大报告提出,构建优势互补、高质量发展的区域经济布局和国土空间体系。广西大陆海岸线东西直线距离仅为187千米,现管辖海域面积不足7000平方千米,其中海洋生态保护红线面积占比超过60%。① 随着西部陆海新通道、向海经济等国家重大战略的迅速推进,向海发展的机遇和挑战并存。

科学管理、合理开发海域海岛资源是向海发展的基础和前提。从近年来向海产业项目建设的情况看,强化要素保障是永恒的课题。针对广西可利用海洋空间资源不足的难题,广西壮族自治区人民政府要积极谋划、多措并举,全方位拓展海洋蓝色发展空间。

首先,在横向上挖掘存量。当前,在国家统一部署下,政府利用开展海洋资源环境载力评价和国土空间开发适宜性评价的契机,进行精细化科学评估调整;在生态优先、应保尽保的前提下,确保以保护为主的近海管控大格局,在有效维护海洋生态系统的稳定性、完整性和连通性的同时,兼顾广西经济发展需求,通过优化调整,将评价生态保护极重要的生态区调入,将评价生态保护重要性较低、矛盾冲突较多的限制类红线区调出,推动广西海洋生态保护新红线面积占比由60%降至25%,释放了约2400平方千米的蓝色发展空间,有力支撑了广西海洋经济可持续

---

① 唐广生,李鹏,杨晓佼.广西出台海洋主体功能区规划,规划海域面积约7000平方公里[EB/OL].(2018-05-17)[2023-03-14]. http://www.gxnews.com.cn/staticpages/20180517/newgx5afcb498-17314855.shtml.

发展。其次,在纵向上创新立体用海方式。在严格执行国家实施的"史上最严"围填海批政策的前提下,坚持集约节约用海,积极转变用海方式,稳妥处理当前发展形势下用海用岛需求不断激增带来的新矛盾、新变化,采用海域使用权立体分层设权方式,解决项目用海重叠审批难题,并在全国首创海域使用权与海砂采矿、开发权"两权"联合出让,这种方式获得自然资源部肯定并在全国推广。截至2018年,自治区已批复实施4宗超立体分层设立海域使用权案例面积共计97651平方米,据估算,可提升约50%的单位面积用海效率,直接或间接拉动约100亿元的项目投资。

同时,广西将更加积极主动地履行海洋资源"两统一"职责,强化用海资源要素保障,进一步落实国家、自治区重大决策部署,重点服务、保障西部陆海新通道、平陆运河、广西自贸试验区、北钦防一体化、"双百双新"等重大项目建设,有效支撑区域协调发展。

三、更加有效地夯实海洋科技支撑力量,促进向海经济高质量发展

党的二十大报告强调,必须坚持科技是第一生产力、人才是第一资源、创新是第一动力。从中可知,科技、人才是向海经济高质量发展的基础性、战略性支撑。广西要实现向海图强,应当做到以下几点。

第一,支持涉海新型研发机构、产业技术研究院发展,支持有条件的高校建设海洋领域未来技术学院和现代产业学院,持续推进海洋科技体制改革,推动广西海洋研究院以改革为契机不断壮大,加快组建综合性海洋研究机构,落实以增加知识价值为导向的收入分配政策,激发科研人员科技成果转化的积极性,促进科技成果向应用转化。

第二,围绕做大做强海洋产业,深入实施海洋创新驱动发展战略,推动北海海洋特色优势产业和海洋战略性新兴产业科技创新,开辟向海经济战略新兴产业发展新赛道,加快北海海洋产业科技园建设,塑造发展新动能新优势。

第三,自觉履行海洋科技高水平、自立自强的使命担当,以国家战略需求为导向,不断加强深海重大创新平台和基础设施布局,推动海洋科技领域国家实验室建设,建设一批国际海洋科技创新合作项目和基地,优化海洋科技、人才等资源配置,全面构筑形成创新型经济体系和创新发展新模式;实施数字海洋工程,加快建设广西海洋大数据中心;支持中国-东盟国家海洋科技联合研发中心建设,加强与东盟国家开展海洋资源保护和开发利用交流合作。

四、更加严格地开展海洋监管执法,守护海洋生态环境

党的二十大报告指出,中国式现代化是人与自然和谐共生的现代化,强调坚持

绿水青山就是金山银山的理念。我们要牢记习近平总书记"广西生态优势金不换"的重要嘱托,站在人与自然和谐共生的高度谋划发展,坚持节约优先、保护优先、自然恢复为主的方针,全方面、全地域、全过程保护绿色可持续的海洋生态环境,让良好生态始终成为广西向海发展的核心竞争力。

　　要做到更加严格地开展海洋监管执法,一是健全完善广西海洋政策法规体系,加强地方海洋立法工作,及时修订海域管理、海洋环境保护、无居民海岛保护等地方性海洋法规;二是统筹推进集监管立体化、执法规范化、管理信息化、反应快速化于一体的现代海洋管理体系建设,推进海上联合执法,形成统一高效的联合执法体制,维护海上安全和海洋生产、海洋交通、海域使用管理的良好秩序;三是持续做好海洋生态保护修复工作,组织实施好蓝色海湾整治行动项目和海岸带保护修复项目;四是深入实施海洋生态系统服务价值监测与评估,开展广西典型海洋生态系统监测,加强海洋灾害风险防控与调查评估,为海洋生态保护、海洋开发利用、海域使用管理及海洋经济核算提供科学依据。

第七节　西部大开发中的广西物流业

广西地处华南经济圈、西南经济圈与东盟经济圈接合部和中国-东盟自由贸易区的中心位置,是西部地区唯一沿海、沿江、沿边的省区,处于"一湾相挽十一国,良性互动东中西"的关键节点。

国家实施西部大开发战略以来,广西努力把握这一千载难逢的历史发展机遇,围绕中央部署,结合自身优势,制定了一系列促进经济社会发展的有力举措。特别是党的十八大以来,广西深入落实"三大定位"新使命和"五个扎实"新要求,着力营造"三大生态",加快实现"两个建成",经济社会发展取得了历史性成就。可以说,西部大开发以来的二十年余年,是广西投资规模最大、建设项目最多、发展最快的时期。

一、综合实力显著提升,城乡居民生活实现从总体小康向全面小康迈进

西部大开发二十多年来,广西坚持以培育和发展特色优势产业为核心,着力推动经济发展方式转变和经济结构优化,推动区位优势、资源优势、政策优势转变为发展优势,实现经济持续快速发展。重大项目建设取得历史性突破,龙滩水电站、百色水利枢纽等一大批西部大开发标志性工程相继建成投产,广西西南出海通道和"西电东送"基地全面建成并发挥重要作用。

广西壮族自治区的产业结构不断优化,战略性新兴产业初具规模。广西壮族自治区的产业结构由过去的"一二三"转变为"三二一",形成食品、汽车、机械、有色

金属、电子信息、石化、电力、冶金、建材等10个千亿元工业产业,其中食品产业营业额超4000亿元,电子信息等9个产业营业额超2000亿元,汽车年产超过200万辆,成为全国重要的汽车生产基地。同时,广西政府大力推动糖、铝、机械、冶金等传统优势产业"二次创业",通过技术改造向高技术水平、高附加值、中高端产业迈进。新材料、新能源、节能环保、海洋经济、养生长寿健康等战略性新兴产业蓬勃兴起,增长新动能显现。现代特色农业发展迅猛,形成粮食、糖料蔗、水果、蔬菜、茶叶、桑蚕等十大种养产业和富硒农业、有机循环农业、休闲农业三大新兴产业的"10＋3"模式。

通过发展特色农业,广西成为全国最大的制糖基地和茧丝生产基地,人民生活水平显著提高,社会保障水平明显提升。城乡居民收入稳步增长,2018年城镇和农村居民人均可支配收入分别达到32436元和12435元,比2000年分别增长近6倍和7倍。

广西城镇化进程不断加快,城镇化比率上升到50.22%。广西居民消费水平大幅提升,消费结构发生巨大变化,汽车、空调、移动电话、家用电脑等高档耐用消费品拥有量大幅提高,文化娱乐、医疗保健、旅游休闲、体育健身等消费成为新时尚。新型农村合作医疗不断推广,城乡居民最低生活保障体制基本建立,社会保险覆盖面不断扩大,城乡居民基本养老保险参保率超过98%,卫生和社会保障水平不断提高。

二、文化教育事业蓬勃发展,精神文化生活日益丰富

广西的文化教育事业蓬勃发展,广西壮族霜降节作为"二十四节气"扩展名录项目被列入联合国教科文组织《人类非物质文化遗产代表作名录》,左江花山岩画文化景观被列入《世界文化遗产名录》,灵渠被列入《世界灌溉工程遗产名录》,"壮族三月三"成为民族节庆文化活动品牌。基础教育从普及走向均衡,2007年广西成为率先实现国家"两基"目标的自治区,并在全国首创普惠办园机制,高等教育向扩量提质并重转变,深入实施高等教育特色化水平工程和强基创优计划,到2018年底,广西的高等学校发展到80所。

改革开放后,广西的开放发展迈出了坚实的步伐,逐渐从昔日落后的西南边陲发展成为我国面向东盟开放合作的重要前沿。广西最大的优势在于区位,最根本的出路在于开放。进入21世纪以后,广西紧紧抓住西部大开发战略的实施、中国-东盟自由贸易区建立、中国-东盟博览会永久落户南宁等开放合作新机遇,积极实施区域合作战略和互利共赢的开放战略,以面向东盟为重点的多区域开放合作明显加快,成为中国面向东盟开放合作的重要前沿。

在开放格局上,广西充分释放"海"的潜力、激发"江"的活力、做足"边"的文章,盘活开放发展这盘棋,着力构建"南向、北联、东融、西合"全方位开放发展新格局,努力在"一带一路"建设中发挥更大作用。广西加快推进与东盟国家的互联互通、经贸合作和人文交流,不断拓展与粤港澳台的合作,成功举办了14届桂台经贸文化合作论坛,成为大陆首个赴台举办经贸文化活动的省份,在海峡两岸产生了积极反响。

在开放平台上,广西壮族自治区人民政府推动一大批中国-东盟合作机制落户广西,形成了中国-东盟合作的"南宁渠道"。从2004年至2019年,广西连续举办了16届中国-东盟博览会和中国-东盟商务与投资峰会、10届泛北部湾经济合作论坛,共有80多位中外领导人、3100多位部长级嘉宾出席活动,吸引了70多万中外客商参展参会。此外,广西还举办了中国-东盟自贸区论坛、亚洲政党专题会议、中越青年大联欢等200多个专业论坛以及一系列重大活动,积极参与中国-东盟自由贸易区建设,参与推动泛北部湾、大湄公河次区域、中越"两廊一圈"等多区域合作,并与东盟国家缔结了54对国际友城,总数居全国第一。

在开放创新上,广西构建了与东盟国家全方位、多层次、宽领域开放合作新模式。广西北部湾经济区同城化、商事制度改革、沿边金融综合改革等走在全国前列,率先在全国推进异地城市通信、金融、社保、口岸通关等服务同城化、一体化,成为全国沿边金融综合改革试验区之一。跨境人民币结算总量稳居西部12省(区)、9个边境省(区)前列。开创中马"两国双园"等国际合作新模式,南宁、凭祥、钦州保税港区和北海出口加工区等保税物流体系不断完善,口岸设施建设和通关便利化水平明显提高,成为西部地区首个启动并建成"单一窗口"的省份。中新互联互通南向通道铁海联运集装箱班列班轮常态化运行,成为西部地区新一轮开放开发的新引擎。

在对外贸易上,广西加快"引进来""走出去"的步伐,外贸进出口额不断攀升。1999年,广西外贸进出口总额仅为17.5亿美元,到2008年首次突破100亿美元,[1]2018年广西外贸进出口规模创历史新高,达到623亿美元,[2]二十年间增长了36倍。2018年广西对东盟进出口约311亿元,占50%左右,[3]东盟已连续19年成为广西最大的贸易伙伴。

---

[1] 改革开放40年广西对外贸易发展由弱渐强[EB/OL].(2019-01-07)[2023-04-08].http://k.sina.com.cn/article_1784473157_6a5ce64502000zvvl.html.

[2] 中华人民共和国商务部.2018年广西外贸进出口规模创历史新高,边境小额贸易增长迅速[EB/OL].(2019-09-03)[2023-03-24].http://nntb.mofcom.gov.cn/article/shangwxw/201901/20190102831211.shtml.

[3] 2018年广西外贸进出口总值突破4000亿元[EB/OL].(2019-01-26)[2023-03-17].https://www.sohu.com/a/291526098_114731.

三、交通基础设施建设发展迅猛，实现从交通末梢向区域性国际交通枢纽的历史性转变

交通基础设施薄弱，一直是制约广西经济社会发展的主要瓶颈之一。加强交通基础设施建设，是国家支持西部大开发的重点。借助西部大开发的东风，广西先后实施了县县通二级公路，加快边境地区、革命老区及沿海基础设施建设等战略决策，在公路、铁路、民航、水运等综合运输体系建设方面取得了令人瞩目的成就，向实现建成"高速县县通、高铁市市通、民航片片通、内河条条通"的海陆空立体式交通网络的目标不断推进。

（一）交通投资频现"新高度"

1999—2002年三年间，广西完成交通固定资产投资248.6亿元；2003—2007年五年间，广西交通固定资产投资成倍增长，完成730.6亿元，进入交通投资爆发期；2008—2018年十年间，交通投资更是呈井喷式增长，完成投资7058.2亿元；2019年广西公路水路投资额达到1003亿元，成为西部第4个投资额达千亿的省区。①

（二）铁路、公路建设进入飞速发展阶段

1997年，被誉为"国家最大扶贫项目"的南昆铁路建成通车，但仍然没有改变广西铁路运输相对落后的局面。进入21世纪，搭上西部大开发的"快车"，广西铁路建设才得以迅猛发展。境内铁路营运里程由1958年的1358千米增加到2018年10月的5191千米，其中高铁营运里程1771千米，位居全国前列，②初步形成了以南宁为中心的"一二三"快速铁路网。同时，铁路建设创造了多个新历史。2009年建成的洛湛铁路（广西段）终结了桂东无铁路的历史；2013年12月28日，桂林到北京首趟高铁列车正式发车，标志着广西成为首个开通高铁的自治区；随着首府南宁轨道交通1号、2号线开通运营，广西成为首个开通地铁的自治区。

广西的公路建设也得到了较快发展，高速公路通车里程以每两年1000千米的速度增长，2017年突破5000千米，2019年突破6000千米，2021年突破7000千米，达到7348千米。到2022年底，县县通高速目标实现，全区高速公路通车里程突破8000千米。③

---

① 70年间，全区交通固定资产投资实现五步发展新跨越[EB/OL]. (2019-09-12)[2023-03-25]. https://baijiahao.baidu.com/s?id=1644464082346024887&wfr=spider&for=pc.
② 向志强. 数说广西：高铁运营里程1771公里位居全国前列[EB/OL]. (2018-11-12)[2023-04-22]. https://baijiahao.baidu.com/s?id=1616920017578556495&wfr=spider&for=pc.
③ 吴丽萍. 广西高速公路通车里程突破7000公里[EB/OL]. (2019-09-12)[2023-03-25]. http://www.gxzf.gov.cn/zzqzyxx/t13112192.shtml.

（三）港口、航空建设取得长足进步

广西沿海和内河港口年吞吐能力分别达2.5亿吨、1.1亿吨，生产性泊位达到265个，北部湾千万标箱现代化港口建设加快推进，沿海港口成为西南、中南地区重要出海口，西江亿吨黄金水道直航粤港澳，初步形成了"一干七支"的内河水运网络。西部地区首座核电站防城港红沙核电站一期投产运营。建成7个民航机场，成为中南地区民航运输机场最多的省区之一。飞行航线320条，可通航110个城市和地区，东盟航线实现全覆盖，成为面向东盟的航空枢纽。

四、生态文明建设全面加强，"山清水秀生态美"的金字招牌更加闪亮

二十多年以来，广西坚持生态立区、生态惠民、绿色发展，一届接着一届传承"绿色接力棒"。从持续推进石漠化综合治理到2005年做出建设生态广西的决策部署，从2010年启动生态文明示范区建设到2013年启动"美丽广西·乡村建设"，从2015年提出大力发展生态经济到2017年全面实施生态文明体制改革，"绿水青山就是金山银山"的生态文明理念得到有效贯彻落实，广西地区逐步实现青山常在、绿水长流、空气常新。

（一）坚持打好污染防治攻坚战，生态环境持续优化

建设桂西北生态屏障，桂东北、桂西南、桂中、北部湾沿海、十万大山生态功能区，西江千里绿色走廊，构建"一屏五区一走廊"生态安全格局。2018年，广西森林面积达1466亿平方米，森林覆盖率达62.37%，排名全国第三。[1] 全面完成国家下达节的能减排降碳任务和空气质量改善目标，2012—2018年广西万元GDP能耗累计下降24.1%，位居全国前茅；近海生态质量主要监测指标、生物多样性丰富度排全国前列；植被生态质量和植被生态改善程度位居全国首位，生态环境质量得到有效改善。[2]

（二）持续推进石漠化治理，综合成效居全国前列

广西是我国石漠化最严重的省区之一，经过西部大开发二十余年的治理，毁林开荒、水土流失的控制和防治工作取得重大进展，建设了100多个石漠化综合治理示范点；新一轮退耕还林、珠江流域防护林体系建设、森林生态效益补偿等林业重

---

[1] 广西森林覆盖率进入全国三强，人工林面积跃居全国榜首[EB/OL]. (2019-10-23)[2023-02-25]. https://baijiahao.baidu.com/s?id=1648185384906148664&wfr=spider&for=pc.
[2] 胡璐.建设壮美广西，共圆复兴梦想——八桂大地70年来逐步从贫困落后走向繁荣振兴[EB/OL]. (2019-09-02)[2023-03-28]. https://www.gov.cn/xinwen/2019-09/02/content_5426676.htm.

点生态工程项目的实施,使石漠化严重地区地表植被较好地恢复,岩溶地区生态环境明显改善,农田基础设施建设改造出大片良田,石漠化扩展趋势整体得到有效遏制。在治理过程中,广西各地还探索了"竹子＋任豆""任豆＋金银花"等10多种混交造林模式,为我国石漠化问题治理提供了实践经验和有益探索。

(三)大力推动生态经济,绿色发展之路越走越宽

广西坚持把发展生态经济作为转变发展方式和加快生态文明建设的重要抓手,实施生态经济十大工程,大力发展生态旅游业、生态农业、健康养生等产业,打好"绿色牌""长寿牌""富硒牌",引进一大批生态环保企业和产业项目,推进生态经济、绿色产业蓬勃发展,努力把生态优势转变为发展优势,走出一条具有广西特色的产业强、百姓富、生态美的绿色转型崛起之路。

迈进新时代、站上新起点,广西开启了建设壮美广西、共圆复兴梦想的新征程。广西仍然需要在巩固西部大开发成效的基础上,牢牢抓住新时代推进西部大开发、形成新格局的重大机遇,叠加整合西部陆海新通道、中国(广西)自由贸易试验区、面向东盟的金融开放门户、粤港澳大湾区等重大战略和政策机遇,加快破解发展不平衡不充分的问题,努力推进创新发展、协调发展、绿色发展、开放发展、共享发展,全面建成繁荣富裕、开放创新、团结和谐、美丽幸福的壮美新广西,为实现中华民族伟大复兴中国梦,写好广西篇章,贡献广西力量。

第八节　水运航运发展中的广西物流业

在大物流背景下,广西水运、航运迎来高质量发展黄金窗口期。2021年是中国共产党成立100周年,也是我国交通发展历史上具有里程碑意义的一年,习近平总书记作了"交通与世界相交、与时代相通""交通天下""推进全球交通合作""几代人逢山开路、遇水架桥,建成了交通大国,正在加快建设交通强国"的重要论述。目标在前,风雨无阻,广西港航人践行开路先锋新使命,助力水运向纵深方向高质量发展。

2021年,《国家综合立体交通网规划纲要》明确将北部湾港列入国际枢纽海港、全国沿海主要港口,规划定位大幅提升,战略地位日益凸显,积极融入"一带一路"、全面对接粤港澳大湾区等国家和广西壮族自治区重大战略,助推实现更高水平的对外开放。

这一年,世纪工程、百年梦想西部陆海新通道(平陆)运河获得了党和国家、广西各级领导的高度重视。习近平总书记心系广西发展,提出了"高水平共建西部陆海新通道"的重要批示,平陆运河建设项目列入《国家综合立体交通网规划纲要》,成为国家加快建设交通强国的重大工程和广西发展牵引性战略项目。

这一年,广西港航系统立足新发展阶段、贯彻新发展理念、构建新发展格局,在"十四五"开局交出了水运高质量发展的优异成绩单。

一、取得"两个第一"

北部湾港完成货物吞吐量3.58亿吨、外贸吞吐量1.67亿吨、集装箱吞吐量

601.2万标准箱,同比分别增长21.15%、20.72%、19.01%,增速均位列全国沿海省、直辖市第一;梧州长洲水利枢纽船闸货物通过量连续两年超过1.5亿吨,累计过货量位居全国天然河流第一。①

二、实现"三个增长"

广西全自治区水运基础设施投资145.6亿元,同比增长56.8%;港口货物吞吐量完成5.56亿吨,其中集装箱完成719.8万标箱,同比分别增长18.6%和16.7%;货物运输量完成3.8亿吨、货物周转量完成2236亿吨,同比分别增长15.8%和17%。②

三、取得"四个突破"

广西港口货物吞吐量突破5亿吨大关,沿海水运基础设施投资突破100亿元,北部湾港集装箱吞吐量突破600万标箱,建成广西内河首段3000吨级航道,内河Ⅰ级航道实现零突破。③

(一)水路运输市场活力显著提升

广西新增港口吞吐能力1308万吨,共有航运企业391家,北部湾港新增航线12条,全区造船行业市场持续火爆,2021年建造船舶1240艘,同比增长66.2%。④

(二)水路运输服务保障能力显著提升

广西累计完成客运量503.79万人,同比增长48.79%;共检验商船14087艘

---

① 郑燕.扛起"开路先锋"使命担当——广西港航奋力推进广西水运高质量发展[EB/OL].(2022-01-24)[2023-04-22].https://mp.weixin.qq.com/s?__biz=MzIwMzcyMjg0MQ==&mid=2247512955&idx=2&sn=806f56b70f39defc0da9fdba0d8e8b2e&chksm=96c9ea4da1be635b89afae0e5f02cf6533c599c499fff531722dc4457e698d240eb28cbdb315&scene=27.

② 郑燕.扛起"开路先锋"使命担当——广西港航奋力推进广西水运高质量发展[EB/OL].(2022-01-24)[2023-04-22].https://mp.weixin.qq.com/s?__biz=MzIwMzcyMjg0MQ==&mid=2247512955&idx=2&sn=806f56b70f39defc0da9fdba0d8e8b2e&chksm=96c9ea4da1be635b89afae0e5f02cf6533c599c499fff531722dc4457e698d240eb28cbdb315&scene=27.

③ 郑燕.扛起"开路先锋"使命担当——广西港航奋力推进广西水运高质量发展[EB/OL].(2022-01-24)[2023-04-22].https://mp.weixin.qq.com/s?__biz=MzIwMzcyMjg0MQ==&mid=2247512955&idx=2&sn=806f56b70f39defc0da9fdba0d8e8b2e&chksm=96c9ea4da1be635b89afae0e5f02cf6533c599c499fff531722dc4457e698d240eb28cbdb315&scene=27.

④ 郑燕.扛起"开路先锋"使命担当——广西港航奋力推进广西水运高质量发展[EB/OL].(2022-01-24)[2023-04-22].https://mp.weixin.qq.com/s?__biz=MzIwMzcyMjg0MQ==&mid=2247512955&idx=2&sn=806f56b70f39defc0da9fdba0d8e8b2e&chksm=96c9ea4da1be635b89afae0e5f02cf6533c599c499fff531722dc4457e698d240eb28cbdb315&scene=27.

次,1269.9万总吨,同比增长分别为6.9%、25%。北部湾港进入全国港口接卸能力第一方阵,15万吨级集装箱船舶和30万吨级油轮成功靠泊钦州港。引航服务能力显著增强,全年引航船舶10332艘次,同比增长6.39%。①

(三)行业治理水平显著提升

广西船厂安全质量隐患整治成效显著。61家船厂1465个船台经整治后,广西造船实现高质量重启。深化防范化解安全生产重大风险工作获得交通运输部表扬。

(四)智慧港航、绿色港航引领支撑能力显著提升

广西智慧港航建设成果丰硕,"北部湾港自动化码头(智慧港口工程)"与"西部陆海新通道(平陆)运河(智慧航道工程)"被列入交通运输部"十四五"新型基础设施建设重点工程。绿色港航再上新台阶,大力推进"绿色船舶"在西江流域推广应用,西江航运干线贵港至梧州3000吨级航道工程生态航道示范工程取得新进展。

2022年最后一段时期的广西港航工作,"保稳"是重点,"求进"是考点,其中,"稳"要保持平稳运行,"进"要实现高质量发展。广西港航要切实提高政治站位,紧抓三个关键(紧抓安全生产、紧抓民生之本、紧抓项目储备),夯实"稳"的基础,奋力推动"五个加快",提升"进"的质量,努力当好建设新时代中国特色社会主义壮美广西水运的开路先锋。

"加快推进北部湾门户枢纽国际化、加快推进内河航运高等化、加快推进港航服务优化化、加快推进水运发展转型升级、加快推进高水平港航人才队伍建设。"② 广西壮族自治区交通运输厅党组成员、副厅长胡华平指出,广西港航要抢抓国家加快建设交通强国、西部陆海新通道,以及广西全面对接粤港澳大湾区和自贸区建设的有利机遇,以更加奋发向上的工作作风,奋力推动"五个加快",提升广西水运"进"的质量,努力建成"全国前列、西部领先"的"水路交通大省",率先在形成陆海内外联动、东西双向互济的开放格局上取得突破。

未来,广西港航将以习近平新时代中国特色社会主义思想为指导,全面贯彻党的十九大和十九届历次全会精神,深入贯彻习近平总书记视察广西"4·27"重要讲话精神和对广西工作系列重要指示要求,认真落实广西经济工作会议和全国交通

---

① 郑燕.扛起"开路先锋"使命担当——广西港航奋力推进广西水运高质量发展[EB/OL].(2022-01-24)[2023-04-22].https://mp.weixin.qq.com/s?__biz=MzIwMzcyMjg0MQ==&mid=2247512955&idx=2&sn=806f56b70f39defc0da9fdba0d8e8b2e&chksm=96c9ea4da1be635b89afae0e5f02cf6533c599c499fff531722dc4457e698d240eb28cbdb315&scene=27.

② 郑燕.扛起"开路先锋"使命担当——广西港航奋力推进广西水运高质量发展[EB/OL].(2022-01-24)[2023-04-22].https://mp.weixin.qq.com/s?__biz=MzIwMzcyMjg0MQ==&mid=2247512955&idx=2&sn=806f56b70f39defc0da9fdba0d8e8b2e&chksm=96c9ea4da1be635b89afae0e5f02cf6533c599c499fff531722dc4457e698d240eb28cbdb315&scene=27.

运输工作会议精神,弘扬伟大建党精神,按照广西交通运输工作会议部署,坚持稳字当头、稳中求进的工作总基调,完整、准确、全面贯彻新发展理念,牢牢把握"开路先锋"新定位,加快构建"南向、北联、东融、西合"全方位开放发展新格局,全面深化改革开放,坚持创新驱动发展,统筹疫情防控和经济社会发展水路运输工作,统筹发展和安全,着力推进门户枢纽国际化、内河航道高等化、船舶建设标准化、港航服务优质化、引航服务高效化,奋力谱写新时代广西水运高质量发展"新篇章"。

第九节 守护"菜篮子"工程中的广西物流业

一、中国"菜篮子工程"

(一)"菜篮子工程"概述

党的十一届三中全会后,我国畜牧、水产、蔬菜业快速发展,但与发达国家相比,我国居民的副食品消费水平还不算太高。在城乡居民人均消费水平不断提高、人口日益增长的情况下,社会总需求和社会总供给的矛盾日益突出,大中城市肉、禽、蛋、奶、鱼、菜供应紧缺,价格上涨。正所谓"国以民为本,民以食为天",为缓解我国副食品供应偏紧的矛盾,农业部于1988年提出"关于发展副食品生产保障城市供应(简称菜篮子工程)"的建议。一期工程建立了中央和地方的肉、蛋、奶、水产和蔬菜生产基地及良种繁育、饲料加工等服务体系,以保证居民一年四季都能吃到新鲜蔬菜。到20世纪90年代中期之前,"菜篮子工程"重点解决了市场供应短缺问题。"菜篮子"产品数量持续快速增长,从根本上扭转了我国副食品供应长期短缺的局面。除奶类和水果外,其余"菜篮子"产品的人均占有量均已达到或超过世界人均水平。

(二)"菜篮子工程"发展阶段

中国"菜篮子工程"经历了四个阶段。

第一个阶段是从1988年到1993年底。这个阶段最主要的特征是"菜篮子"市长负责制,使得城市的副食品供需问题基本得到解决。全国各地建立了2000多个集贸市场,初步形成了以蔬菜、肉、水果和蛋奶为主的大市场大流通格局。虽然食品数量饱和,但质量还存在一些问题,主要是农药用量过多。

第二阶段是从1995年到1999年底。这个阶段的特点是将"菜篮子工程"扩展到城乡接合地区甚至城市郊区,扩大了范围,像山东寿光的蔬菜主要供应北京,山东临沂的蔬菜主要供应上海和南京一带。同时,各地政府大力实施"设施化、多产化和规模化"三化政策。"设施化"就是大棚化得到有效的发展;"多产化"就是种植多种新品种蔬菜;"规模化"就是大批量的种植。

第三个阶段是从2000年到2009年底,这是"菜篮子"快速发展阶段,也是提高农产品安全性的阶段。1999年9月,全国有10大城市召开了"第十二次'菜篮子工程'产销体制改革经验交流会议",会上正式提出,国内"菜篮子"的供求形势从长期短缺转向供求基本平衡,开启了"菜篮子工程"全面向质量层面发展阶段。在这个阶段发生了一件很重要的事情——2001年4月,农业部启动了无公害农产品行动计划,并大力推广至全国,对农产品实行"从农田到餐桌"的全过程管理,在农村建立了大规模无公害建设基地。在这10年时间里,农业部认为我国基本进入无公害产品时期,像北京早在2005年就宣布96%肉类、蔬菜类和蔬果类农副产品无公害。

第四个阶段就是从2010年初中央1号文件公布开始至2015年,2010年的中央1号文件着重提出体制与机制建设问题。体制就是管理;机制就是公司加农户或是合作社加农户。通过5年左右的努力,实现生产布局合理、总量满足需求、品种更加丰富、季节供应均衡;直辖市、省会城市、计划单列市等大城市"菜篮子"产品的自给水平保持稳定并逐步提高,农区"菜篮子"生产基地建设得到加强,流通条件进一步改善;产区和销区的利益联结机制基本建立,现代流通体系基本形成;"菜篮子"产品基本实现可追溯,质量安全水平显著提高;市长负责制进一步落实,供应保障、应急调控、质量监管能力明显增强。

二、守护"菜篮子"工程中的广西物流业

"菜篮子工程"是一项复杂的系统工程,它包括畜牧、饲料、水产、蔬菜等农产品的生产、流通、分配、消费全过程,它关系到人民生活安定、国家稳定和社会发展。

如今,老百姓对"吃菜"有了更高的追求。近年来,广西冬瓜、南瓜等传统大宗蔬菜有了新花样,各种特色、小众蔬菜成为餐桌"常客"。老百姓的菜篮子里,品种增多的桂菜不仅好吃、好看,而且营养价值高。

"十二五"期间,广西蔬菜产业已经得到长足的发展。以秋冬春蔬菜种植为主体的外销型蔬菜产业,发展成为广西农业种植业中仅次于粮食、甘蔗的第三大农业支柱产业。近年来,桂菜建设出了不少响当当的品牌,比如区域品牌的田阳圣女果、钦州辣椒及黄瓜脆、荔浦芋头等,企业品牌的"嚼绿行""壮乡河谷",产品品牌的

"绿蕾豆角""子弹头黑皮冬瓜""三口红薯干"等,都是市场的抢手货。有了产品,还得运出去,并实现蔬菜向"精、优、特"方向的发展。桂菜走出广西,区内老百姓能吃到全国各地的副食品,南北互通有无,这些均离不开物流的基础保障。

(一)广西"南菜北运"专线

随着现代特色农业建设的不断推进,发展现代特色蔬菜产业是实施乡村振兴战略、加快实现产业兴旺、推进特色农业发展的重要措施。蔬菜产业凭借时间短、见效快、效益好的优势,在前些年迅速成为广西各地异地扶贫首选项目。

广西依托地缘及天然温室的资源优势,能种植大部分蔬菜,广西重点发展秋冬"北运"蔬菜、反季节蔬菜和无公害蔬菜生产,已成为全国重要的蔬菜生产基地和全国"南菜北运"主要基地之一。

《广西壮族自治区"南菜北运"专项规划(2015—2025年)》通过布局北部湾产业区以及右江流域、湘桂通道、西江流域三大蔬菜产业带辐射全区,以提升自治区冬春蔬菜的产量、面积和质量。其中,北部湾蔬菜产业区以南宁、北海、防城港、钦州、玉林及崇左4市的20个重点区县、8个辐射县区为主;右江流域蔬菜产业带以百色右江、田东、田阳、平果4个重点县区、1个辐射县区为主;湘桂通道蔬菜产业带以柳州、桂林、来宾、河池4市的14个重点县区、12个辐射县区为主;西江流域蔬菜产业带以贵港、梧州、贺州3市的12个重点县区、5个辐射县区为主。这"一区三带"多地蔬菜已经形成了品牌,比如右江流域蔬菜产业带的田阳圣女果、"壮乡河谷"等;北部湾蔬菜产业区的钦州辣椒及黄瓜脆等。

该规划提出,在南宁、崇左、柳州、桂林、来宾、贵港等"南菜北运"农产品主产区,布局22个产地集配中心,以现有设施为基础,规划与发展相配套的产地蔬菜批发市场和田头市场,建设农产品冷链物流设施。在青海、四川、辽宁、吉林、黑龙江等16个省区主要城市,布局主销区交易配送专区和产销商流链条。比如,支持在黑、吉、辽等地新建16个具有综合性加工配送、冷藏、信息流通和标准化配送等功能的主销区交易配送专区;规划新建广西到新疆、甘肃、陕西、黑龙江、安徽、湖南、江苏、上海、江西、浙江10条产销商流链条,配套建设冷库、门店、信息追溯及检测检验等设施系统。

公路运输受长途运输和安全等情况局限,航空运输受运量和高成本等因素局限,因此广西的"南菜北运"充分发挥铁路长距离、全方位、大运量、安全高效的"特色"运输竞争优势。"南菜北运"作为一项系统工程,以现代信息技术和冷链物流技术为支撑,通过培育龙头企业、提高流通组织化程度,减少流通环节、降低流通费用。

广西以冷库仓储为核心的冷链物流发展迅速,已形成广西海吉星农产品物流中心、玉林宏进农产品批发市场、田阳农产品批发中心、柳邕农副产品批发市场、北海保通冷冻食品有限公司等大型农产品批发市场和农产品流通企业的千吨以上规模冷库。

广西"南菜北运"冷链物流以商业模式为战略核心,以供应链管理与"南菜北运"冷链物流生态系统为价值实现与价值分配的总体思路,实现相关利益者的多赢局面。2013年12月11日,全国首个"南菜北运"全程冷链果蔬绿色专列——广西百色至北京果蔬绿色专列正式开通运营,它带动蔬菜产业快速升级,逐步形成基地生产、蔬菜加工、专业市场批发的产业集群。

(1)北上冷链物流货源分析。广西"南菜北运"货源充足,以百色为例,每年销往北京及周边地区的鲜活农产品总量大约55万吨,含圣女果货源15万吨,集中于每年11月初至次年4月底;芒果货源8万吨,时间为每年5—7月底;香蕉、龙眼及越南进口火龙果、毛荔枝等产品货源达到40万吨,时间为8—10月;加上来自南宁、钦州、北海、玉林等地区的香蕉、芒果、荔枝、龙眼、豆角、辣椒、淮生、香葱、韭菜、海鲜等货源达50万吨。只要对以上超过150万吨农产品的三分之一货源通过冷链运输、每辆载货量27吨、每列车编组40辆、全年365天计,每天可发1列冷藏专列。①

(2)南下冷链物流货源分析。每年从北京、郑州销往广西或途经广西出口东盟国家的梨、苹果、桃、葡萄、特色蔬菜、甜玉米等鲜活农产品有10万吨,内蒙古牛羊肉、山东肉制品、河北与北京等省的冷冻肉类、乳品、冷冻面制品等冷冻食品有8万吨,新疆、甘肃、陕西等省区生产经郑州中转广西的马铃薯、大蒜头、洋葱、生姜、绿豆、苹果、雪梨等鲜活农产品每年总量超过25万吨,合计约43万吨。南下冷链货源相对北上有所不足,但这些南下冷链货源在湖南、湖北等也有相当大的市场需求,只要通过沿途合作的模式,也足够保证每天1专列返程的货源需求。②

(二)广西物流助力粤港澳"菜篮子"

广西充分发挥紧靠粤港澳大湾区的区位优势,在建好"菜篮子工程"的同时进一步加强粤桂消费帮扶,推动广西农产品"桂品出乡""桂品入粤",目前广东省已累计采购、帮助销售的广西农畜牧产品和特色手工艺产品的总金额达200亿元,其中"圳品"消费超过10亿元。当前,广西物流助力粤港澳"菜篮子"的做法有以下几点。

1. 建立供粤供深农产品基地

广西引进深圳标准促进会、金晋集团、茂雄集团等广东省行业组织和农业龙头企业,指导打造一批"粮、油、肉、禽、蛋、奶、菌、果、蔬"等优质农产品基地,并将其列入供粤供深的"米袋子""菜篮子""果盘子"名单,推动与广东省机关企事业单位和

---

① 广西壮族自治区商务厅.广西壮族自治区"南菜北运"专项规划(2015-2025年)[EB/OL].(2015-12-26)[2023-03-27].http://swt.gxzf.gov.cn/zfxxgk/fdzdgknr/ghjh/cqjh/t696851.shtml.

② 广西壮族自治区商务厅.广西壮族自治区"南菜北运"专项规划(2015-2025年)[EB/OL].(2015-12-26)[2023-03-27].http://swt.gxzf.gov.cn/zfxxgk/fdzdgknr/ghjh/cqjh/t696851.shtml.

大型商超、农批市场建立长期稳定的供销机制。2022年11月,广西已认定供粤港澳大湾区"菜篮子"基地和供深农产品示范基地121个。截至2022年10月,百色市已经建成粤港澳大湾区"菜篮子"基地6个、供港基地2个、供深农产品示范基地19个。[①]

2. 建立仓储物流基地

截至2022年,广西已有32个县共建设产地冷藏保鲜设施1200个,为提高农民收入、增强市场稳定性、保障农产品有效供给提供了有力支撑。百色市田阳区引进顺丰集团,打造顺丰速运百色芒果预处理中心,加大芒果分拣、加工、包装、预冷等一体化集配设施建设力度,通过自动化设备投入、集约化操作服务向数字化升级,提升操作效率,使芒果能够快速流通到全国市场。

近年来,与珠三角毗邻的广西贺州、梧州、玉林等地抓住蔬菜产业品牌,基本形成了"一镇一业""一村一品或多品"的发展格局,形成了莴苣笋产区、瓜茄果类产区、叶菜类产区、根菜类产区、马蹄产区、香芋产区以及反季节蔬菜等具有地方特色的蔬菜产业带。广西各地的蔬菜、瓜果品质不断提升,品牌也日益响亮。梧州、贺州、玉林等地每天运往珠三角的蔬菜有近千吨,填补了粤、港、澳地区台风多发季节蔬菜生产的空缺,成为珠江三角洲和港澳特区的"菜篮子"。这些有品牌的蔬菜,让农民的增收比几年前增加20%以上。

3. 加快"两湾"产业融合发展、先行试验区(广西·玉林)现代物流业的发展

广西北部湾经济区和粤港澳大湾区山水相连、文化相通,产业分工明确,合作性和互补性强。玉林市作为北部湾城市群和广西北部湾经济区的重要构成部分,在推动实现"两湾"联动发展中起着承东启西、双向互济的重要作用。

为发挥玉林市的区位优势、资源优势、人文优势和产业基础优势,推进"两广联动、两湾融合",助力自治区构建"南向、北联、东融、西合"全方位开放发展新格局,广西出台《"两湾"产业融合发展先行试验区(广西·玉林)发展规划(2020—2035年)》,其中提到加快发展现代物流业。

(1)加快完善玉林市物流基础设施建设。加快玉林空港物流产业园、玉林国际陆港、桂东南分拨中心综合智慧物流园(北流)等规划建设,进一步降低企业物流成本,吸引进出口企业入驻,争创国家级生产服务型和商贸服务型物流枢纽承载城市。

(2)打造大宗商品多式联运产品集散地。整合玉林市现有公路、铁路、水运、航空和管道五大物流通道。玉林保税物流中心前端与广西先进装备制造城(玉

---

① 广西自治区民族宗教事务委员会.建好生产基地,做好仓储物流,搭好营销平台,广西越来越多农产品进入大湾区"菜篮子"[EB/OL].(2022-11-04)[2023-03-27]. http://mzw.gxzf.gov.cn/ztzl/zxzt/zzqmzgzwyhmzgzqkjlzl/t13285445.shtml.

林)、玉林中医药健康产业园、龙港新区新材料产业集中区和福绵服装皮革产业聚集地建立工业物流汇集渠道,后端与高速铁路、高速公路、机场、北部湾港、西江航运等节点之间打通横贯"两湾"的大宗物流通道,重点贯通"大湾区-玉林综合保税区-龙港新区-北部湾港"双向货运大动脉。

(3)发展"两湾"融合物流服务体系。科学制定物流业发展规划,大力支持大湾区物流企业投资发展标准化物流,鼓励玉林优势产业渐进式采用供应链管理体系。鼓励物联网等技术在多式联运、物流精细化管理和保税物流中的应用,推动"物流园区-物流中心枢纽-配送中心"全程智能物联网体系建设,完善粤桂及跨境物流公共信息共享平台。

(4)打造粤桂冷链物流玉林枢纽。在夯实大湾区"菜篮子""果园子""米袋子"的基础上,聚焦农产品产地"最先一公里",优先在绿色优质农副产品生产加工基地、认证蔬菜生产基地和生态循环养殖产业园投资建设一批产地型冷库。加快多产业"互联网+全冷链"战略步伐,统筹农产品、高端消费品和医药等多品类冷链货物的双向流动,探索经玉林市跨省跨区冷链班列等高效率集约化冷链物流试点,积极创建国家骨干冷链物流基地。

随着玉(林)贵(港)铁路的加快建设,广西与珠三角联网的各种交通条件进一步完善,广西百色的热带水果、桂北的亚热带温带水果,运输时间将大大缩短,保鲜、保质水平更高的广西蔬菜瓜果将在更大程度上满足粤港澳的需求。

第十节　智慧绿色物流发展中的广西物流业

物流业是支撑国民经济发展的基础性、战略性产业。加快发展现代物流业、建立和完善现代物流服务体系，对于促进产业结构调整、转变发展方式、提高广西壮族自治区综合竞争力具有重要的战略意义。

一、智慧绿色物流概述

（一）绿色物流

20世纪80年代，可持续发展概念被提出并受到广泛关注，推动了绿色物流的产生。物流业在不断发展的同时也带来了严重的环境问题，20世纪90年代，物流领域的环境问题日益突出。20世纪90年代初期，环境管理和消费者压力迫使许多公司开始在供应链管理中考虑环境问题。关于绿色物流的定义，学术界有不同的看法。本书采用的是张明丽等人的观点，即"绿色物流是在物流管理和物流活动过程中，通过利用先进技术，开展科学合理规划并实施，以最大限度降低物流对环境的污染，提高物流活动运行效率，实现资源的充分利用"[1]的观点。

（二）智慧物流

当前，随着我国产业供给侧结构调整和发展方式的转变，物流业在国民经济中

---

[1] 张明丽,王宇飞,赵维凯,等.绿色物流研究综述[J].中国标准化,2021(11):84-89.

的基础性、战略性地位日益凸显,这也是我国物流业重要的战略转型机遇期,以大数据、云计算、物联网和人工智能技术为依托的"智慧物流"成为物流业转型升级的新动能。智慧物流是以"互联网+"为基础,运用大数据、云计算、物联网和人工智能等现代化智能技术,感知、识别、跟踪物流服务全过程的各个环节,实现实时优化、智能决策的高效率、绿色化物流服务体系。[①]

二、广西智慧绿色物流的规划性文件

在现代绿色物流发展的要求下,广西将柳州市定为现代物流试点城市。柳州市政府规划了一批重点项目:建设一个由政府管理的大型物流基地,引入第三方物流的管理模式进行投资经营;积极引导物流企业脱离传统的物流经营模式,向着新型环保绿色物流体系发展等。

2011年12月,广西壮族自治区人民政府印发《"十二五"节能减排综合性实施方案》(以下简称《方案》),其中提到加快推进交通运输领域节能减排。《方案》要求相关部门尽快研究制定交通运输节能减排行动方案,明确分解目标任务;积极发展城市公共交通,加快建设南宁轨道交通项目;大力提高铁路电气化比重;深入开展"车船路港"千家企业低碳交通运输专项行动,推广公路甩挂运输,逐步推行停车收费系统,加强公路服务区污水、垃圾处理设施建设;实施内河船型标准化,推广船舶新技术的使用,加速淘汰老旧汽车、机车、船舶,加快提升车用燃油品质;实施港口"油改电"工程,提高港口作业中电力能源的使用比例;实施第四阶段机动车排放标准,加强机动车环保标志管理,探索城市调控机动车保有总量,积极推广节能与新能源汽车。

2016年8月,广西壮族自治区人民政府办公厅印发《广西物流业发展"十三五"规划》。其中提到,"传统物流业发展面临新的挑战,同时也倒逼传统物流业加快转型升级,依托先进信息技术,大力发展智慧物流,走集约发展、绿色发展的道路","大力发展智慧物流平台,鼓励物流园区及仓储企业使用标准化装卸设施,应用先进信息化技术和管理方法,实现仓储智能化管理,提升配送效率,降低成本"。该规划还强调发展绿色物流,大力推行绿色运输,提升交通运输绿色化智能化水平,优化运输结构和资源配置,提高资源利用效率,促进节能减排;进一步完善运输路径规划,优化配送路线,发展甩挂运输、共同配送等新型物流组织形式;突出发展绿色仓储,建设生态绿色物流园区,鼓励采用低能耗、低排放运输工具和节能型绿色仓储设施;鼓励采用绿色包装,引导快递企业循环使用包装材料,推广托盘等标准化器具及循环共用,构建循环物流系统。

2022年4月,广西壮族自治区人民政府办公厅印发《广西物流业发展"十四

---

① 鲍琳,张贵炜.基于扎根理论的智慧物流体系构建[J].企业经济,2018(04):140-144.

五"规划》,其中提到加快发展智慧物流,加快大数据、物联网、云计算、北斗导航、生物识别等现代信息技术在物流跟踪、认证、交易、支付、监管、信用评价等环节的应用推广;推进运输、仓储、配送等物流环节的智能化建设,大力发展产品可追溯、在线车辆调度、产品自动分拣、智能快递和智能配货等技术设备,推广无人车、无人机等先进物流设备应用;完善新一代物流信息基础设施,实现物流园区、配送中心、货运站等物流节点的设施数字化,形成可感知、可视可控的智慧物流设施体系;依托移动互联、智能终端等手段,以第三方、第四方物流企业为载体,推动智能运输平台建设。该规划还提到,大力发展绿色物流,加快运输结构调整,推广先进的物流组织模式,推进低污染、低负荷的循环物流系统建设;加快推广绿色低碳技术,鼓励企业采用节能和清洁能源运输工具与物流装备,推广应用节能型绿色仓储设施和绿色包装,建立第三方标准化托盘循环共享网络;推进绿色物流评估标准和认定体系建设;加快发展回收物流,提高逆向物流服务水平。

三、广西智慧绿色物流取得的成效

"十四五"以来,广西物流业发展进入快车道,发展动能不断增强,发展环境持续向好,物流资源集聚能力和物流运行效率不断提升,为全区打赢脱贫攻坚战、与全国同步全面建成小康社会提供重要支撑。在政策的支持下,广西智慧绿色物流取得一定成效。

1. 物流业规模稳步扩大

2020年,全区社会物流总额5.27万亿元,较2015年增长2637.4亿元,年均增长7.4%。社会物流总费用约为3279.3亿元,与自治区GDP(地区生产总值)的比率为14.8%,高于全国平均水平0.1个百分点。完成货物运输总量18.7亿吨,较2015年增长25.2%。全区港口完成货物吞吐量4.69亿吨,较2015年增长48.9%,其中北部湾港货物吞吐量和集装箱吞吐量分别达到2.96亿吨和505万标准箱。[①]

2. 物流市场主体不断壮大

2020年,全区5A级物流企业有5家,A级以上物流企业有83家,涌现一批本土优秀物流企业,吸引了一批知名物流企业在广西落户。2020年交通运输、仓储和邮政业法人单位数量为2.04万个,较2015年增长139.6%,物流企业竞争力显著增强。[②]

2022年,广西壮族自治区国资委出台方案,突出"一企一策",加快推进区直国

---

① 广西壮族自治区人民政府.广西壮族自治区人民政府办公厅关于印发广西物流业发展"十四五"规划的通知[EB/OL].(2022-04-12)[2023-04-30].http://www.gxzf.gov.cn/zfwj/zxwj/t11749523.shtml.

② 广西壮族自治区人民政府.广西壮族自治区人民政府办公厅关于印发广西物流业发展"十四五"规划的通知[EB/OL].(2022-04-12)[2023-04-30].http://www.gxzf.gov.cn/zfwj/zxwj/t11749523.shtml.

企数字化转型升级,推动数字国企建设。以广西现代物流集团为主体,聚焦"智慧物流",形成建设广西及中国-东盟国际物流资源要素整合平台和跨区域(跨境)供应链生态服务体系;以广投集团为主体,聚焦"智慧能源"形成与产业分布和资源环境承载能力相适应的数字空间布局,形成行业数字化转型"单打冠军";以柳钢集团为主体聚焦"智慧钢铁",形成全流程、全产线的数字化工厂,打造智慧钢铁制造新标杆;以农垦集团为主体,聚焦"智慧种养",形成食品产业数字经济生态圈;以机场集团为主体,聚焦"智慧机场",完善和提升广西民用机场数字化治理体系和治理能力;以农信社为主体,聚焦"智慧金融",打造智慧金融新业态,拓展数字金融新场景;以北投集团为主体,聚焦"智慧口岸",形成"口岸+"新格局新业态;以北部湾港集团为主体,聚焦"智慧港口",推进新技术与港口产业深度融合;以交投集团等企业为主体,聚焦"智慧交通",形成以"数字交通"为核心的信息产业生态圈;以宏桂集团为主体,聚焦"智慧交易",构建立足广西、联通全国、面向东盟的各类资源要素交易综合大平台;以林业集团为主体,聚焦"智慧林业",实现林业资源、工业、服务全生态运营管理数字化;以广旅集团为主体,聚焦"智慧旅游",打造智慧景区示范点和建设标准以及智慧康养服务标准;以农投集团为主体,聚焦"智慧糖业",构建全感知、全连接、全场景、全智能的数字糖业平台;以柳工集团、汽车集团、玉柴集团等企业为主体,聚焦"智慧制造",打造智慧工厂,实现从研发、供应、营销和服务的全程智能化管理;以国宏集团为主体,聚焦"智慧环保水务",打造智慧化、智能化的环保运营和城乡供排水一体化项目数字化转型平台。

广西壮族自治区国资委还明确了多项数字化转型的任务,推动区直国企加强数字化基础设施建设,积极培育数字产业化平台,打造数字化产业生态,提升数字化基础自主可控能力;要求加快推进一批重点转型项目,建立企业数字化转型项目库,建立项目推进工作机制,打造行业领先的数字化转型标杆。

3. 物流园区类型不断丰富、规模不断扩大,集聚程度明显提升

南宁陆港型、钦州-北海-防城港港口型国家物流枢纽建设稳步推进,7个城市纳入国家物流枢纽承载城市规划。防城港东湾物流园区、凭祥综合保税区物流园入选国家示范物流园区,共有自治区示范物流园区14个。截至2023年,全区拥有综合保税区4个、保税物流中心2个、保税仓28个,保税物流发展迅速。①

4. 改变了物流配送速度和人们的生活方式

广西快递送货速度的提升,得益于物流业在多个环节逐步实现智能化。随着自动化、数字化、智能化升级改造逐步深入,智慧物流成为物流行业发展的主流趋势之一。随着人工智能、大数据、云计算、物联网等技术发展,物流业在多个环节逐步实现智能化、智慧化。如辰颐物语广西仓智慧物流园区,该物流园区坐落于南宁

---

① 广西壮族自治区人民政府.广西壮族自治区人民政府办公厅关于印发广西物流业发展"十四五"规划的通知[EB/OL].(2022-04-12)[2023-04-30].http://www.gxzf.gov.cn/zfwj/zxwj/t11749523.shtml.

市东盟经济技术开发区,总面积达10000平方米,拥有15条完整的流水生产线。园区采用的水果分选设备,可以对水果果径精确到毫米,重量可精确到1克,对不同品种果子还可以进行针对性建模、录入数据,保证机器能准确判断果子品质,真正做到以品分级、以质定价,保证每颗果子的品质。

  智慧物流用智能化的设备和系统,替代人工完成物流周期的各个环节。在快递分拣环节,随着以智能分拣装备为核心的技术装备广泛应用,困扰行业多年的"爆仓"问题得到有效解决。在传感器及识别、大数据、人工智能、地理信息系统等多项先进技术的支撑下,智慧物流为物流行业和人们的生产生活带来了很大改变。对消费者来说,人们不仅能享受更快捷、高质量的物流服务,还能不断提升绿色健康的消费和生活理念,践行绿色生活方式。

第十一节　建设"美丽中国"中的广西物流业

习近平总书记指出:"我们要建设的现代化是人与自然和谐共生的现代化,既要创造更多物质财富和精神财富以满足人民日益增长的美好生活需要,也要提供更多优质生态产品以满足人民日益增长的优美生态环境需要。必须坚持节约优先、保护优先、自然恢复为主的方针,形成节约资源和保护环境的空间格局、产业结构、生产方式、生活方式,还自然以宁静、和谐、美丽。"[1]同时党的十九大报告还提出推进绿色发展、着力解决突出环境问题、加大生态系统保护力度、改革生态环境监管体制等具体措施。习近平生态文明思想,为建设美丽广西指明了方向和基本途径。

在广西,习近平总书记充分肯定"山清水秀生态美"是广西的金字招牌,广西生态优势金不换,并对广西生态文明建设提出了明确要求、指明了方向。[2]

一、建设"美丽公路"

过去,由于社会经济发展和国情的限制,传统公路建设往往只考虑人们的交通运输要求和为国民经济带来的效益,建设时关注的内容过于单一,只考虑交通运输功能,一味追求经济效益和节约施工时间等。盲目追求所谓的"低成本高效益",忽

---

[1] 郇庆治.建设人与自然和谐共生的现代化[EB/OL].(2021-01-11)[2023-04-22].http://theory.people.com.cn/n1/2021/0111/c40531-31995170.html.

[2] 覃广华,吴思思,梁舜,杨驰,徐海涛.习近平时间|广西生态优势金不换[EB/OL].(2021-01-11)[2023-04-22].https://baijiahao.baidu.com/s?id=1698201959223935472&wfr=spider&for=pc.

略了公路修建对生态环境造成的严重破坏、对原生态景观造成的严重影响,带来许多后续问题。近年来,人们生态意识逐渐提高,思想开始转变,这些问题逐渐受到人们的重视,只注重交通运输功能的公路已经不能满足人们的需求。

"绿水青山就是金山银山",美丽公路理念的提出为传统公路加上"美丽"二字,在建设"美丽中国"的大背景下,在公路建设已对生态环境造成极大破坏的情况下,为了使传统公路行业适应新时代发展需要,"美丽公路"为实现可持续发展指出了一条新道路。

近年来,广西公路发展取得显著成效,截至2021年底,全区公路总里程达16万千米,公路网密度达到每百平方千米67.87千米,普通国省干线里程达到1.97万千米,二级及以上公路比重提升至74%,高于全国平均水平。① 但广西普通公路还存在路网通畅性不足、运行安全度不高、出行体验感不佳、管控智能化不强、绿色低碳不足、融合发展有待提升等问题。2022年,广西公路发展中心紧紧围绕当好壮美广西开路先锋的新使命、新定位,以高质量发展为主题,到2035年,建成畅通、安全、智慧、美丽、融合、绿色的壮美公路,推动广西公路由规模扩张向质量提升转变,为全国公路高质量发展贡献广西智慧和广西样板。

一是推动公路低碳清洁发展。广西要促进公路循环低碳发展,进一步加强公路建设养护领域节能减排,推动实现"双碳"目标;推广施工材料、废旧材料再生综合利用,实现公路废旧沥青路面材料循环利用率达95%以上;加强新能源和清洁能源推广应用,因地制宜推广太阳能、风能、地热能等清洁能源应用。

二是加强公路建设养护。相关部门和企业在污染防治工作中要加强施工过程中的植被与表土资源保护,做好临时用地生态恢复,实现公路施工对生态环境影响修复率达100%;推进公路施工、养护作业、机械尾气处理,推广湿式公路清扫车。

三是深化绿色发展理念。政府要强化公路建设国土空间"三区三线"衔接,加强生态选线,合理避开声环境敏感区;强化节约集约空间资源,充分利用旧路资源,减少土地占用;强化基础设施生态保护,应用先进的生态工程技术,严格落实生态保护和水土保持措施,强化公路建设过程中耕地和植被保护。

广西壮族自治区的公路绿化多样性、立体感强,公路与周边环境自然融合,沿线景观风貌可观赏性强,可以实现公路沿线绿化、彩化、美化。政府要强化路域环境治理,开展专项环境整治和宣传工作,净化路面及用地行车环境,打造一批各具特色的精品旅游公路。建设壮美公路,广西在践行。当前有不少公路被老百姓称为"广西最美公路"。

(一)七百弄盘山公路

在七百弄地区251平方千米的地域范围内,有5000多座海拔为800～1000米

---

① 冯永平. 广西:建壮美公路,树公路样板[EB/OL]. (2021-01-11)[2023-04-22]. https://www.chinahighway.com/article/65396493.html.

的山峰,还有1300多个千姿百态的深洼地(当地瑶语称为"弄")。① 七百弄盘山公路如虬龙盘卧在连绵山峦的云雾之间,神秘而惊险,全程要行驶将近6个小时,公路道路两旁风景如画。

(二)钦州三墩岛海上公路

这条公路全程约13千米,直通三墩岛大海外面。海上公路大部分路段都是在海面上穿行,眼前、窗外都是蓝天大海。

(三)合那高速

合那高速公路自广西壮族自治区的合浦县一直到那坡县,途经钦州市、上思县、崇左市、大新县、靖西市五站,全长516千米,被称为"中国第一仙境公路",英国《卫报》称之为"世界最美高速公路"。汽车穿梭在喀斯特地貌山区,沿途有奇山怪石,还有秀美的山水风景。穿行其中就像临风飘举于半空与青空白日一道俯瞰广西拔地而起、连绵不断的山川,用清新的野花铺垫,与缥缈的云雾为伴,使人身在其中就像行驶于巨大的画卷中。

(四)广西S325中越边境公路

此公路被誉为"中国最美自驾游公路",公路的一边是中国,另一边是越南,藏于密林深处、人迹稀少,喀斯特地貌和古老密林产生强烈的视觉冲击,沿途经过热播剧《花千骨》取景地明仕田园、曲径通幽的通灵大峡谷、德天跨国瀑布,能够把最具广西特色的景点一网打尽。

(五)桂三高速

桂三高速起于桂林市临桂区,接泉南高速桂林绕城段,经临桂、龙胜,止于柳州市三江侗族自治县(桂黔界),全长约137千米。这是一条为旅游而生的高速公路,沿途风光美不胜收。桂三高速最高海拔500米,行驶中道路两旁是重峦叠嶂的小山丘、山寨、木楼、梯田,展现出浓浓的民族风情。

二、立足生态"金字"招牌,提升物流 服务专业化发展水平

《广西物流业发展"十四五"规划》提出,目前广西物流服务水平有待提高,物流业与制造业融合不足,冷链物流、航空物流等专业化服务能力不强。尽管存在不

---

① 黄孝邦.航拍广西大化七百弄[EB/OL].(2021-01-11)[2023-04-22]. https://baijiahao.baidu.com/s?id=1648327914296078149&wfr=spider&for=pc.

足,但近年来,广西在提升物流服务、打造绿色物流方面取得的成就也不容小觑。

(一)新能源物流车助力快递配送绿色化

交通运输部、国家邮政局等18个部门于2019年8月1日联合印发的《关于认真落实习近平总书记重要指示 推动邮政业高质量发展的实施意见》在"推动绿色发展"一节中提出三点要求:推广使用绿色包装,大力推广绿色运输,完善绿色治理。其中在"大力推广绿色运输"小点中提出:"逐步提高铁路等清洁运输方式应用比例。加快推进城市建成区新增和更新的邮政、快递车辆采用新能源或清洁能源汽车,2020年底重点区域使用比例达到80%。2019年7月1日起,新增和更新的燃气邮政、快递车辆应符合国Ⅵ排放标准。规范快递车辆管理,逐步统一编号和标识,推动车型标准化、专业化、厢式化、清洁化,为合规车辆提供通行便利。鼓励邮政快递企业开展供应链绿色流程再造,提高资源复用率。"

2021年的《政府工作报告》明确提出,健全城乡流通体系,加快电商、快递进农村,扩大县乡消费;推动快递包装绿色转型。[①] 这是自2014年以来,"快递"连续8年被纳入政府工作报告。不只是政府工作报告,代表和委员提交的提案和议案也有不少涉及新能源快递,摘录部分如下。

1. 张近东:立法保障绿色物流建设

全国人大代表、苏宁控股集团董事长张近东建议,通过立法加速推进绿色环保建设,明确相关主体的责任与义务,可有效解决电商企业、物流企业、消费者、包材供给方、包材回收方等各方的诉求,提升推广效果。同时,建议从垃圾分类回收处理体系的建设上借鉴经验,以包装垃圾量大且可回收使用的特点作为出发点,建立类似于垃圾回收体系的公共包装回收处理体系。

2. 周忠莲:快递末端配送推广应用新能源汽车

全国人大代表、浙江省桐庐县环溪村党总支副书记周忠莲建议,一是制定优于汽油车的新能源汽车城市通行路权政策,尽快制定出台新能源货运车辆的特殊的通行优先政策;二是制定新能源汽车企业销售、服务奖励政策,鼓励整车生产企业加快新一代高性能货运新能源汽车的开发;三是制定新能源车购车和运营等补贴政策,鼓励快递物流企业使用新能源物流车;四是加快充电桩、充电站等基础设施建设,加快规划和布局快充电场站和充电设施,服务于以新能源物流车为主的各种车型,在用地和电力增容方面给予优惠政策。

2022年7月12日,上汽通用五菱首批30辆新能源末端物流车交车仪式在柳州市五菱家园举行。新型五菱E10物流车的正式交付启用,将有力推动柳州市快递物流行业向智能绿色低碳转型,不断丰富"柳州模式"的内涵,打通城市末端物流

---

① 李克强.政府工作报告——2021年3月5日在第十三届全国人民代表大会第四次会议上[EB/OL].(2021-03-05)[2023-02-17].https://www.gov.cn/zhuanti/2021lhzfgzbg/index.htm?_zbs_baidu_bk.

配送"最后一公里"。

交车仪式现场,来自中国邮政、京东快递、顺丰速递、中通快递、申通快递、绿巨能环保科技公司等企业负责人及代表接收交付的物流车车钥匙,开启绿色低碳出行试驾试用模式。

自2017年起,柳州市积极打造新能源汽车推广应用"柳州模式"。经过5年多的努力,截至2022年5月底,柳州市汽车企业累计产销新能源汽车100.89万辆和99.11万辆,约占全国产销总量的1/7。2022年1—6月,柳州市新能源汽车产销分别完成21.8万辆和20.3万辆,同比分别增长27.4%和22.3%。截至2022年6月底,柳州市辖五县五区累计推广应用新能源汽车13.16万辆,占汽车总保有量的13.01%;1—6月累计新增车辆中新能源汽车占比54.63%,在全国主要城市中排名领先,日常通勤出行率超40%,继续引领中国二、三线城市。①

2017年以来,以上汽通用五菱为主导的公共和个人充电插座建设,带动了全市充电基础设施的全面启动。至2022年6月底,柳州市累计建成公共充电站点1592个、充电枪18765个,帮助个人建设充电设施18091个。各类车辆在各县区都可以实现随到随充,柳州市新能源汽车应用大环境基本形成。②

上汽通用五菱销售公司用户关系总监刘琰表示,在柳州市各级部门的大力推动下,柳州市新能源汽车推广应用取得飞速发展,探索并创新了新能源乘用车推广的柳州模式和广西模式,成为全国典范。截至2022年7月,柳州各类充电设施超3.6万个,形成了10分钟充电圈;新能源汽车保有量突破12.6万辆,其中2022年1—6月新增新能源汽车1.88万辆,增量汽车率达44%,提前达到国家2025规划目标,新能源汽车生态建设成效显著。③

(二)推动快递包装"绿色革命"

2020年,国务院办公厅转发国家发展改革委、国家邮政局、工业和信息化部、司法部、生态环境部、住房城乡建设部、商务部、市场监管总局《关于加快推进快递包装绿色转型的意见》(以下简称《意见》)。

《意见》强调,深入践行习近平生态文明思想,认真落实党中央、国务院决策部署,坚持以人民为中心,落实新发展理念,强化快递包装绿色治理,加强电商和快递规范管理,增加绿色产品供给,培育循环包装新型模式,加快建立与绿色理念相适应的法律、标准和政策体系,推进快递包装"绿色革命"。

---

① 广西新能源首批新型"五菱快递"物流车交付启动[EB/OL].(2022-07-14)[2023-04-18]. https://m.evpartner.com/news/detail-62304.html.

② 广西新能源首批新型"五菱快递"物流车交付启动[EB/OL].(2022-07-14)[2023-04-18]. https://m.evpartner.com/news/detail-62304.html.

③ 广西新能源首批新型"五菱快递"物流车交付启动[EB/OL].(2022-07-14)[2023-04-18]. https://m.evpartner.com/news/detail-62304.html.

《意见》提出,到2022年,快递包装领域法律法规体系进一步健全,基本形成快递包装治理的激励约束机制;制定实施快递包装材料无害化、强制性国家标准,全面建立统一规范、约束有力的快递绿色包装标准体系;电商和快递规范管理普遍推行,电商快件不再二次包装比例达到85%,可循环快递包装应用规模达700万个,快递包装标准化、绿色化、循环化水平明显提升。到2025年,快递包装领域全面建立与绿色理念相适应的法律、标准和政策体系,形成贯穿快递包装生产、使用、回收、处置全链条的治理长效机制;电商快件基本实现不再二次包装,可循环快递包装应用规模达1000万个,包装减量和绿色循环的新模式、新业态取得重大进展,快递包装基本实现绿色转型。

《意见》明确,要加快推进各项重点工作。一是健全快递包装法律法规体系,明确市场主体法律责任和政府监管责任;加强标准化工作顶层设计,完善快递包装相关标准。二是推进快递包装材料源头减量,提升快递包装产品规范化水平,减少电商商品在寄递环节的二次包装。三是加强电商和快递规范管理,严格快递操作规范,推行绿色供应链。四是推广可循环包装,培育新型模式,开展可循环快递包装规模化应用试点示范。五是规范快递包装废弃物回收和处置,推行绿色设计,提升包装物可回收性能;结合实施生活垃圾分类,做好快递包装废弃物的分类投放和清运处置。

2021年印发的《广西加快推进快递包装绿色转型实施方案》强调:推进快递包装材料源头减量,开展全区快递领域塑料污染专项治理,推动城镇建成区等重点地区逐步停止使用不可降解塑料包装袋、不可降解塑料胶带、一次性塑料编织袋,到2025年底,全区邮政快递网点禁止使用不可降解的塑料包装袋、不可降解塑料胶带、一次性塑料编织袋等;鼓励支持发挥我区蔗糖、淀粉等产业优势,利用蔗渣、淀粉等作为原料生产可降解绿色快递包装材料和制品;推动全区快递业务实现电子运单全覆盖,大幅提升循环中转袋(箱)、标准化托盘、集装单元器具的应用比例;推广使用低克重高强度快递包装纸箱、免胶纸箱。鼓励通过包装结构优化减少填充物使用。

1. 提升快递包装产品规范化水平

广西要大力推广快递包装产品标准化、系列化和模组化,提高与寄递物的匹配度,优化并减少快递包装材料使用量;全面禁止电商和快递企业使用重金属含量、溶剂残留等超标的劣质包装袋,禁止使用有毒有害材料制成的填充物;严格禁止快递包装生产企业违规生产、销售有毒有害的劣质快递包装产品,严格禁止电商和快递企业违规使用有毒有害的劣质快递包装产品;对违规生产、销售、使用快递包装产品问题突出的地方,要立即开展专项整治,依法依规严肃处理违法违规行为。

2. 减少电商快件二次包装

广西要加快推动电商、快递企业与商品生产企业加强协作,设计并应用满足快递物流配送需求的电商商品包装;选择螺蛳粉等速食食品、水果、茶叶等一批广西特色商品,全面推广电商快件原装直发,推进产品与快递包装一体化,减少商品生产出厂、电商销售、快递运输等环节的二次包装。

3. 推广可循环包装产品

广西要针对不同类别的电商和快递业务,推广一批快递包装减量、绿色包装和循环利用的新技术、新产品;鼓励在简易快递散件、同城生鲜配送、连锁商超散货物流等电商和快递业务中,推广应用可循环可折叠快递包装、可循环配送箱、可复用冷藏式快递箱,减少一次性塑料泡沫箱等的使用。

4. 培育可循环快递包装新模式

广西要鼓励区内电商平台和快递企业与具备条件的行业、企业加强协同合作,向适宜的商品和产品推广使用可循环包装;支持快递企业和第三方机构创新模式,扩大可循环快递包装的使用范围;鼓励电商和快递企业与商业机构、便利店、物业服务企业等合作设立可循环快递包装协议回收点,投放可循环快递包装的回收设施,丰富回收方式和渠道;推行可循环快递包装统一编码和规格标准化,建立健全上下游衔接、平台间互认的运管体系,有效降低运营成本;鼓励通过股权合作、第三方运营等方式,开展可循环快递包装投放和回收设施共建联营。

5. 加强可循环快递包装基础设施建设

广西各地要结合智慧城市、智慧社区建设,在社区、高校、商务中心等场所,规划建设一批快递共配终端和可循环快递包装回收设施;在城市建设和城镇改造中,结合生活垃圾分类和废旧物资回收体系建设,支持快递共配终端和可循环快递包装回收设施建设;破解相关设施进社区和公共场所的政策障碍,实行保障设施用地、减免设施场地占用费等支持政策。在南宁市、生态文明示范区、文明城市、沿海地区等具备条件的地方开展可循环快递包装规模化应用试点示范。

(三)完善农村物流配送

农村物流直接服务于广大农村居民的生产生活,是现代物流体系的末端环节,也是农业生产资料供应、农产品及农村消费品流通的基础保障。随着农产品的更快更好地流通,农村物流成为生态文明下可持续发展的绿色产业,将现有的农村物流经济发展的体系进行有效的完善和进一步改革,是目前最为重要的发展课题。

广西的相关政府部门提出,不断加强农产品市场体系的建设,进一步完善农村物流服务体系,这是农村经济发展中最为重要的环节,有着重要的意义。2022年,广西壮族自治区党委办公厅、自治区人民政府办公厅印发《广西统筹推进农村物流高质量发展行动方案(2022—2025年)》(以下简称《行动方案》),这是全国首个以省级"两办"名义印发的推进农村物流高质量发展的文件。

《行动方案》提出,2022—2023年基本建成开放惠民、集约共享、安全高效、双向畅通的农村物流体系,全区每个县(市、区)建成1个县级物流配送中心,每个行政村建成 1 个村级寄递物流综合服务站,中心乡镇寄递物流中转站应建尽建,实现自然村"村村通快递",行政村"快递天天送",冷链物流、电子商务快速发展;2024—2025 年全面建成布局合理、设施先进、链条完整的农村物流体系,实现快递"送上门"、冷链"通地头"、电商"全覆盖"、物流"一张网",农村物流供给能力和服务质量达到全国一流水平。

《行动方案》配套的《关于支持农村物流高质量发展的若干措施》提出,对新建或改造的县级物流配送中心,同时服务 3 个以上品牌寄递物流企业满 1 年,按照实际投资额的 10% 给予一次性补贴,单个项目补助资金最高为 1500 万元;对采用统仓共配模式且有 3 家以上寄递物流企业进驻共用,持续稳定运营 1 年以上的县级物流配送中心,给予一次性运营补贴,补贴资金最高为 100 万元;对新建或改造的具备寄递物流配送、仓储、代收代发等综合便民服务功能,有 3 家以上寄递物流企业进驻共用且依法运营满 1 年的中心乡镇寄递物流中转站、村级寄递物流综合服务站,通过以奖代补的方式对建设主体给予一次性奖补,奖补资金最高为 2 万元;对新纳入国家农村电商快递协同发展示范区的县(市、区),通过以奖代补的方式给予 200 万元奖励;"十四五"期间,对广西农村客货邮融合发展样板县给予一次性补贴,补贴资金最高为 500 万元。

(四)低碳交通,绿色出行

党的十九届五中全会上提出的 2035 年远景目标提到,要广泛形成绿色生活方式,碳排放量稳中有进,生态环境根本好转,美丽中国建设目标基本实现。进入 21 世纪,随着中国经济的高速发展,人民生活水平不断提高,人与环境的矛盾也在逐渐加深,环境保护与经济发展相互促进和平衡的目标实现困难重重。

随着公共交通服务的不断完善,公交车、自行车、出租车、地铁等公共交通工具的出行使用率逐步上升。为了缓解公共交通压力,支持绿色出行,环保公交车、共享单车、共享汽车等绿色交通工具应运而生,改变了人们的生活。

1. 南宁公交软硬件全面升级 市民绿色出行更便捷

近年来,南宁市大力发展绿色公交,公交公司紧随步伐,持续推进生产方式绿色转型,大力推广应用新能源公交车,截至 2021 年 6 月,在营公交车共 1788 辆,其中新能源公交车 1211 辆,占比 67.7%,极大程度减少能源消耗和二氧化碳排放,其中 2021 年度相对 2020 年节约 1117 吨标准煤,减少二氧化碳排放量达 2926.8 吨。2021 年,出租汽车公司更新投营新能源纯电动出租汽车 500 辆,全面实现出租汽车纯电动化。

2. 共享单车助力短距离绿色交通出行

为引导共享单车规范发展,《南宁市人民政府关于鼓励和规范互联网租赁自行车发展的意见(试行)》《南宁市互联网租赁自行车管理暂行办法》出台,市交通运输局会同市城管综合执法局、市市政和园林局、市公安局交警支队联合印发了《南宁市共享电动自行车协同管理方案(暂行)》《南宁市互联网租赁自行车投放管理方案(暂行)》《南宁市互联网租赁自行车服务质量考核办法(暂行)》,在发展中规范,在规范中发展。同时,市交通运输局与共享单车运营企业签订了投放管理服务协议书,以协议细化明确企业的管理责任和规范要求,促进行业健康有序发展。共享自行车低碳环保,价格便宜,使用灵活便利,弥补了公共自行车不足,解决了市民出行"最后一公里"的问题。

第十二节 "健康中国"中的广西物流业

人民健康是民族昌盛、国家富强的重要标志。随着工业化、城镇化、人口老龄化发展以及生态环境、居民生活行为方式的变化,慢性非传染性疾病(以下简称慢性病)已成为居民的主要死亡原因和疾病负担。心脑血管疾病、癌症、慢性呼吸系统疾病、糖尿病等慢性病导致的负担占总疾病负担的70%以上,成为制约健康预期寿命提高的重要因素。同时,肝炎、结核病、艾滋病等重大传染病防控形势仍然严峻,精神卫生、职业健康、地方病等问题不容忽视,重大安全生产事故和交通事故时有发生。党的十九大做出了实施"健康中国"战略的重大决策部署,充分体现了维护人民健康的坚定决心。为积极应对当前突出的健康问题,必须关口前移,采取有效干预措施,努力使群众不生病、少生病,提高生活质量,延长健康寿命。2019年7月9日,国家特制定《健康中国行动(2019—2030年)》。

根据国务院关于实施"健康中国行动"的有关部署,为推进广西地区"健康行动"的开展,加快推动医疗健康从以治病为中心转变为以人民健康为中心,落实预防为主方针,广西壮族自治区人民政府结合实际,制定了《健康广西行动实施方案》。

《健康广西行动实施方案》中提到,全方位干预健康影响因素,包括实施健康知识普及行动、实施合理膳食行动、实施全民健身行动、实施控烟行动、实施心理健康促进行动、实施健康环境促进行动。在"健康广西"促进行动中,物流发挥着重要的作用。

一、物流助力乡村健康环境建设

《健康广西行动实施方案》提到,实施健康环境促进行动,即向公众、家庭、单位

（企业）普及环境与健康相关的防护和应对知识，提升公民环境与健康素养；把健康融入国土空间规划、建设、治理全过程，推进健康城市、健康村镇建设；实施广西大气污染综合防治工程、饮用水水源地保护和备用水源地建设工程以及城镇环保设施建设工程；开展"美丽广西·幸福乡村"活动，抓好以"厕所革命"为重点的农村人居环境整治，推进乡村风貌提升；遵循森林生态系统健康理念，加强森林的资源培育与保护，科学开展森林抚育、林相改造和景观提升工程，优化森林康养环境；建立环境与健康的调查、监测和风险评估制度；采取有效措施预防控制环境污染相关疾病、道路交通伤害、溺水、消费品质量安全事故等。到2022年和2030年，全区居民饮用水水质达标情况明显改善，并持续改善。

广西山明水秀，但乡村卫生环境与之极不协调。广西作为欠发达地区，既面临加快经济社会发展的巨大挑战，又面临保护生态环境的巨大压力。特别是随着广西的对外开放局面不断拓展延伸，国内国际客商对广西的生态环境也寄予了更多的期盼。

近几年，广西积极探索乡村垃圾"村收—镇运—县处理"分别收运处理模式，来宾市兴宾区根据本区的实际情况创新乡村垃圾"村收—镇运—县处理"分别收运处理模式。来宾市兴宾区在"村收—镇运—县处理"的实践中，比对发现乡村地区建设垃圾中转站的建设成本比购买移动式垃圾车成本要高，而且建成中转站后还需配套垃圾运输车解决垃圾转运的问题，所以选择购买压缩式垃圾运输车的方式，直接中转垃圾。来宾市兴宾区配备压缩式垃圾运输车、专用垃圾桶。每辆压缩式垃圾运输车可容纳压缩垃圾10立方米，所压缩的垃圾直接运到来宾市垃圾焚烧发电厂进行处理，极大地降低了垃圾清理成本。兴宾区这一创新垃圾收集转运处理模式的有效实施，将生活垃圾直接转化为来宾市垃圾焚烧发电厂的燃烧原料，节省了土地资源，减少了建设成本，提高了生活垃圾处理效率和效益，实现了垃圾的减量化、无害化、资源化。

二、物流加快药品、医疗器械的资源配置

广西正积极加快药品流通业的规划和发展。广西九州通医药有限公司、广西柳州医药股份有限公司、国药控股广西有限公司医药物流配送中心等公司的专业化医药物流项目建设，进一步提高了广西医药物流网络覆盖率和终端配送能力，初步构建以南宁为中心，覆盖全区、辐射周边省份、面向东盟的现代化医药物流网络，并取得突破性进展。如玉林市致力于打造南方药都，被商务部、财政部列为全国开展中药材流通追溯体系建设的四个试点城市之一。从2009年起，玉林连续举办了五届中药材博览会，年市场交易总额达73亿元，目前已是全国第三大、南方地区第一大中药材专业市场。

自广西首个现代医药物流中心正式启用以来，物流中心配备自动化立体库区、

平面货架区、零拣区、功能库区,药品的分类、储存、分装都相当现代化,配备世界领先的 WMS 管理系统,自动立体库、输送线、自动补货系统、零拣流水线、自动分拣线等物流设备。近年来,广西壮族自治区人民政府把现代生物医药产业作为战略性新兴产业重点扶持,吸引了众多医药投资企业到广西发展。中国医药集团下属的国药控股股份有限公司很早就在广西布局,开发医药市场,并成立了国药控股广西有限公司。据介绍,国药控股广西有限公司现代医药物流中心获得了第三方药品、医疗器械现代物流业务资质,同时还承担着国家、自治区药品及医疗器械的储备任务,将为广西医药行业提供优质的药品及器械,还可以备货及供应紧缺医药产品,第一时间为灾区提供药资。今后国药控股广西有限公司将进一步扩大发展格局,打造全区联网、遍布各地市的药品物流体系。

物流在"互联网+医疗健康"领域也发挥着重要的作用。2018 年发布的《广西促进"互联网+医疗健康"发展实施方案》强调,发展"互联网+"药品供应保障服务;推广处方流转平台,发展药品配送中心,支持医院、药品生产企业、药品流通企业、药店、符合条件的第三方机构共同参与处方流转,药品物流配送;推广智慧药房,鼓励医院处方外配、信息共享,改造传统药品保障流程,为患者提供"一站式"药事服务;鼓励社会力量建设和运营药事服务平台,为基层医疗卫生机构、居民提供审方、合理用药咨询和精简处方等社会化药事服务。

三、物流提升了居民饮食质量

随着生活水平的提高,人们对饮食的需求发生了改变,在现代物流作用下,居民的饮食质量逐渐提高。快捷的现代物流让特色餐馆所依赖的原产地原料能快速运送到全国各地,居民吃到了各地的特色菜。冷链物流让居住在内陆的居民品尝到来自全球沿海地区的海鲜,南北方的蔬菜与水果也能够互通有无。

随着养生观念的普及,人们对自身的健康越来越重视,对与身体健康密切相关的食品格外关注。绿色农产品需求越来越大,市场前景也越来越好。为了让广西的生鲜农产品销往全国乃至全世界,广西壮族自治区人民政府出台了许多优惠扶持政策,同时投入巨资加强物流配送基础设施的建设,特别是冷链物流基础设施的建设。近几年,广西以铁路、公路、水路、航空为代表的综合交通运输体系建设日渐完善。建成了包括湘桂铁路、桂海高速公路、"南菜北运"专线、沿海海运等在内的物流运输线路,区内高速公路纵横交错。2014 年,果蔬铁路冷链运输通道初步形成,高速公路与我国"五纵两横"鲜活农产品绿色通道及"三纵五横"全国骨干流通通道进一步紧密衔接,联通东盟沿海国家的水路运输通道不断完善,航空运输平台建设快速发展。在冷库及冷藏保温设备的建设方面,"广西冷库"主要集中在南宁市、柳州市、玉林市、贵港市、桂林市等 5 个城市,这些冷库为广西生鲜农产品的运输和配送提供了良好的基础。

第十三节　国防建设中的广西物流业

人们常说"兵马未动粮草先行",军事物流对于军事物资的快速流转具有十分重要的意义。无论是在抗战时期还是在和平年代,快速机动的物流在对于国防建设都具有突出的意义。

一、抗战时期广西铁路建设

广西边防是西南国防的重要组成部分,具有重要的战略地位。交通基础设施建设国防要求,是国防动员的一项重要内容,也是贯彻落实"平战结合、军民结合、寓军于民"国防动员方针的重要举措。抗战与交通是相辅相成的,抗战以交通为命脉,而交通的维系与发展又以抗战的前途为归依。在边防建设中,铁路建设也是不可或缺的内容。

"七七"事变后,为了适应抗日战争需要、打通西南通道,国民党政府决定加快修建广西铁路干线湘桂铁路和黔桂铁路。广西铁路运输功能的发挥随着广西战略地位的变化而变化。

卢沟桥事变爆发至 1944 年 10 月日军第二次入侵广西之前,广西一直是全国抗战大后方,广西铁路成为承接政府单位与民众物资转移与安置的平台。

1. **运送兵员与军需品**

湘桂铁路建设的初衷就是满足国防需要,1939 年 12 月 16 日,桂柳段建成通车,当日由桂林首次驶出的列车,就是运送支援昆仑关战役的重炮列车。① 广西铁路当时的首要任务就是迅速运输兵员和物资到战区以及保障军需物资的及时供应。为配合国民政府正面战场作战,1940 年到 1942 年,广西铁路共运输部队 1562848 人,运输军需品 340836 吨。其中以 1940 年最为繁忙,时值日军在桂南、湘北、赣北等地挑起战火,国民政府也在将后方的部队源源不断地运往前线,累计开驶军列 1652 列,运输部队 806167 人,军用品 1683 万吨。湘桂铁路发挥了其军运之效用,及时向前线输送了大量兵员和物资,为抗战的胜利做出了应有的贡献。

2. 转移沿海工业

随着武汉、广州的相继沦陷,战火蔓延至鄂西、湘北、广州以北和桂南地区,南昌、湘北、桂南成为中日双方争夺的焦点。此时粤汉铁路两端被制,北上南下运输均向衡阳集中,拥挤于新建完成的湘桂铁路。随着越来越多的沿海地区逐步落入日军手中,由国民政府出面组织指导的工业内迁行动也如火如荼地展开,并且与国民政府西南开发政策结合起来,成为抗战建国政策的重要组成部分。国民政府把沪、鲁、苏、浙、鄂等地区的工厂、企业陆续转移到川、滇、桂、黔、湘等地区。通过湘桂铁路运输的工厂、企业的设备、资源不是去广西就是通过广西去其他省份。国民政府档案中的《各铁路历年机车车辆概况表》记载,1938 年湘桂铁路通车仅三个月就开出货车 1497 辆,1939 年更是开出则多达 3946 辆货车,1940 年为 3628 辆,到 1941 年突然降到 1318 辆。与此同时,企业迁往广西基本上都是从 1938 年下半年开始的,1939 年前后为企业迁入的高峰期,这与湘桂铁路运输货车数量基本变化是一致的②。因此,可以说湘桂铁路是转移工厂、企业进入广西和其他西南地区的重要载体。1939 年后,长江以北各铁路如胶济、津浦、平汉各路的机车和客货车以及材料、机器等都由汉口过江,由粤汉铁路运到全州总机厂存放备用;从沿海各省向大后方撤下的机器、材料等也经此线转往桂林、贵阳、重庆、昆明各地。在株洲建立不久的铁路总机厂也把所有机器拆迁到规定设立的新机厂存放。历史悠久的萍乡安源煤矿的机器也奉令拆卸,经由此线运输。上海各工厂内迁的机器也运至桂林建厂或向西内运。在 1944 年 10 月日军窜到桂林和柳州之前的 6 年间,湘桂铁路成为东南沿海各省与西南各省间的唯一交通线③。这些工厂、企业迁入广西和其他西南地区之后,一定程度上改变了中国工业的布局,给广西等西南地区带来了工业发展的生产设备和管理经验,促进广西等地区的发展,同时满足了前线军需与后方民用,奠定了抗战胜利的物质基础。

1944 年 4 月,日军发动了豫湘桂战役,8 月结束湖南会战之后,广西的战略地

---

① 柳州铁路局志编纂委员会.柳州铁路局志[M].北京:中国铁道出版社,1997:13.
② 阳毅.抗战时期工厂企业迁桂对广西的历史影响[M]//中共中央党史研究室,中国社会科学院,中国人民解放军军事科学院.纪念中国人民抗日战争暨世界反法西斯战争胜利 70 周年国际学术研讨会论文集.北京:中共党史出版社,2015:615.
③ 金士宣.中国铁路发展史[M].北京:中国铁道出版社,1986:506.

位发生了很大的变化,完成了由战略大后方向前线战场的转移与变迁。在危急的形势之下,广西铁路运输事业出现了新的转变,一方面固有铁路交通的运输事业因战事大受打击,另一方面除了尽力满足以上各种运输需求之外,广西铁路还承载着疏散人群、转移机关与物资的重要使命。

3. 省政府的撤离

1944年6月下旬,日军在围攻衡阳时,广西省政府立马组织政府机关的疏散工作,及时把账簿文件和行李公文转移到了独山。8月上旬,日军占领衡阳后不久,第四战区司令长官张发奎来桂林部署防守事宜,命令韦云淞接任桂林防守司令,组织桂林城防。张发奎一面令防守部队在城外挖掘战壕,做迎敌准备,一面组织动员各机关团体及各界人士早日进行疏散,军政机关纷纷将人员、物资外运,大部分经柳州运往宜山,小部分沿漓江运至平乐、昭平一带。广西省政府、广西绥靖公署以及其他的省属机关,几乎都疏散到了宜山。为了协调好省府机关的疏散工作,广西省成立了疏散委员会,以孙仁林为主任委员。疏散委员会决定分两批完成省府机关的撤离,第一批是大部分省府职员和家眷以及各种行李、物资,先以湘桂火车运往柳州,再坐黔桂铁路,转运宜山。省府的高级官员及少数职员为第二批,如遇危急情况,可乘专门的汽车去宜山。

4. 民众的疏散

1944年9月13日,桂林城防部发布最后一道强制疏散令,规定凡非负有战斗任务且经登记核准者,一律限于15日下午6时以前离场,否则以汉奸、通敌论处。桂林民众除一部分沿水路撤退至桂东的昭平、黄姚、八步,桂北的融安、罗城之外,大部分都争先恐后地挤到了湘桂铁路。衡阳大火后更多等待疏散的难民,也顺着铁道南下,前往桂柳等地。

随着战场时局的变化,广西铁路所发挥的运输功能侧重点也有所变化,前期以满足战时军运和物资流通,后期则着重于组织军民撤退,广西铁路始终尽职尽责地完成自己的任务,服务于全国的抗战事业。

二、和平时代广西物流对国防建设的支持

建设一支世界一流的军队,后勤建设必须跟上,打仗在某种意义上讲就是打保障。现代战争中,后勤必须先到位、后收场、全程用,必须快速响应、全维参加、精确保障。大仗小仗都在打保障,离开后勤就打不了仗,而军事物流是后勤保障的命脉,高效准确的物流配送是实现精准保障的核心,也是建设现代化后勤体系的关键。当今世界,信息科技发展日新月异,人工智能、区块链、5G通信、云计算、大数据、物联网、无人智能化保障等民用先进技术的发展遥遥领先于军方,这些科技日益成为影响战争形态的关键要素,对于军队的后勤建设也有明显影响。所以,不断加强军事物流技术的创新,早日实现军地物流融合,开展军地物流资源军民融合配

置,推动军地物流技术协同创新,对于实现军民融合深度发展的国家战略具有重要意义。

2017年10月23日,中国人民解放军空军后勤部分别与中邮速递EMS、顺丰、德邦、京东物流和中铁快运等快递物流企业签署战略合作协议,双方将开展多层次合作,将军事物流打造为国民经济向空军战斗力转化的纽带。根据协议,中国人民解放军空军后勤部将与快递企业在运输配送、仓储管理、物资采购、信息融合、科研创新、力量建设、拥军服务、配套支撑等方面展开深入合作。

自2015年军民融合成为国家战略以来,各方持续推动快递业参与其中。2017年1月1日起施行的《国防交通法》规定"国家以大中型运输企业为主要依托,组织建设战略投送支援力量,增强战略投送能力,为快速组织远距离、大规模国防运输提供有效支持",对行业做好军民融合提出了明确要求,赋予了行业新的使命和任务。

作为国民经济发展的一个重要产业,快递业的作用不应局限于提高人民生活水平、促进经济发展,其拥有的庞大的人力、信息、管理、物流、仓储等资源,如果纳入军队的战略投送能力建设规划,实现军民融合,那么无论在战时投送还是平时保障,都免去了花费巨大人力物力财力另起炉灶的困扰。近几年,我国物流发展迅猛,国内数以亿计的包裹,大型物流企业都能实时掌控物流动态,智慧物流领先全球,为全民国防奠定了物质基础。

军民融合就是把国防和军队现代化建设深深融入经济社会发展体系,全面推进经济、教育、科技、人才等各个领域的军民融合,在更广范围、更高层次、更深程度上把国防和军队现代化建设与社会经济发展结合,为实现国防和军队现代化提供丰厚的资源和可持续发展的后劲。

近年来,快递企业纷纷参与军民融合项目。2015年,中邮航、顺丰速运派出自有全货机,积极参加跨国赈灾物资运输;顺丰已成立特种物流事业部,先后承接了装备器材、被装配送和药品运输等军民融合项目;圆通与民航管干学院成立了航空物流研究院,其中一项重要研究课题就是军民融合国家战略在速递、物流、航空业务中的实施。

德邦中标广西某部队军民融合物流项目,启动长期物流合作。为保证货物顺利揽收与承运安全,德邦特种物流项目团队在了解军方物资运输要求及注意事项后,制定了妥善的运输方案。2018年2月2日,一批空军物资从德邦物流广西南宁的某部门起运,截至2018年2月3日,这批发往多地的物资已基本到货。整个物流服务过程安全、准时、高效,为德邦赢得了军方的广泛赞誉。该物流服务是长期合作项目的开始,之后德邦广西公司为该部队提供了更加全面的物流服务。

在联勤保障部队指导下,桂林联勤保障中心落实军民融合发展战略,创新供应保障模式,运用地方物流进行分拣配送,为近200个单位10余万官兵送去了冬服。它们已与部队、仓库、被装企业和物流企业建立联通机制,在做好保密教育的前提下,探索物资调运、仓储、分拣、配送等全供应链军民深度合作机制,提升物资供应保障质量和效率。

2019年6月10日,广西荣桂物流集团有限公司(以下简称广西荣桂集团)凭借先进的仓储与供应链服务优势、完备的企业业务资质,获得军队物资采购机构入库统一认证,成为军队采购网合格供应商之一,获得参加军队采购活动资格。军队采购网是中央军委联勤单位指定的官方采购网站,由中央军委后勤保障部主办,是推进物资采购军民融合发展的"公开公正、阳光透明"的平台,是提高我国军队物资采购保障能力、深化物资采购改革、全面建设现代后勤保障的重要载体。服务军需历来是考验企业产品与技术、服务质量与效率、稳定性与流动性等综合实力的重要指标。此次广西荣桂集团成功入选军队物资采购供应商库,不仅是对广西荣桂集团综合实力的认可,还为广西荣桂集团开拓军队物资市场搭建了新的平台,开启了广西荣桂集团军民融合发展的新里程。

第十四节　边境贸易发展中的广西物流业

边境贸易物流是以边境口岸为依托，由两国边境向腹地进行延伸辐射而开展的运输、装卸、仓储、包装等活动。广西地处我国的西南边陲，西北接云南，北毗贵州，东北邻湖南，东南连广东，南濒北部湾，西南接越南。境内山脉众多，河流广布，山河之间形成无数的山前或河谷平原，地势西北高东南低，四周山脉连绵，中部岩溶丘陵平原广布，有"广西盆地"之称。广西背靠大西南，与祖国广阔的腹地相连，面向太平洋并与东南亚相通，这样优越的地理环境对广西对外贸易非常有利。广西的边境小额贸易有着悠久的历史。早在公元前2世纪，广西就和越南、马来西亚、印度尼西亚、缅甸、印度、斯里兰卡建立了贸易关系。汉晋以来，由广西、广东沿海港口通往东南亚、非洲以至欧洲的这条海上通道，成为我国南方的"海上丝绸之路"。19世纪下半叶以后，由于北海、梧州、南宁、龙州的开埠，广西对外贸易随之扩大。广西边境地区包括宁明、凭祥、龙州、大新、防城、东兴、靖西、那坡8个县（市、区），土地面积1.88万平方千米，陆地边境线全长637千米。

20世纪80年代，我国逐步开放了边境贸易。20世纪80年代至90年代初，以中苏边境贸易为重点的边境贸易进入迅猛发展时期。1983年底到1984年初，我国在广西防城、宁明、大新、靖西、那坡，以及云南富宁、麻栗坡、马关、金平安排了9个对越临时贸易点，开始恢复对越边境贸易。随着中国与东盟一体化进程的推进，中越边境贸易逐步发展。中华人民共和国政府和越南社会主义共和国政府于2009年11月18日在北京签署的《关于中越陆地边界的勘界议定书》（下称《勘界议定书》）和《关于中越陆地边界管理制度的协定》标志着中越边境贸易进入正常化、规范化的阶段。作为中国渐进式改革的一部分，20世纪90年代初，我国沿边开放由点到线逐步展开，并在此过程中成为我国全方位、多层次、宽领域对外开放格局的重要内容。实施西部大开发战略后，边境地区的开放与发展成为西部大开发中的重要任务。

1983年9月到1988年9月是广西边境贸易的恢复阶段。1987年，广西对外经济进一步扩大，进出口贸易、利用外资和旅游经济均有较大的发展。其中，全自治区出口总额5.4亿美元，比上年增长26.2%，创历史最高水平。在出口商品中，工矿产品占74.6%。全年进口总额1.9亿美元，增长1.7倍。[①] 进口成倍增长，主要增加的是急需的原材料和农用生产资料如化肥等。随着中越边境形势的缓和，边民互市贸易逐渐恢复。这期间先后在大新县、当时的防城县、东兴镇等开设了9个边境贸易点。民间易货贸易商品品种不断增多，双方成交的商品由一般的生活资料扩大到生产资料。1989年广西对越边境贸易进出口总额为4.5亿元人民币。[②] 从1989年9月到目前为止，为边境贸易的第二阶段，即迅速发展阶段。这一阶段边境民间贸易点发展到数10个，从边民互市贸易发展到集体、国有单位的民间小额贸易和地方边境贸易，交易规模不断扩大，并出现现汇贸易和期货贸易。2002年以前，广西与越南的边境贸易主要以边民互市贸易的形式开展；2002—2013年，边境小额贸易成为广西边境贸易的最主要形式，占广西边境贸易总额的比重高达68.29%。近几年来，广西边境小额贸易额时有波动，但总体呈不断扩大趋势。2010—2015年，广西边境小额贸易总额由424094万美元增至1700124万美元，增长了4倍多；2016年起，我国外贸进出口数据以人民币计价，当年广西边境小额贸易额为7868045万元，以当年汇率换算后为1184536.23万美元，低于2015年。[③] 随着"一带一路"建设的不断推进，越南积极支持"两廊一圈"与"一带一路"建设的对接，广西与越南陆路互联互通水平不断提升，边境地区基础设施建设日趋完善，这为广西边境贸易的发展创造了新的契机。大力发展边境贸易是广西参与"一带一路"建设的重要任务，是落实广西"三大定位"新使命的必然要求，也是推动广西国际产业合作的重要支撑。在新的形势和机遇下，广西边境贸易发展应在分析自身存在问题的基础上，充分借鉴国内外边境贸易发展经验，采取积极有效的应对措施，大力培育物流产业，促进边境贸易的繁荣与发展，实现广西边境贸易物流专业化发展。

首先，广西沿边各市县区应不断完善边贸物流基础设施。一是积极推进沿边地区各类物流园区、物流中心的建设。二是大力建设广西边境贸易物流配送中心，完善边境贸易物流中心运营的配套设施，合理分工，提升广西边境贸易物流的专业化水平，如加强凭祥国际物流园区的建设。三是不断提升物流园区的服务功能。

---

① 广西壮族自治区统计局.广西壮族自治区1987年国民经济和社会发展统计公报[EB/OL].(2010-01-16)[2023-03-11].http://www.tjcn.org/tjgb/20gx/2558_3.html.
② 何桂丛.加快实现广西对越边贸的战略转变[J].广西商业高等学院报,1995(3):24-27.
③ 张磊."一带一路"背景下广西边境贸易发展研究[J].广西社会主义学院学报,2018(1):94-99,104.

广西边境物流园区的建设不仅要提供口岸通关、货物中转等传统服务,还要提供仓储配送、物流信息等优质服务。

其次,积极调整物流市场结构。广西应充分利用目前的市场准入条件,根据边境贸易发展的实际情况和需要,在权限范围内合理设置边境贸易物流企业的市场准入条件,促使广西的边境贸易物流业逐步与国际接轨,走规模专业化、运营国际化和信息透明通畅化的发展道路。

广西的边境口岸基础设施薄弱,对设施的建设投入有限,导致其经济发展水平比较低。多年来,国家和广西政府持续投入大量资金,加大对边境地区的建设力度,广西边境地区的基础设施建设已经取得了重要进展。然而,由于边境县、市在新中国成立前长期处于战争的前沿地带,且大多边境地区集老、少、边、山、穷于一体,因此目前广西的边境贸易基础设施、仓储、货场等远远没有达到专业的市场规模要求。广西的许多边贸互市点条件相当落后,卸载能力不强,供应水电的能力不足,此外,通信也比较落后,酒店等服务跟不上,交通条件差,有些道路已经老化、损坏,货物和人只能限载通行。交通基础设施薄弱和不平衡是非常不利的因素,严重制约着广西边境贸易发展。通常,广西边境口岸从越南进口的商品主要是铁矿石、锰矿石及农产品等货物,这些货物的质量都比较大。现有的公路运输方式、铁路运输方式已不能满足边贸地区日益增长的进出口运输需求。

广西应着重培育边境贸易物流产业,力争把广西物流业打造成为新的经济增长点。总的说来,可从以下三个方面加快广西物流产业的升级和转型。

首先,广西边境各市、县应完善物流基础设施的供给。鉴于广西边境物流的线路和结点发展不平衡的特点,在完善基础设施供给方面,可以从以下三方面着手。一是积极推进建设各类物流园区、物流中心。二是建设好广西边境地区的物流配送中心。做好配送中心的运营配套工作,促进各个物流场站功能细化,并不断提升。例如广西应加强凭祥国际物流园的建设。从地理位置上看,凭祥是重要的口岸城市,是南宁-新加坡经济走廊的关键节点城市,也是中国通往东盟的陆路重要通道,发展物流业具有得天独厚的区位优势。凭祥市应以快速发展的对外贸易为契机,牢牢依托"边"的优势,认真做好"边"的文章,大力发展物流产业。经过十几年培育,凭祥市以凭祥国际物流园项目为龙头,打造物流基地,凭祥的物流产业已经初具规模。繁荣的中越双方边关贸易和国际旅游业带动了凭祥物流业的发展,也对凭祥的物流业建设提出了新的挑战。凭祥应紧紧抓住这一机遇,充分发挥其作为广西和西南地区交通枢纽的重要作用。三是努力把物流园区做大做强,使其不仅能够提供包括口岸通关、货物中转在内的服务,还能够提供仓储配送、物流信息等一站式配套优质服务。凭祥国际物流园的建设也为友谊关口岸进出口货物及车辆出入提供了一个极佳的操作平台,有效带动了广西边境贸易的进出口加工等相关产业的发展。

其次,广西边境地区应投入大量资金改善广西物流业的政策环境。相关优惠倾斜政策的扶持是边境物流业振兴的重要保障。广西物流企业的发展需要政策支持,比如财政政策的完善、融资环境的改善、相应的税费减免政策等。广西边境贸易有关部门要从网络化、一体化运作的特点考虑物流政策。

最后,充分利用市场准入条件,调整广西物流业市场结构。对于广西边境贸易地区物流企业的市场准入条件,应根据实际情况和相关安排在权限范围内严格或者放宽。同时,政府相关部门应引导和帮助广西物流企业按照行业布局,针对其发展特点选择发展方向。

1991年7月,自治区计划委员会批准建立广西壮族自治区物华贸易公司,业务范围主要是边境贸易,兼营国内与国外贸易。该公司的建立打破了物资部门没有外贸经营权的局面。2004年10月,广西物资集团和机电总公司协办了"2004年南宁国际民歌艺术节"。同年,广西物资集团总公司煤炭销售额首次突破亿元大关,开发了越南煤渠道。2015年3月,广西物资集团公司东盟物流园项目开工,项目位于南宁市广西-东盟经济技术开发区,总投资5.8亿元,占地13万平方米,主要建设物流仓储区、冷库、物流中心及相关配套设施。同年12月,广西物资集团桂林储运总公司物流园、红卫生产资料物流园等园区,被认定为广西首批示范物流园区。2018年5月10日,广西物流与采购联合会与越南物流协会签订合作框架协议,加快推进"南向通道",畅通广西与东盟之间的物流通道。2021年4月10日,承载物产集团国贸公司第一批135辆人力三轮自行车的CSCL EAST CHINA SEA/043E号货船,顺利从天津港驶向美国长滩港。这是该公司的首笔外贸业务,标志着其外贸出口业务正式启动。2022年1月,一批重5.5万吨的印尼煤通过MV Ocean Ace货船顺利承载通关,并停靠泊钦州港进行卸货,广西供应链服务集团成功完成贸易金额达5000万元印尼煤进口业务。这是广西供应链服务集团2022年"首单进口贸易业务",是国际贸易板块开辟以来最大国际贸易额的业务,是持续畅通进口渠道、推进大宗商品贸易再上新高度的重要发展成果。2022年3月,一艘满载5000吨玉米的货船从辽宁省营口市鲅鱼圈港口开出,驶往钦州港。这是继2021年底进口泰国椰青顺利通关并成功运往广东、上海等东部沿海地区后,广西供应链服务集团打造的"贸易+物流"高效联动服务模式新成果,愈发凸显了业务集聚态势。2022年5月,广西现代物流集团下属广西供应链服务集团与南方有色集团下属广西南国铜业在南宁签署战略合作框架协议,在货物贸易、物流运输、供应链金融服务等方面建立全面战略合作伙伴关系。这标志着广西现代物流集团向开展进口贸易业务迈出了重要的一步。

近几年,广西积极参与西部陆海新通道建设,为我国与东南亚国家的经济贸易等多方面合作做出了不容小觑的贡献,同时,东盟已经成为我国第一大贸易伙伴,对中国越发重要。由于广西与越南接壤,边境口岸物流产业的发展受到了国家和地区越来越多的关注。广西要融合西部陆海新通道物流通道和"十纵十横"综合交通运输通道等国家重大战略,完成口岸与载体城市及重要枢纽节点的通道建设;结合广西物流业发展实际,加快完成国家物流中心基础设施建设,全面建成辐射力强、带动力强、现代活动水平高、服务水平高、联系紧密的综合性国家物流中心枢纽;要明确支持国家级物流枢纽建设以及服务功能齐全的省级重要物流枢纽建设;发展建立具有较强资源整合能力和先进运营能力的5A级物流企业,形成符合广西陆路边境口岸自身发展的基本网络框架,构建"枢纽＋通道＋网络"的多层次物流网络枢纽运行体系。为完成广西边境口岸物流枢纽建设的长远发展规划,广西政府应该更深入完善和巩固与对岸国家的政治交流合作及机制协商发展工作,争取获得越南方面对中国政府政策的认可,从而逐步实现两国口岸间合理化通道、节点的规划安排,扫除商业物流开发的障碍,共同建立边境地区区域物流一体化模式。

广西政府要在西部陆海新通道和"一带一路"新政策的支持下,因地制宜地制定相关政策法规,引导边境物流体系健康发展。根据边境口岸物流的要求,政府应放宽管制,放宽边境口岸物流业的资质,允许企业注册资本分期到位或减少注册资本等,或者对招商引资的企业给予物流企业优惠政策,以鼓励更多企业在边境口岸从事物流业。巩固和强化广西物流经济发展需要发展枢纽经济,借助中国广西自由贸易试验区、中新互联互通南向通道、广西跨境电子商务综合试验区等的建设,优化和提升广西通道建设的平台影响力。政府应引领龙头企业先行动起来,拓宽产业链,完善价值链,改变贸易产品生产,促进锰矿加工产业、制糖业等传统低成本产业发展;发挥口岸优势,促进口岸与各产业的发展,基于开放的合作平台,充分发挥在经济区的贸易优势,为口岸的发展提供坚实的经济基础;建立产业集聚区,重点发展高附加值物流产业,形成产业与边境口岸相互支撑的局面,加快从"通道经济"向"枢纽经济"转型优化升级的步伐。广西边境口岸较多,为了避免各口岸发生不必要的恶性竞争,每个口岸都可以发展自己的核心产业,如友谊关口岸与凭祥口岸是崇左比较大型的口岸,第三产业发展较好,因此主要发展旅游业,硕龙口岸主要发展机电产品和矿产品,故其可发展核心制造业。

广西最大的优势在于区位,最大的潜力在于开放,广西正在建设全方位开放发展新格局,不断深化以东盟为重点的对外开放合作。截至2022年,广西已连续成功举办17届中国-东盟博览会、中国-东盟商务与投资峰会。西部陆海新通道、中国(广西)自由贸易试验区、面向东盟的金融开放门户等国家重点开放战略务实推进,广西在"一带一路"和中国-东盟命运共同体建设中的战略地位和独特作用日益凸显。

一是建设国际通道。广西抓住国家出台《西部陆海新通道总体规划》的历史机遇,充分发挥自身作为新通道陆海交汇门户的作用,加快形成贯通中国西部地区、连接"一带一路"时间最短、服务最好、效率最高、效益最优的国际贸易大通道。

二是做实开放平台。2019年,国务院批复同意设立中国(广西)自由贸易试验区。广西加快建设自由贸易试验区,努力建成贸易投资便利、金融服务完善、监管安全高效、辐射带动作用突出、引领中国-东盟开放合作的高标准高质量自由贸易园区,创造出更多可复制可推广的经验。

三是深化产能合作。广西进一步加大"引进来"力度,聚焦大健康、大数据、大物流和新制造、新材料、新能源"三大三新"重点产业领域开展产业招商,重点引进外商投资中的先进制造业、现代服务业,提升开放型经济发展水平。同时,广西进一步支持鼓励企业开拓东盟等"一带一路"沿线国家市场,大力推动钢铁、机械、汽车等优势产业"走出去"。

在全球经济治理体系深度变革和中国经济发展步入新常态的背景下,中国提出了建设自由贸易试验区(以下简称自贸试验区)的重大举措。自2013年9月29日中国(上海)自由贸易试验区正式挂牌成立至今,截至2022年4月,全国已设立21个自贸试验区及海南自由贸易港,形成了覆盖东西南北中的试点格局。"多点开花"的自由贸易试验区已经成为中国高水平对外开放的新高地,为中国经济高质量发展及世界经济走出低迷注入正能量。中国(广西)自由贸易试验区于2019年8月2日获批正式成立,掀起了广西放新时代对外开的热潮,尤其凸显其"贸易属性",为广西对外贸易带来良好的发展机遇。越南、美国和香港地区是广西的主要出口市场,约占广西出口总量的70%。广西与越南毗邻,有很多的通关口岸,广西产品出口至越南运输较快,成本较低,交通便利,同时广西与越南经济贸易联系紧密,近10年来广西进出口贸易量最多的国家是越南,所以越南是广西的最大贸易伙伴,出口的产品主要是机电、纺织类产品。香港是世界的转口贸易中心之一,广西产品出口到香港的比重也很大,2020年广西对香港的出口贸易额为566.5025亿人民币,同比增长14.6%。

西部陆海新通道成为拉动广西进出口贸易增长的重要引擎。近几年,广西加快构建以西部陆海新通道为主轴和核心的"物流网",聚焦北部湾国际门户港建设,提升主通道运输能力,提高通道物流效率和质量,加速带动国际贸易稳定增长。西部陆海新通道建设提速,广西大通道优势进一步发挥,带动保税物流进出口大幅增长,成为拉动外贸进出口增长的重要因素。

随着市场多元化战略不断深化,区域经济交流合作增强,广西外贸市场结构呈现多元化趋势。一方面,立足毗邻东盟优势,深耕东盟市场、巩固传统市场;另一方面,支持企业积极开拓新兴市场,拓展多领域经贸合作;推动东盟海外仓建设,支持阿里巴巴旗下东南亚电商平台LAZADA在南宁建设面向东盟的物流中心仓,加快建设跨境电商直播基地;加快完善市场采购试点,培育市场采购贸易主体;发挥外贸综合服务平台作用,增强服务中小企业外贸进出口能力,带动商品进出口。

提升对外贸易竞争力是贸易发展的核心问题,在全球经济形势多变的形势下,广西应抓住"一带一路"建设、南向通道建设带来的机遇,加强与"一带一路"相关国家的联动,积极开拓外贸市场,降低对单一市场依赖度过高的风险,同时加速优化贸易结构,推动贸易升级,扩大国际经济影响力。一方面,依托"渝桂新"通道,加强与欧洲国家的贸易往来。近年来,广西与欧盟的双边贸易额虽然总体上呈增长之势,但总量仍然较小。这是因为广西与欧洲国家的出口商品差异较大,欧盟国家多向中国出口汽车、珠宝、钟表等商品,具有较强的贸易互补性,广西与欧盟间有较大的贸易潜力。另一方面,立足优势产业创新,助推产业内贸易发展,开拓贸易市场新领域,同时将开拓市场与区内产业转型升级、出口商品结构优化相结合。如推动新能源汽车产业、以中草药为原料的医疗产业的发展与合作,培育贸易新优势,提升出口商品的经济附加值。

广西对外贸易发展机遇与挑战并存,要深度把握高质量共建"一带一路"、西部陆海新通道和广西自由贸易试验区建设三大机遇,特别是利用好优惠政策的叠加效应,将区域资源优势打造为贸易发展的强力引擎,以实现广西对外贸易的高质量发展。

第十五节　科技成果开发中的广西物流业

2016年5月30日,习近平在全国科技创新大会、两院院士大会、中国科协第九次全国代表大会上指出:"科技是国之利器,国家赖之以强,企业赖之以赢,人民生活赖之以好。中国要强,中国人民生活要好,必须有强大科技。"[①]新时期、新形势、新任务,要求我们在科技创新方面有新理念、新设计、新战略。实现"两个一百年"奋斗目标,实现中华民族伟大复兴中国梦,必须坚持走中国特色自主创新道路,加快各领域科技创新,掌握全球科技竞争先机。这是我们提出建设世界科技强国的出发点。2021年4月,习近平总书记在广西考察调研时强调:"只有创新才能自强、才能争先,要坚定不移走自主创新道路,把创新发展主动权牢牢掌握在自己手中。"[②]习近平总书记的指示为新时代广西经济社会高质量发展擘画了宏伟蓝图,提供了根本遵循之道。建设新时代中国特色社会主义壮美广西,须推进科技自立自强,加快创新发展步伐。2021年11月,中国共产党广西壮族自治区第十二次代表大会在南宁召开,大会强调,要以习近平新时代中国特色社会主义思想为指导,牢记领袖嘱托,勇担历史使命,凝心聚力建设新时代中国特色社会主义壮美广西,在边疆民族地区率先实现高质量发展。广西要在边疆民族地区高质量发展上闯出新路子,就必须按照党中央高质量发展的总体部署,结合广西经济发展的实际情况,尊重经济发展的基本规律,努力保持经济快速稳定增长,不断充实推动广西经

---

① 习近平.为建设世界科技强国而奋斗——在全国科技创新大会、两院院士大会、中国科协第九次全国代表大会上的讲话[EB/OL].(2016-05-30)[2023-03-30]. https://www.gov.cn/xinwen/2016-05/30/content_5078085.htm#1.

② 张晓松,朱基钗.习近平考察装备制造业,强调只有创新才能自强[EB/OL].(2016-05-30)[2023-03-30]. https://www.gov.cn/xinwen/2021-04/27/content_5602905.htm.

济高质量发展的各项基础。

党的十九届六中全会指出,要将创新作为经济社会发展的第一动力,推动经济高质量、高效变革。国家已经将科技创新放在前所未有的高度。广西要将"前端聚焦、中间协同、后端转化"的创新思路落实到位,并以人才为中心推动各类创新要素聚集,推动科技成果转化。"十三五"时期以来,广西紧紧围绕产业链,布局创新链,着力推动产业高质量发展。2018年,广西壮族自治区人民政府出台《广西科技创新支撑产业高质量发展三年行动方案(2018—2020年)》,组织实施"三百二千"科技创新工程,在科技创新支撑产业高质量发展上取得明显成效。截至2020年10月31日,广西实施重大专项项目115项,总投资超95亿元,自治区本级财政资助经费超13亿元,突破127项重大技术;"创建100个国家级创新平台"完成111项,"引育100个高层次创新人才和团队"完成104项;"新增1000家高新技术企业"完成新增1184项,高企总数达到2388家,"转化1000项重大科技成果"完成1108项。[1] 广西围绕汽车、机械、冶金及高端铝等有色金属新材料、制糖、电子信息、节能环保、高端装备制造、大健康、海洋资源开发利用、特色优势农业等领域,攻克了一批产业关键技术难题,研发出一批技术领先并拥有自主知识产权的新产品,获得521个专利,新增产值530亿元;在先进制造领域,开展新能源汽车关键技术及零部件、智能制造与工程装备和产品等研发,解决了前置后驱乘用车关键技术、增压米勒循环发动机开发、先进高效的新能源汽车电机/电控系统技术等"卡脖子"问题;在传统优势产业,开展了多品种氧化铝技术研发,解决广西冶金氧化铝难以用于高精铝和高纯铝电解难题,填补了国家高附加值非冶金氧化铝产业空白等"卡脖子"问题;在农业产业领域,开展桑蚕茧丝绸产业转型升级、配套栽培等关键技术研发,解决广西茧丝绸精深加工关键技术缺乏等"卡脖子"问题。

2020年以来,在国有企业创新发展方面,广西推动国有企业大力实施创新驱动战略,着力发展新材料、新能源、数字经济和信息技术、节能环保、高端装备制造、生物医药及大健康、新能源汽车等新兴产业,调整优化国有资本布局结构,加快实现高质量发展。例如:柳钢集团2020年成功开发的钢牌号新产品创效3.2亿元,共获授权专利332件,有效专利258件;港务集团下属鱼峰水泥公司在生产新技术、循环经济、节能减排、新材料应用等关键技术上处于领先地位;建工集团在建设抗疫医院过程中,发挥专业优势,聚焦关键技术,顺利完成8所应急医院及3所边界公共卫生应急救治中心建设任务,获得"第五届自治区主席质量奖"。截至2020年12月底,广西国资委监管企业全年研发投入共计51.68亿元,同比增长14.66%。[2]

---

[1] 广西壮族自治区科学技术厅.广西实施"三百二千"科技创新工程支撑产业高质量发展新闻发布会[EB/OL].(2020-12-04)[2023-02-24].http://kjt.gxzf.gov.cn/xxgk/hygq/xwfbh/t7218585.shtml.
[2] 徐宇列.广西国有企业科技创新推动产业高质量发展对策建议[J].国有资产管理,2021(5):34-37.

目前,广西企业在科技成果研发和转化方面取得了一定的成绩,但也存在一些不足,表现为以下几个方面。一是企业创新活动不活跃,区域综合科技创新水平指数低。二是科技支出占财政支出比重、研究与试验发展(R&D)经费投入强度偏低。三是科研成果的转化率不高,产学研深度融合意识不强。在工业企业科技活动中,企业资金占研究与试验发展(R&D)经费内部支出达到97%,企业自主完成的科研项目达到90%以上,科研项目与产业振兴脱节。一些高科技创新成果相关制度和操作规程不明确,比如科技信息发布机制不完善、科技成果转让方式规程不明确、成果转化政策落实不到位,这些因素制约了科技成果的转化。四是科技创新人才缺乏,平台水平有待提高。从行业来看,科技人才主要集中在制造业,特别是汽车制造业、计算机、通信和其他电子设备制造业、专用设备制造业以及黑色金属冶炼和压延加工业。截至2020年底,广西高水平创新平台不多,仅有3家国家重点实验室,仅占全国的0.6%,全国排名第24位,落后于贵州、云南。近几年来,广西没有获批新的国家重点实验室,广西仅有16家国家企业技术中心,仅为全国总量的1%。

随着国家对企业科技研发和成果转换的重视,广西企业科技创新也迎来了机遇。一是数字经济的到来,为广西经济增长带来关键性力量。中国信息通信研究院研究显示,产业数字化和数字产业化已经成为中国经济增长的新引擎,云计算促进了各种"上云",比如政务上云、企业上云,传统产业与数字化融合程度进一步加深。将数字与传统产业相融合,广西可以借助"数字+"与汽车、机械、农业等传统产业跨界融合,形成强大的创新能力,在个别领域形成领先示范作用。二是开放性创新成为主导范式,为广西换道超车带来可能。龙头企业和创新企业通过场景引导创新商业化,通过创新性运用场景反向找到需要突破的新技术;龙头企业与科研机构协作,龙头企业为科研机构研发提供经费支持,科研机构创新成果促进龙头企业产业发展。三是广西特殊区位优势有利于在双循环发展格局中配置资源。中央提出以国内大循环为主体、国内国际双循环相互促进,并将科技自强作为国家发展战略,依靠科技创新实现内生式发展路径。通过构建中国-东盟创新共同体,在"一带一路"倡议带动作用下,东盟成为我国第一大贸易伙伴,形成了更为广大的开放格局。广西本土企业和研究机构积极融入新的创新发展空间,为广西创新发展带来更多的可能。

2009年6月,广西资源再生综合利用中心项目建成并投入使用,当年回收报废汽车2193辆。2010年9月,广西物资集团争取到商务部再生资源回收体系建设试点项目,选址在南宁市邕宁区五合临港产业园。12月,集团总公司投资建设的广西第一条旧家电拆解生产线实现投产。2011年1月,华昇节能公司"锅炉燃用高硫高灰劣质煤的开发研究与应用"科技成果荣获广西科技进步二等奖。同年12月,广西壮族自治区统筹推进的重大项目——再生资源循环产业园一期建成投产,广西废弃电器电子产品回收拆解基地、南宁再生资源回收利用基地同时正式运行。

2013年4月,桂物循环公司广西废弃电器电子拆解项目通过国家环保审核并正式生产运行。5月,桂物金岸公司获得国家合同能源管理备案单位,成为广西制冷行业内唯一一家节能服务公司。6月,桂物民爆公司成为广西唯一获得一级爆破资质的单位。11月,集团公司被中国物流与采购联合会评为"中国物流企业创新奖"。12月,河池东江机制砂项目开工,集团公司正式进军碳酸钙及绿色矿山产业;华昇节能公司"锅炉燃用高硫高灰劣质煤的开发研究与应用"科技成果荣获国家科学技术进步奖二等奖。2017年4月,广西物资集团社会科学界联合会揭牌。

当前,国际经济合作和竞争格局发生深刻改变,新一轮科技革命和产业变革加速推进,全球经济治理体系和规则面临重大调整,世界环境资源约束日益收紧。在这种背景下,我国经济发展进入新时代,发展质量、效率逐渐改善,发展动力持续转换,经济运行总体平稳,但制度性障碍、技术进步与扩散效应减弱等问题依然存在。广西作为我国人口数量最多的自治区和少数民族人口数量最多的边疆省区,既需要扩大经济总量,也需要提升发展质量,既需要培育竞争优势,也需要补齐发展短板,产业转型升级压力较大,迈向价值链中高端面临挑战。因此,大力推动经济高质量跨越式发展对于适应新时代中国社会主要矛盾变化、推动区域经济持续快速健康发展具有重要意义。

推动高质量发展,广西要将创新作为驱动力,牢固树立新发展理念,深入实施创新驱动发展战略,大力推动和发展大众创业、万众创新,尽快形成以创新为引领的经济支撑体系和发展驱动模式。一是不断推进创新机制改革。财政方面要优化财政资金投入方式,提高创新资金使用效率,带动更多社会资本支持创新。金融方面要建立以信贷和市场化风险投资等为支撑的科技金融体系,不断加大对科技创新企业支持力度。激励方面要加快推进科研事业单位改革,破除企业与高校、科研院所等事业单位的编制、职称、激励壁垒,建立能够充分激发人才创新活力的政策体系。二是大力推动创新平台发展。紧紧围绕产业链部署创新链,进一步聚焦广西重点产业和领域需求,积极推动创新平台发展,针对新一代信息技术、高端装备制造业、汽车、机械、冶金等重点发展的产业领域,不断加大资金、政策、税收、金融等方面的支持和投入,努力建设一批科技创新基地、军民融合示范基地、企业技术中心、制造业创新中心等重大创新平台。三是积极鼓励创新机构创建。创新机构是专业化的创新主体,可以为企业提供创新智力和技术支持,弥补单个企业创新成本高、技术力量不足的缺陷,是培育科技企业和科技人才的重要孵化器。支持广西本地高校和科研院所积极与企业展开产学研方面的合作,建立一些与优势产业发展密切相关的研发机构、重点实验室,逐步搭建人才、技术、产品、管理、资本和市场等多层面合作交流平台。四是加快推进创新成果转化。要着力破解科技创新成果转化的各种障碍,真正做到把科技创新成果与产业实践活动紧密结合,切实把科技创新成果转化为现实生产力,不断增强服务经济社会的能力。要加大对科技创新成果的引导激励,积极设立科技创新成果转化和创业投资引导基金,吸引风险投资机构、商业银行以及其他社会资本共同参与投入。

近年来,虽然广西积极参与"一带一路"共建,广西企业重点加强与东盟地区企业之间的科技创新合作,但是受各种因素的影响和制约,广西企业在科技创新国际化方面还存在一些不足:一是广西高新技术企业数量偏少,与其他"一带一路"相关省份及地区相比,竞争优势不够突出;二是广西高新技术企业国际化程度相对较低,留学归国人员和外籍常驻人员在相关企业员工中比例偏低;三是广西实际得到外商直接投资的比例偏低,外资的来源渠道相对较窄;四是广西直接对外投资起步较晚、规模较小,对东盟国家的直接投资占比较小,而且投资行业面较窄;五是广西对外承包工程及工程完成情况不够稳定、波动幅度较大。

在《区域全面经济伙伴关系协定》(RCEP)全面实施的背景下,广西企业创新国际化合作应走新的路子。一是抓好顶层设计,强化政府引导作用。广西应当积极抢抓RCEP实施的重大机遇,积极向国家争取优惠政策,将企业创新国际化合作纳入国家和自治区相关方针政策制定的层面予以通盘考虑,把企业创新国际化合作相关工作与广西全面落实"三大定位"新使命和"五个扎实"新要求,服务"一带一路"建设,对接粤港澳大湾区,建设中国(广西)自由贸易试验区、西部陆海新通道、中国-东盟信息港、面向东盟的金融开放门户、南宁临空经济示范区与建设壮美广西等有机结合,做好顶层设计和蓝图规划,引导广西企业在创新国际化合作方面闯出新的路子。二是盘活优势资源,积极发挥综合效应。广西应当充分发挥背靠大西南、毗邻珠三角、与东盟国家山水相连陆海相邻等区位优势,并充分利用少数民族区域自治政策、西部大开发政策、对外开放政策等资源,以及党中央赋予广西"三大定位"——构建面向东盟的国际大通道、打造西南中南地区开放发展新的战略支点、形成丝绸之路经济带和21世纪海上丝绸之路有机衔接的重要门户使命,全面盘活已有的区位优势、政策优势、产业优势、项目优势等独特资源,进一步激发广西北部湾投资集团有限公司、广西交通投资集团有限公司、广西柳工机械股份有限公司、广西玉柴机器集团有限公司、广西南南铝加工有限公司等国有企业创新驱动发展排头兵的积极作用,还要充分发挥这些企业的创新综合效益,推动广西企业创新合作国际化取得新成效。三是增强自身实力,切实展现发展成效。针对广西企业创新行动被动开展、各自为战、成效不佳等现状,进一步挖掘传统优势产业的创新潜能,依托广西蔗糖、汽车、内燃机、机械制造等亮点产业,瞄准高端装备制造、信息技术、生物医药等具有蓬勃发展潜力的领域,主观组合创新主体资源,激发企业创新活力,发挥企业的创新主体作用,营造良好的发展氛围。四是搭建渠道平台,充分发挥通道优势。广西应当充分利用中国-东盟博览会的通道优势等,在"南向、北联、东融、西合"已经明确的全方位开发发展新格局的背景下,继续发展、充分发展。

习近平总书记指出:"不创新不行,创新慢了也不行。如果我们不识变、不应变、不求变,就可能陷入战略被动,错失发展机遇,甚至错过整整一个时代。"①"十四五"时期是奋力建设新时代中国特色社会主义壮美广西的关键时期,要实现加快发展、转型升级、全面提质,更加需要依靠科技创新驱动高质量发展,不断积蓄发展新动能。新形势下,广西既面临现代科技进步和产业发展的重要机遇,更面临跟不上创新步伐、在时代大潮中落伍掉队的严峻挑战。创新是广西发展的突出短板,只有大抓创新才大有希望。广西必须深入贯彻习近平总书记对广西工作系列重要指示精神,认真贯彻落实党中央、国务院重大决策部署,深入实施创新驱动发展战略,坚持"面向世界科技前沿、面向经济主战场、面向国家重大需求、面向人民生命健康",大力实施科技强桂行动,深入推进创新支撑高质量发展,使科技创新这个"关键变量"转化为高质量发展的"最大增量"。

总结说来,广西的科技发展要从以下两方面发力。

一是在强化产业关键核心技术攻关上下功夫,着力培育产业发展新动能。聚焦广西区域经济安全、产业安全等方面的"卡脖子"问题,按照"补短板、建优势、强能力"的思路,在制糖业、铝产业、高性能材料、大数据、人工智能等领域组织实施一批科技重大专项,突破一批产业关键核心技术,研制一批新产品,着力解决广西产业发展创新能力不足、高端产业发展不足、高质量供给不足的问题,全面推动广西重点产业迈向中高端,还要依托科技实力雄厚的骨干龙头企业牵头联合高校、科研院所、金融投资机构和专业服务机构等共同组建产业技术创新联合体,围绕行业共性关键技术开展联合攻关,重点解决科研和产业"两张皮"问题,促进科技成果应用与产业化。同时,加快建立研究机构与产业链上下游创新相融合的协同创新体系,努力在创新与产业间架起相互连通的桥梁,推动技术、人才、资金、项目、政策等创新要素向产业汇聚。

二是在强化企业创新主体地位上下功夫,着力促进创新主体数量与质量齐提升。企业是创新的主体,是推动创新创造的生力军。广西要着力抓好科技型企业创新发展,进一步发挥企业特别是科技型企业在科技创新发展中的主体作用,提升企业在创新决策中的话语权,让企业在创新活动中"唱主角",推动更多的创新资源向企业集聚。

---

① 创新慢了也不行[EB/OL]. (2016-07-11)[2023-04-14]. https://news.ifeng.com/c/7fcOfKXey4M.

第十六节　技术服务发展中的广西物流业

广西壮族自治区时任党委书记鹿心社在全区省级领导和厅级主要负责同志专题研讨班上发表重要讲话，强调解放思想、改革创新、扩大开放、担当实干，奋力开启建设壮美广西，共圆复兴梦想新征程，明确了广西当前和今后一个时期的使命和任务，对于准确把握国资国企改革发展面临的新形势新任务新挑战，推进广西国有企业转型升级深化改革、进一步开拓创新，不断做强做优做大，加快实现高质量发展具有重要意义。[①]

习近平总书记和党中央赋予广西"三大定位"新使命，提出"五个扎实"新要求。其中，第一个扎实就是要求推动广西经济持续健康发展，深入推进供给侧结构性改革，全力做好稳增长各项工作，实施更加积极主动的开放带动战略，不断开创经济发展新境界。习近平总书记在视察广西时强调，一定要把北部湾港口建设好、管理好、运营好，以一流的设施、一流的技术、一流的管理、一流的服务，为广西发展、为"一带一路"建设、为扩大开放合作多做贡献。他要求国有企业做落实新发展理念的排头兵、做创新驱动发展的排头兵、做实施国家重大战略的排头兵。[②] 近年来，广西壮族自治区国资委认真贯彻落实党中央、国务院和自治区党委、政府的决策部署，围绕稳增长、促改革、调结构、防风险，强化企业改革创新，提升企业发展质量和效益，进一步完善国有资产监管体制机制，国资国企改革发展党建各项工作取得了较好成效。

---

① 管跃庆.以解放思想推动国资国企高质量发展[EB/OL].（2019-07-02）[2023-05-13]. https://baijiahao.baidu.com/s?id=1637928581887990991&wfr=spider&for=pc.

② 管跃庆.以解放思想推动国资国企高质量发展[EB/OL].（2019-07-02）[2023-05-13]. https://baijiahao.baidu.com/s?id=1637928581887990991&wfr=spider&for=pc.

2020年6月,广西创办时间最长的国有企业广西物资集团迎来了70周年庆典。广西物资集团回顾70年奋斗历程,重温初心使命,为打造百年国企找准方向定位。广西物资集团的发展与新中国同步、与改革开放同步、与新时代同步,其最早前身是1950年成立的广西仓库物资清理调配委员会,并经历了广西供应局、自治区物资厅等机构变迁,1996年由自治区物资厅及其下属企事业单位整体转制为企业。70年里,在国家发展的各个关键时期,广西物资集团始终在党的坚强领导下守初心、担使命,始终坚决服从服务于国家和自治区重大战略部署,在不同历史时期都为广西经济社会发展做出了突出的贡献。站在70年的新起点上,广西物资集团把自身改革发展深度融入国家和自治区发展大局,吹响了打造百年企业的号角,正在加快实施转折发展、转型升级、二次创业"两转一创"战略,深耕环保、物流、机电三大主业,搭建三大产业平台,努力建成立足广西面向东盟的物流一体化龙头企业、西南地区最具影响力的汽车生活服务商、立足广西面向东盟的生态环保投资运营平台。在环保领域,广西物资集团搭建生态环保投资运营平台,做"广西生态优势金不换"的守护者,以提供一流的生态环保综合服务为重点,整合环保产业资源要素,构建"环保+"运营模式,引领生态环保产业加快发展,擦亮广西"山清水秀生态美"的金字招牌。在物流领域,广西物资集团搭建物流资源要素整合平台,做高效智慧物流的赋能者,大力发展现代供应链新模式和智慧物流等新技术,加强数字物流基础设施建设,搭建供应链综合服务平台,推动物流基础设施线上线下融合发展。在机电领域,广西物资集团搭建现代汽车生活服务平台,做汽车生活文化潮流的引领者,全力打造引领新的汽车消费方式和汽车生活方式的一站式智慧型汽车产业综合服务平台。同时,广西物资集团积极承担国有企业发展职业教育的政治责任、社会责任,投资10.45亿元创办占地66万平方米的广西物流职业技术学院,彰显国有企业的责任和担当。

一、物流

1960年11月,广西物资供应局组建南宁、柳州、桂林、贵县(现贵港)4个点的收购供应站(即二级站),主要职能为按计划收购国家统配物资和自治区管理的物资;承担和办理物资购入、储存、供应和调度、运输的任务;代办国家物资一级站委托的有关业务事宜。1963年10月,自治区物资供应局明确,凡是专区、市以上的国营工矿企业及国防建设工程等所需物资,由物资部门负责供应。1988年5月,自治区人民政府决定将自治区物资局更名为自治区物资厅,担负起统管全自治区物资流通的政府职能。1998年5月,广西壮族自治区人民政府同意广西物资集团总公司继续维持行业管理职能,2011年3月经自治区工商局核准,广西物资集团总公司更名为广西物资集团有限责任公司。2021年2月,广西壮族自治区人民政府党委、政府同意,广西现代物流集团有限公司、广西供应链服务集团有限公司揭牌成立。2022年5月,经广西壮族自治区人民政府同意,重新组建广西供应链服务集团有限公司,赋予广西大宗商品供应链管理服务平台的新定位。

二、环保

党的十八大把生态文明建设纳入中国特色社会主义事业"五位一体"总体布局。习近平总书记在党的十九大报告中强调必须树立和践行"绿水青山就是金山银山"的理念。2021年4月,习近平总书记在广西考察时强调:"广西生态优势金不换,保护好广西的山山水水,是我们应该承担的历史责任。"[①]2019年,经自治区党委、政府批准组建,广西环保产业投资集团应运而生,定位为省级生态环保领域的国有平台企业。

2011年12月,自治区统筹推进的重大项目——再生资源循环产业园一期建成投产,广西废弃电器电子产品回收拆解基地、南宁再生资源回收利用基地同时正式运行。12月,广西物资集团物创建材上思项目公司——广西上思物投矿业发展有限公司在防城港市公共资源交易中心,以1460.59万元成功竞得上思县三化矿区南矿段石灰石矿采矿权,标志着广西物资集团在钦北防一带的新型环保产业布局迈出了重要一步。2019年7月,广西环保产业投资集团与自治区生态环境厅在南宁签订战略合作框架协议,双方将开展"多领域、多方式、多层面"的战略合作,以实际行动贯彻落实习近平生态文明思想,共同推动广西环保产业做强做优做大;广西环保产业投资集团与北控水务(广西)集团签署战略合作框架协议。双方将在乡镇污水处理、智慧水务、固废处置、环保技术转移示范、东盟环保市场开发、人才交流任职、合作成立环保研究院等方面开展全方位、多层次的合作。2020年1月,广西环保产业投资集团与重庆环保投资集团有限公司签署战略合作协议。双方就西部陆海新通道污水处理厂、环保产业基金运作等方面开展全方位、多层次的合作。

作为生态环境领域国有省级平台公司,广西环保产业投资集团着力构建环保产能对接平台、环保项目运作平台、环保投融资平台的"三平台"运营机制,不断拓展延伸水务一体化、资源循环利用、检测服务、节能产业、爆破一体化及绿色矿山等产业链,紧抓RCEP新机遇,充分利用中国-东盟国际环保展国际性平台扩大环保技术交流与合作,做强做大做优新时代环保产业,引领广西环保产业加快发展,全力守护"广西山清水秀生态美"金字招牌。

2020年广西壮族自治区《政府工作报告》明确指出:"加快第三批镇级污水处理设施建设,力争实现镇镇污水处理设施全覆盖。"[②]为进一步改善农村人居环境、

---

① 谢洋.生态优势金不换　擦亮"山清水秀生态美"金字招牌[EB/OL].(2021-06-17)[2023-04-22]. https://baijiahao.baidu.com/s?id=1702762203253855251&wfr=spider&for=pc.
② 广西壮族自治区人民政府办公厅.广西壮族自治区人民政府关于印发2020年自治区《政府工作报告》重点工作部门分工方案的通知[EB/OL].(2020-05-24)[2023-05-04].http://www.gxzf.gov.cn/zfgb/2020nzfgb/d5q_84609/zzqrmzfwj202005242/t5449473.shtml.

提升乡镇居住品质,广西壮族自治区人民政府积极改革创新,采用授权经营模式由自治区住建厅通过公开遴选的方式,确定由广西环保产业投资集团作为全区"十三五"第三批镇级污水处理设施项目的实施主体,统一负责项目的投资、规划、建设和运营,要求2020年12月31日前完成主体建设并通水试运行,并向广西壮族自治区人民政府递交承诺书。广西环保产业投资集团接到任务时,只有不到5个月的时间,经过努力,顺利完成任务实现既定目标。

2021年,在广西环保产业投资集团成立两周年之际,5月30日上午,上思县自来水公司、三华污水处理厂、昌盛生活垃圾卫生填埋场"过渡期接管运营签约暨揭牌仪式"在三华污水处理厂举行。这标志着上思县环保产业一体化项目迈出了重要的一步,广西生态环保领域政企一体化合作项目取得重要进展,为广西环保产业投资集团在全区复制、推广环保产业一体化"上思模式"奠定了重要基础。

2020年7月,广西物资集团与贵港市签订贵港生态科技产业园项目合作框架协议。该项目总投资超1000亿元,规划用地8.4平方千米,是入驻贵港市的第一家生态科技项目。贵港生态科技产业园致力于打造立足广西、面向东盟,融入"一带一路"和粤港澳大湾区的、具有区域性和国际影响力的节能环保产业投资及示范园区,包括环保装备制造区、产学研孵化区、总部基地区、物流仓储服务区、生态治理示范区等五个功能区。

2021年9月,为期4天的"中国-东盟国际环保展"在南宁国际会展中心圆满闭幕。本次展会由生态环境部对外合作与交流中心、自治区生态环境厅主办,广西环保产业投资集团有限公司承办,为国内外先进环保技术、装备的推广和应用搭建了良好的合作平台,促进了生态环境问题的解决,深化了"一带一路"绿色发展多边合作,推动了生态环境治理体系的完善。

2021年11月召开的中国共产党广西壮族自治区第十二次代表大会对开启全面建设新时代中国特色社会主义壮美广西新征程做出重大部署,在广西历史上具有里程碑意义。2010年末,自治区机关事务管理局专程向桂物金岸公司发来一封感谢信,信中表示,桂物金岸公司以专业的态度、饱满的工作热情,高标准、严要求完成了保障空调平稳运行的任务,充分展现了公司良好的形象,给与会代表和工作人员留下了深刻印象,为大会的胜利闭幕做出了重要贡献。

2022年,广西环保产业投资集团以"作风整顿年"为契机,改善和提振作风,推动业务发展创新绩,顺利完成承办中国-东盟国际环保展、成立广西固体废物利用处置联合会、打造县域环保产业一体化的"上思模式""贵港模式"生物质能集中供热实现正式供气等多件大事。这是公司高度负责、科学统筹、精心组织的结果,是大兴攻坚克难、担当实干、创先争优之风的有力证明,更是作风建设促经营见成效的具体体现。广西环保产业投资集团自2020年以来连续3年承办中国-东盟国际环保展。参展单位、客商和媒体关注度、现场展示面积均达到历史新高,实现了一批先进技术成果亮相、一批绿色环保项目签约。广西环保产业投资集团充分利用中国-东盟博览会国家级、国际化、影响大的优势,积极融入"一带一路"建设,抢抓RCEP生效新机遇。在疫情严峻的形势下,环保展筹备小组连日奋战、同心协力、攻坚克难,圆满举办了2022年的中国-东盟国际环保展。广西环保产业投资集团争先创优,提升县域环保产业一体化,激活乡村振兴绿色动能。在原有"上思模式"基础上,公司持续创新,不断深化生态环保领域产业设施整体打包、整体并购、统一主体、统一运营思路,采取一体化发展模式,实施一系列示范项目,搭建信息化智慧管理平台,辐射周边,推动上思县域迈入绿色转型、高质量发展的新阶段。同时,县域环保产业一体化的"上思模式"作为助推城镇、乡村可持续发展,探索环保产业发展新路子的生动实践,得到广西电视台、《广西日报》、《当代广西》等主流媒体的重点报道。广西环保产业投资集团锐意进取探索生物质热,开创低碳发展新赛道。贵港市江南制造业综合产业发展区农林生物质能清洁集中供热项目实现正式供气作为自治区重大项目,是广西环保产业投资集团倾力打造的绿色园区低碳发展经典案例,自2022年9月正式供气以来,供气量已超过3000吨。该项目全部建成后年供汽量达360万吨,年销售额达4亿元,可提供工作岗位240多个,节约碳汇指标13.6万吨,以实际行动助力我国实现碳达峰、碳中和的"双碳"目标。

2022年8月,经广西壮族自治区国资委和自治区地方金融监管局批复成立的广西环保产业私募基金管理有限公司正式开业,该公司是由广西现代物流集团有限公司实际控制,并由广西环保产业投资集团有限公司发起设立的基金管理公司,是广西首家以环保产业命名的绿色基金,为广西环保产业发展提供很好的实践保障。

2022年9月,广西环保产业投资集团与19家区内外环保企业和科研机构签署战略合作协议。2022年9月,由生态环境部对外合作与交流中心、自治区生态环境厅主办,中国环境保护产业协会、中国-东盟博览会秘书处联合主办,广西环保产业投资集团承办的"2022年中国-东盟国际环保展"在南宁开幕。

三、机电

五象汽车生活广场由广西壮族自治区大型国有企业广西现代物流集团直属的广西桂物机电集团出资打造,是广西壮族自治区服务业重点项目,地处中国(广西)自由贸易试验区南宁片区核心区域,占地15.46万平方米,建筑面积20万平方米,是广西最大的一站式汽车文旅生活综合体。五象汽车生活广场自2020年12月开业以来,始终不忘国企使命,以引领全新汽车生活文化潮流为目标,以打造诚信市场标杆、文明服务标杆为切入点,全面展现新发展理念、新生活方式、新文化潮流、新文明风尚,成为践行社会主义核心价值观的重要窗口。

2021年10月,为期三天的2021年广西汽车旅游大会于10月26日在北海落幕,大会设置了五大主题活动和八大配套活动,推广和普及全新的汽车旅游生活方式。广西现代物流集团在活动中彰显国企担当,以"汽车+文旅"的模式推动文旅事业蓬勃发展。

2022年2月,汽车拖拉机研究所有限公司与广西汽车集团合作共建的"广西新能源商用车成果转化中试研究基地"揭牌仪式在广西汽车集团技术中心试验科举行。该基地是自治区科技厅认定的首批自治区级科技成果转化中试研究基地之一,是汽车拖拉机研究所有限公司认真贯彻落实集团公司职代会重点工作部署,是推动新业态新模式业务转型发展的重要成果。

2022年9月,由玉洞街道基层党建办公室和玉洞街道综合治理中心主办、五象汽车生活广场承办的"汽车公益服务进社区活动"在亮岭社区水电小区拉开序幕。此次活动从9月2日持续至10月20日。活动期间,五象汽车生活广场携手东风日产、广汽丰田、比亚迪、吉利、哈弗、长安欧尚等汽车品牌商户以及930二手车猎人诚信联盟团体在小区内设立服务站点,结合专业知识,为广大居民免费提供车辆安全检查、销售、售后、车辆检测、二手车检测与评估等服务,将汽车公益服务送到家门口,满足玉洞街道居民的用车养车需求。

2022年11月,广西(国际)汽车文化生活节启动仪式在五象汽车生活广场举行,活动成果丰硕、影响广泛。整个活动持续百天,直接带动汽车销售及相关行业消费,推动社会消费稳定增长,为广西稳住经济大盘做出了贡献。

四、国企担当

2004年10月,广西物资集团总公司和机电总公司协办了"2004年南宁国际民歌艺术节"。

2020年4月,广西壮族自治区人民政府批复同意设立广西物流职业技术学院,明确由自治区人民政府举办、广西物资集团建设和管理。广西物资集团是广西唯一办有大学的国有企业,充分彰显了国有企业的责任担当。2021年11月,广西壮族自治区国资委党委书记、主任李杰云到广西物流职业技术学院调研,强调继续发挥国企办学优势,持续发力,创新人才培养模式,打造专业品牌,为全区产业发展培养高层次技术技能型人才。

2021年是国企改革三年行动的攻坚之年、关键之年。12月,自治区党委统战部、自治区国资委党委主办,广西现代物流集团承办,广西北部湾投资集团、北部湾国际港务集团协办的"'同心向党 奋斗有我'——广西国有企业中共党员与党外知识分子代表对话"活动在广西现代物流集团民族团结进步之家开展,共同为国企改革三年行动建言献策。2021年度,国有资本布局结构得到进一步优化,混合所有制改革得到进一步深化。严控了非主业投资,区直企业主业计划投资比重达97.88%;清理退出了176户非主营业务和低效无效资产。有序实施企业重组整合,组建了现代物流集团,支持了农垦集团打造现代一流食品产业,柳钢集团完成重组广西铁合金公司等。

2022年4月,广西现代物流集团围绕"企业、部门、岗位"三项权责清单,厘清权力边界、责任边界,并对照清单开展廉洁风险大排查,防范化解企业内部以权谋私、滥用职权、失职渎职、关联交易、违规招投标等风险问题,推动清廉国企建设。2022年以来,该企业各级纪检机构共开展廉洁风险排查76次,查摆问题549个,列出整改措施826条,通报典型案例17个。

2022年上半年,广西国资国企系统深挖企业内生动力,激发市场主体活力,提升主体效能支撑,稳产保供促发展,营业收入、上缴税费、工业产销量、固定资产投资等指标保持平稳增长,为实现上半年目标夯实了基础。数据显示,2022年前4个月,全区136户国有企业累计实现营业收入2832.04亿元,同比增长2.32%,其中广投集团、北港集团、北投集团、交投集团和现代物流集团5户企业营业收入超100亿元,增长较快。此外,广西国资国企深入实施创新驱动发展战略,推动科技创新这个"关键变量"转化为高质量发展的"最大增量"。广西国资国企系统32项科技成果在近期公布的2021年度广西科学技术奖榜上有名,其中技术发明奖9项、科学技术进步奖21项、企业科技创新奖2项。玉柴集团创新天然气发动机控制系统,媲美进口控制器,解决了"卡脖子"问题。广投集团旗下南南铝加工自主研发的新能源汽车母线导体主要用于新能源汽车电池包导电系统、超级充电桩、蓄能盒等系统,质量轻、成本低,各项技术指标达到世界一流水平。大力发展数字经济是推进经济高质量发展的关键之举。2022年7月,广西壮族自治区国资委出台方案,突出"一企一策",加快推进区直国企数字化转型升级,推动数字国企建设;以现代物流集团为主体,聚焦"智慧物流",形成建设广西及中国-东盟国际物流资源要素整合平台和跨区域(跨境)供应链生态服务体系。广西壮族自治区国资委还明确了多项数字化转型任务,推动区直国企加强数字化基础设施建设,积极培育数字产业化平台,打造数字化产业生态,提升数字化基础自主可控能力;要求加快推进一批重点转型项目,建立企业数字化转型项目库,建立项目推进工作机制,打造行业领先的数字化转型标杆。

2022年8月,自治区国资国企乡村振兴研学中心在广西物流职业技术学院揭牌成立。

2022年9月,集团公司和桂物民爆分别收到永福县永安乡人民政府的感谢信及永福公路养护中心的感谢信和锦旗,为集团公司和桂物爆破在险情突发的危急时刻,积极践行社会责任,彰显国企担当本色点赞。

改革开放40多年来,国务院对中央企业进行了大力改革,通过资源整合、调整布局结构、兼并重组等方式,完成公益性国企与竞争性国企的央企整体战略性定位与布局,并初步形成了完善的公司治理结构和产业竞争力。地市级国企对于地区经济的发展、公共产品供给、地区稳定等具有重要意义。但遗憾的是,既有研究焦点往往集中于央企或省企,而对地市级国企没有给予充分的关注。

第十七节　助力支柱产业发展中的广西物流业

　　支柱产业是指在一定时期内,构成一个国家或地区产业体系的主体产业,具有技术密度高、产业关联度强、发展规模大、市场前景广阔、经济效益好、对整个国民经济起着支撑作用、可以辐射和拉动周边相关产业发展等特点。1950年到改革开放之前,广西一直未能明确自身支柱产业。20世纪80年代初,广西从本地资源优势出发,提出"巩固一个基础(粮食),抓紧两大支柱(蔗糖和水电),发挥八大优势(蔗糖、水电、有色金属、建筑材料、土特产品、林业、外贸和利用外资、旅游)"的经济建设方针,广西重点发展的支柱产业初具雏形。1984年10月,中共中央书记处做出"从实际出发,通过调查研究,认真总结经验,弄清楚广西经济上的特点,扬长避短,发挥优势"的指示精神。广西进一步调整产业结构,确立蔗糖、水电、有色金属为优先发展的重点产业。继而在20世纪90年代,提出集中力量,振兴蔗糖加工业、有色金属业、汽车和机械制造业、建材工业等支柱产业,并多方面筹集资金,增加对支柱产业的投入。汽车工业成为广西规模较大、发展集中度高、支柱作用比较明显的第一大工业行业;有色金属工业建成年产氧化铝30万吨、电解铝10万吨的苹果铝一期工程,续建年产锌5万吨的来宾电冶炼厂二期工程;水泥的平均标号,在全国同行业中名列前茅。"九五"时期(1996—2000年),按照发挥优势和实现规模经济的要求,广西进一步确定蔗糖加工业、以铝和锡为主的优势金属业、汽车和机械制造业以及建材工业为自治区国民经济的支柱产业。到"十五"末期,制糖、钢铁、汽车、电力、有色、建材、石化等支柱产业和重点行业对规模以上工业增长的贡献率超过70%。广西现代物流集团在储运、机电、贸易营销、资源和投资等方面助力广西支柱产业的发展。

一、储运

随着经济全球化步伐的加快,物流业已成为衡量一国现代化水平和综合国力的重要标准。仓储业是物流的重要组成部分,物流系统的迅速发展要求完善的仓储作业水平为保障。我国传统的仓储业也称储运业,主要包括商业仓储业、物资仓储业、外贸仓储业、军队仓储业和近年新兴的乡镇仓储业五大系统。这五大系统都以仓储管理为主要业务,同时包括少量的汽车运输业务,其主要功能包括提供提货、送货、运输、托运代理等服务。目前广西大部分的物流仓储企业为传统仓储企业。以广西现代物流集团总公司下属的广西物资贸易储运有限公司、广西柳州物资储运贸易总公司、广西现代物流集团桂林储运公司、广西现代物流集团贵港储运公司等为代表的广西传统仓储企业,经历了计划经济、商品经济和社会主义市场经济三个发展阶段,这些仓储企业通过创办专业交易市场等方式进一步拓展了业务领域、增加了效益,同时企业也得到了一定的发展。

储运板块是广西现代物流集团的"根"和"魂"。自1996年成立以来,广西现代物流集团在自治区领导的关心和支持下,在历届班子和广大职工的努力下,储运板块业务在改革中创新,在创新中发展。仓储、货物吊装等业务在行业内产生了深远的影响力,加工配送、金融物流等业务比重不断提升,为推动广西现代物流集团实现大发展大繁荣做出了重要贡献。

桂物储运着力做强做优做大主营业务板块,在广西区内主要城市南宁、柳州、桂林、贵港布点物流园区,利用信息化管理平台,发挥交通便利、资源丰富、设施完善的优势,为客户提供仓储、装卸、监管、加工、物业等全方位物流服务。业务涵盖钢材、建材、煤炭、农资、日用、文化等多产业领域产品。南宁园区项目推进与招商工作两手同时抓,整体出租面积11250平方米,年实现租金收入168万元,实现了工程交付与招商的无缝对接;南宁园区开展监管业务,拓展了管道、润滑油的监管业务,实现营业收入145万元;同时在南大物流园、钦州港外租仓库开展钢材仓储物流业务,并依托公司平台开展了钢材、燃料油的贸易业务,实现收入1438万元。柳州园区面对大宗商品持续低迷的冲击,及时调整经营结构,将原有的11500平方米的钢材露天堆场建设成建材精品区,每年可创收200多万元。桂林园区紧紧围绕文创园项目,大力推进转移传统业态,加快转型升级,外租仓库2200平方米;贵港园区大力推进农资市场建设,打造西江农资交易中心,获得广西现代服务业集聚区、现代物流集聚区认定,自治区发改委补贴100万元,市级园区规划补贴20万,后期项目建设补贴200万。

2012年10月,广西物资集团公司党委书记、董事长张福利在总经理助理、资产财务部部长李正标,企发部副调研员李晓宁的陪同下到贵港储运公司进行工作考察。张福利董事长先后深入货场、仓库等地,详细了解了公司生产经营、技改项目等工作情况。在进行实地考察和听取有关情况汇报后,张福利董事长对继续做好业务拓展、改造升级项目等工作提出明确要求:一是抓住机遇,加强与贵港钢铁厂等企业的业务合作,积极拓展铁矿石、焦炭等加工业务和配送业务;二是加大投资,加快机电仓库等重大项目的改造升级力度;三是要合理分工,落实责任,提高精细化管理水平和工作效率。

2015年,广西物资集团公司成为全国(首批)流通G20＋联席会议创始成员单位,并荣获2015中国流通领域社会责任贡献奖。2016年12月,广西桂物储运集团有限公司正式揭牌成立,集团董事长、党委书记戴毅,总经理刘鑫共同为广西桂物储运集团有限公司揭牌。集团领导班子、机关各部室负责人、南宁片区兄弟单位和储运各公司共60多名代表共同见证桂物储运集团成立。桂物储运集团是广西物资集团新成立的二级集团子公司,整合了柳州储运、储运有限、桂林储运、贵港储运、桂储物流、江舟物流、物升科技和大溪河物流园区8家公司。拥有在岗位职工553人,总资产10.19亿元。2015年营业收入11.78亿元,利润2040万元。

桂林储运公司占地33万多平方米,从事仓储物流业已有50多年历史,是桂林市最大的物流公司。之后,随着城市化步伐的加快,位于桂林城南核心商圈中的桂林储运公司物流业务发展受到了越来越大的制约,迫切需要对现有业务进行转型升级、腾挪发展。为契合桂林文化旅游城市定位和工业西迁的趋势,从2015年开始,桂林储运公司实施了"两改一腾挪"战略,对业务进行战略性调整,盘活存量,做大增量,做好提质增效文章。在全区开展"解放思想、赶超跨越"大讨论,掀起新一轮思想大解放热潮。2017年2月,集团公司领导和储运类企业领导班子成员、主要业务部门负责人齐聚柳州,召开储运类企业转型升级工作会议,一同探寻转型升级、赶超跨越的新举措。张福利董事长在会上强调,储运类各企业要深入开展"解放思想、赶超跨越"大讨论活动,创新思路,明确目标,赶超跨越,着力解决制约发展的瓶颈问题,实现跨越的"弯道超车"和转型的"直线升级",实现从传统物流向现代物流转型升级,加速打造现代仓储物流的新模式。2016年7月,柳州储运公司获评自治区直属企业文明单位。2016年储运集团贵港园区与芭田公司全面达成业务整包合作协议,开启了承揽集中转、发运储存、配送等于一体的全方位服务新模式。芭田公司是贵港园区合作规模最大的客户,2018年该公司的化肥入园中转、发运货物量在17万吨左右,其中中转约占10万吨。业务整包后,芭田公司效率大幅提升,降低成本,年增收入达500万元,增幅近44%。桂物储运集团整合后优势明显,2017年前三季度呈井喷式增长趋势。营业收入实现38.62亿元,同比增长139.13%,在集团占比24.43%;实现利润2400万元,同比增长10.24%。

广西物资集团公司自2016年12月整合了8家物流企业,组建桂物储运集团以来,紧紧围绕"储运主业做精、供应链金融做强、物流配送做大、项目推进做优"的发展思路,形成园区物流、金融物流、配送加工、项目投资四大板块相互联动、相互促进、协同发展的格局。

2019年10月，桂林储运公司举行重大项目开竣工仪式。2010年以来，桂林储运公司积极推进企业管理创新，不断拓宽发展思路和发展模式，通过项目建设提高存量资产和业务的使用效率和经济效益，相继开展了包括新建行吊库、中转库开发和外租周边场地等大小12个项目，总投资1734万。其中，45%的项目采用BOT（建设－经营－移交）模式筹资约898万元，占总投资的52%。

现代物流是以传统的仓储、运输业务为基础，利用先进的理念和技术，对由此延伸的加工、配送、包装、信息服务等功能进行有效整合和提升。相较于国内发达省市，广西仓储业的发展还处在比较低的水平。在西部大开发的背景下，广西北部湾经济区发展规划已经把现代物流业作为重点发展的产业之一，物流园区、保税物流中心的相继兴建，对物流企业的服务水平要求会越来越高。仓储业作为现代物流业的重要组成部分，在经济发展中占有独特而重要的地位。

广西传统仓储企业具有向现代物流转化的现成资源条件。这些传统仓储企业中多数是国有仓储企业，具有资产庞大的先天优势，有些企业拥有铁路专线，有的企业还有符合特殊要求的库房，如：广西现代物流集团拥有仓储面积128万平方米，铁路专线6条，总长5589米等。加上近三十年来不断地对设备进行投资，使得仓储企业积累下来的庞大的设施设备，基本上经过改进就可在现代物流中加以运用，因此传统仓储企业向现代物流企业转化可节省在设施、设备上的大量投资。

作为西部唯一的沿海地区，广西北部湾经济区处于中国-东盟自由贸易区、泛北部湾经济合作区、大湄公河次区域、中越"两廊一圈"、泛珠三角经济区、西南六省（区、市）协作等多个区域合作交汇点，是中国与东盟合作的"桥头堡"。广西传统仓储企业面临市场变革和市场竞争的双重压力。传统仓储向现代物流转化是必然趋势。广西传统仓储企业要根据实际情况和市场客户需求，充分利用已有的企业优势和企业资源，加强与有关方面的合作与联系，尽快实现向现代物流企业的转化。总之，广西的仓储业正处于发展和完善阶段，要做到有效地为现代物流服务，为中外客户提供优质、高效、便捷、周到的服务，还任重道远，需要进行不懈的探索和实践。

二、机电

汽车产业是广西的重点支柱产业，近年来广西汽车产销数量迅猛提升，汽车产业的创新意识和研发实力不断提高，创新研发投入对推动汽车产业高质量发展发挥了重要的支撑作用。国家统计局数据显示，广西汽车产量2021年达到190.1万辆，位居全国第6，比上年增长8.9%，占同期全国规模以上工业企业汽车产量的比重为7.2%。[①]

---

① GDP排第19，总市值却为倒数第4，广西资本活力为何低于经济实力？[EB/OL]. (2023-02-25)[2023-05-12]. http://t.10jqka.com.cn/pid_271371854.shtml.

广西汽车产销数量实现迅猛提升,主要得益于微型新能源汽车的创新发展激发了汽车消费市场需求。"十三五"时期以来,广西围绕汽车产业技术创新和产业转型升级需求,积极推进汽车产业千亿元产业研发中心、工程技术研究中心、自治区级重点实验室、产业技术创新战略联盟等平台建设。截至2021年,广西已建设了汽车产业千亿元研发中心4个、汽车产业工程技术研究中心21个,成立了广西汽车零部件产业技术创新联盟1个、新型研发机构6个,建立了2个国家火炬产业基地或新型产业集群,组建了2家国家级或自治区级科技企业孵化器、1家自治区重点实验室、1家自治区实验室、1个汽车检测平台。

广西现代物流集团下属的机电集团有南宁机电、柳州机电、桂林机电、物港公司、旧车公司、象大公司、贵港机电、钦州农机、北海机电、百色农机等10个单位。长期以来,机电集团汽车综合业务坚持以打造自治区级公务、业务用车平台为目标,充分发挥国企政策、资金、规模三大优势,创新"公交车融资租赁""出租车公车公营"等模式,为客户量身定制采购方案,得到了客户的认可和信赖。

2012年2月10日,集团公司召开"机电类企业增收创效、消化潜亏"专题会议。集团公司董事长强调,2011年,机电系统实现整体扭亏殊为不易,各单位要认真总结控亏、减亏、扭亏工作经验,深入分析市场形势,破解生产经营存在的突出难题,解放思想,开拓创新,实现增收创效,努力消化历年潜亏,从而步入发展的快车道,重塑广西物资集团机电系统的新形象,为实现集团公司"百亿元"目标做出应有贡献。南宁、柳州、桂林、贵港、北海等5家机电公司负责人就2012年经营目标分解、工作措施和重点、资金需求,经营收入和利润增长点的开发,以及需要集团公司协调的问题等做了汇报发言。广西物资集团有关部室领导就机电类企业完成目标任务所面临的困难和存在的问题,在服务和保障方面提出了建议和意见。经过集团公司上下整整两年的艰辛努力,2011年,机电系统实现利润245.89万元,实现整体扭亏,从而一举终结了长达十余年长期亏损的历史。这一成绩也得到了广西壮族自治区国资委的高度肯定,广西壮族自治区国资委领导分别在2011年全区国有资产监督管理企业第三季度经济运行分析会和2012年全区国有资产监督管理工作会议上对此给予表扬。

2012年5月22日,国家发改委、财政部、广西发改委、广西财政厅领导和柳汽厂家财务部长一同到机电南宁公司对桂景专营店景逸1.5XL节能惠民补贴工作进行突击检查,检查组对景逸1.5XL车型销售的所有原始材料、广宣活动一一查看,并对随机抽样检查已享受补贴的10名客户进行电话录音回访。在本次突击检查中,机电南宁公司得到了上述检查领导的充分肯定,各级领导对桂景专营店在抓好经济效益工作的同时大力支持节能产品惠民工程工作,给予高度表扬和鼓励。

2012年7月,无锡玖城智慧市场3.0发布暨淘宝二手车全国市场签约大会在江苏省无锡市举行。广西物资集团所属广西桂物机电集团参加签约,与淘宝二手车达成战略合作。广西桂物机电集团正在全力推进转型升级,致力于通过线下实体车城连锁和线上紧密融合,形成了二手车线上线下销售、汽车金融服务、保险、延保、车辆送修、收车、拍卖的完整生态链。此次签约,淘宝二手车将为机电集团提供二手车O2O一体化交易服务平台服务,内容包括线上展示、交易和服务平台,线下商机管理、评估检测、交易服务和后服务平台,以及贯穿线上线下的一体化流程、标准、营销和客户承诺保障等。

2013年3月,贵港机电公司新汽车城开业运营。项目占地1万平方米,一期投资233.6万元,集汽车新车销售、二手车交易及服务等多功能服务于一体。据了解,作为贵港市唯一一家集新车、二手车和报废车一体的产业园,汽车城的开业运营将填补金泰汽车城交易市场的空白。

2020年2月,机电集团和贵港市港南区卫生健康局签订13台负压救护车采购合同,该批次救护车于2月7日内交付并立即投入使用,用于新冠疫情的防控工作。

2020年3月,机电集团向广西玉林福绵机场交付了一批价值2540万元的特种车辆、设备。这批特种车辆和设备包括电源车、牵引车、通信指挥车、救护车及6级机场保障设备和器材等。疫情期间,机电集团一手抓防疫,一手抓复工,积极保障特种车辆、设备及时到位,助力玉林福绵机场项目建设顺利推进,同时也为机电集团拓展机场特种车辆、设备业务打下了坚实的基础。

2020年10月,机电集团在五象汽车生活广场举行办公基地入驻揭牌仪式,机电集团正式告别白沙大道的临时办公点,入驻五象汽车生活广场。11月,北海机场站坪扩建工程车辆采购的特种车辆和设备如期到货,机电集团在北海机场举行首批25台特种车辆交付仪式。

2021年3月,机电集团交付机场集团首批10辆新能源车,助力打赢蓝天保卫战,推进绿色机场建设。

2021年6月,为了给高考学子和家长营造顺畅、舒适、安静的候考环境,机电集团发挥国企担当,聚焦广大考生和家长需求,结合"我为群众办实事"实践活动,在五象汽车生活广场设立"助考驿站",提供贴心、便利的服务,把党史学习教育成果转化为工作实效。

2021年11月,广西桂物机电集团纪委实施精准监督护航"2021年广西汽车旅游大会"成功举办。

2021年12月,机电集团与广西物流职业技术学院校企合作揭牌仪式在五象汽车生活广场举行。双方将通过开展多层次、多形式、多领域校企合作,实现资源有机结合和优化配置,在人才培养、科学研究、实习实训及创新创业等方面共同发力,共同为广西经济社会发展做贡献。12月16日,由机电集团交付的30台国企新能源纯电动公交车在防城港市发车,按规划路线分赴各个站点,标志着防城港市正式步入新能源纯电动公交运营新时代,开启防城港市民绿色出行的新篇章。

2022年10月,灵山县人民法院将2辆劳斯莱斯牌小型汽车上线阿里拍卖网络公开拍卖,这是机电集团下属物拍公司与钦州市中级人民法院签约,与辖区法院开展网络司法拍卖辅助服务工作后的首次挂网竞拍。12月,由机电集团交付的首批崇左城建纯电动公交车正式发车,将实现高铁站、商圈、高校、新老城区的互联互通,满足群众更便捷地到达崇左南站搭乘动车的需求,助力2022年广西文化旅游发展大会的召开和南凭高铁南崇段的开通。

广西汽车制造业的创新意识和研发实力不断提高,"十三五"规划实施以来,其研发经费投入均位居行业榜首,研发经费投入强度突破2%,汽车领域首家国家级科技企业孵化器、首家自治区实验室等高端创新平台相继落地建设,研发费用奖补政策拉动新增研发费用的效果持续显现,为打造系列燃油车和新能源汽车品牌奠定了坚实的技术基础。但从数据分析不难看出,广西汽车产业仍面临原始创新能力不足、本地零部件性能难以达到技术要求、研发投入对提高产品附加值效果尚未显现等突出问题,需要优化产业创新资源配置,重点支持关键核心技术和零部件科研攻关,推进产业链创新链"两链"融合,加大人才引育力度等。

三、贸易营销

2022年1月1日,全球最大自由贸易区正式启航。广西国际博览集团积极推动中国-东盟经济贸易中心和RCEP企业服务中心的运营,目前已形成"一站式"国际化投资贸易服务平台,初步具备面向东盟的贸易、投资、法律、物流、金融等综合服务功能;已有12个国家共41家机构达成入驻意向;为200多家企业走向东盟国家提供融资和国际贸易服务。广西现代物流集团下属广西物产国际贸易有限公司正式开启印尼煤进口业务,完成重5.5万吨、贸易金额达5000万元的2022年"首单进口贸易业务",刷新集团公司历史最高单笔贸易额纪录。目前广西物产国际贸易有限公司正充分利用广西连接东盟的区位优势,聚焦区内优势产品铝材,东南亚生鲜冷链水果以及青头虾仁、巴沙鱼等国内市场需求增长强劲水产品,精心布局谋划,积极与泰国、菲律宾、越南等RCEP成员国建立业务合作关系。

2022年3月,一艘满载5000吨玉米的货船从辽宁省营口市鲅鱼圈港口开出,驶往钦州港。这是继2021年底完成进口泰国椰青顺利通关并成功运往广东、上海等东部沿海地区后,广西供应链服务集团打造"贸易+物流"高效联动服务模式的新成果,愈发凸显了业务集聚态势。

2022年5月,广西现代物流集团下属广西供应链服务集团与南方有色集团下属广西南国铜业在南宁签署战略合作框架协议,在货物贸易、物流运输、供应链金融服务等方面建立全面战略合作伙伴关系。这标志着广西现代物流集团在开展进口贸易业务上迈出了重要的一步。

2022年8月,2022年中国国际服务贸易交易会(以下简称服贸会)在北京开幕。作为广西壮族自治区人民政府唯一明确打造的"广西大宗商品供应链管理服务平台",广西供应链服务集团于9月1日上午亮相服贸会,参加广西服务贸易项目招商专题推介。

2022年9月,自治区"稳外贸扩开放攻坚战"指挥部办公室召开部分设区市进口回流工作座谈会。北海、钦州、玉林、百色、贺州、崇左等6市,广西华友新材料科技公司等17家有进口业务需求的相关企业参加会议。广西现代物流集团、广西供应链服务集团作为承接进口业务企业参加座谈,并与各市、需求方企业进行对接交流。

2022年11月,"中国(广西)自由贸易区试验区暨西部陆海新通道专题推介会"在上海举办。广西供应链服务集团作为广西重要的供应链大宗商品管理服务平台,与上海理业投资控股有限公司在推介会上成功签约,同时牵手中铜矿业资源有限公司、中伟新材料股份有限公司在煤炭、铜矿国际贸易等方面达成合作,三家公司进口贸易合作总额达115亿元。

四、资源及投资

近年来,广西物产投资发展集团通过并购、整合、新设等方式拓展业务版图,发展规模不断壮大,全力推进"两个转型"和"一一三四"发展战略,抢抓机遇,深耕主业,同时在企业文化建设、党建品牌、廉政建设及人才队伍建设等方面不断加大投入,加快转型升级步伐,促进企业实现高质量发展,开启物流行业发展新征程。

2012年9月,集团公司董事长、广西物流与采购联合会会长张福利在第三届中国-东盟物流合作论坛上发表主题演讲,倡议广西充分利用中国-东盟陆路通道优势,整合资源,构建大型物流产业集团。张福利董事长对中国-东盟陆路通道的发展进程、物流服务现状进行了分析,并以北部湾国际港务集团为例,阐述了中国-东盟海运通道资源整合的显著成果,指出了中国-东盟陆路通道物流服务存在服务水平低、资源利用率低、经营主体弱、无法提供覆盖供应链的全程服务等主要问题。张董事长提出了相关对策,倡议广西充分利用中国-东盟陆路通道优势,整合陆路通道物流服务型园区、跨境口岸服务、保税服务、配送服务、仓储服务、加工服务和信息服务等资源,构建广西覆盖供应链全程服务的大型物流产业集团,这是推进中国-东盟陆路通道物流服务水平、提升中越通道经贸发展的有力抓手。张福利董事长同时提出了构建大型物流产业集团的操作办法。第一,在整合模式方面,以依托陆路通道为主,提供覆盖供应链全程服务的主要要素为整合资源;以现有的跨境园区、通道沿线园区、客货运输企业、第三方物流企业、物流加工型企业、信息服务型企业、商贸物流企业等为整合对象;以国有企业为主体,以民营企业为辅助。第二,在主要业务发展方向方面,结合陆路通道物流需求构建的物流产业集团,应以多元化发展为指导,以口岸经济、通道经济、商贸物流、综合物流、物流地产、物流信息化产业等六大板块为主要业务发展方向,实现资源的最大化和最有效发展。第三,在整合的主要内容方面,首先进行资源整合,包括有形资产如固定资产、货币、存货、设备设施、应收应付账款等和无形资产如专利、商标、客户关系等,通过收购、兼并、重组、参股、控股、转让、租赁等方式合理流动、优化配置;其次进行组织结构整合,即在政企分开的基础上,对企业的组织架构重新规划,合理划分职能部门和管理层次,明确职责权利,从公司形式、会计制度、人力资源等方面构建现代企业管理制度;再次进行市场整合,即在口岸服务、仓储服务、价格服务、运输服务、配送服务和信息服务等领域进行内部整合,使这一系列供应链上的服务形成合力,达到效率和效益的最大化;最后进行信息整合,即通过信息整合实现物流、信息流和资金流的融合,实现供应链全程的信息覆盖,形成自身的核心竞争优势。①

2019年1月,广西物产投资发展集团荣获"中国AAAAA级物流企业"称号。

2019年6月,广西物产投资发展集团有限公司揭牌,物产集团由此从传统仓储物流转型为综合性现代化物流产业企业,承载打造广西最具影响力的供应链运营商的新的历史使命。

2020年4月,广西物资集团召开2020年项目投资建设推进会。集团领导刘鑫提出了几点要求。一是从国有企业的责任和使命出发,确立正确的投资理念和机制;严格遵循"四个不投、一个从严"原则,兼顾投资的社会效益和经济效益,注重实现资源互补;创新投资思路,拓宽投资渠道;确保投资程序规范,严格遵守法律法规;发挥各投资主体的积极性和创造性;实施人才兴企战略,加强对人力资源的投资,提高项目管理人员的业务水平。二是在项目前期调研阶段,深入项目研究,强化投资决策,扎实基础工作;深入开展项目可行性研究,建立科学的投资决策机制。三是在项目建设实施阶段,建立日常监督机制,规范投资项目实施;在实施过程中及时汇报进展情况,加强对设计概算的审查,严格建设项目程序;开展项目投资跟踪审计,将审计贯穿于可行性研究、立项、初设、施工、竣工决算、验收的投资全过程。四是在项目投后管理阶段,深耕项目后评价,增强投资软实力;加强跟踪了解,防范和化解经营风险;做好项目后评价。②

2020年11月,中国物流与采购网公示了全国物流行业先进集体劳动模范和先进工作者名单,广西物资集团所属的广西物产投资发展集团荣获"全国物流行业先进集体"称号,成为广西唯一一家获此殊荣的企业。

2021年2月,广西现代物流集团正式挂牌成立,将构建"全区物流一张网",打造广西壮族自治区及中国-东盟国际物流资源要素整合平台。

2021年12月,广西桂物循环产业集团揭牌仪式暨集中签约仪式在南宁举行。这标志着全国第一个省级循环产业平台诞生,广西在加快建设资源循环型产业体

---

① 黄信.张福利:整合资源构建广西大型物流产业集团[EB/OL].(2012-09-27)[2023-04-17]. https://v.gxnews.com.cn/a/6142978.

② 广西物资集团.广西物资集团召开2020年项目投资建设推进会,全面部署"项目攻坚年"工作[EB/OL].(2020-04-03)[2023-05-22]. https://www.gxwuzi.com/news/detail?id=730230072954732544.

系、推动绿色发展上迈出新步伐。组建成立广西桂物循环产业集团,是广西国资委、广西现代物流集团落实广西壮族自治区第十二次党代会精神,加快培育广西循环经济、构建资源循环产业体系的生动探索。广西桂物循环产业集团由广西现代物流集团整合内部再生资源利用业务板块组建成立,经营范围覆盖废弃电器电子产品回收拆解、报废机动车回收拆解、退役动力电池回收及梯次利用、医疗废物处置、危险废物经营等。通过构建"1+14+n+X"固体废物回收处置工程体系,建设1个自治区级的固体废物信息平台——"邕易收",在广西14个设区市构建固体废物回收利用网络体系,回收"n"种固体废物品类,延伸产业链条孵化出 X 个项目落地,建立广西固体废物统一回收、分拣打包、终端处置一体化循环利用体系,引领广西再生资源产业做大做强。揭牌成立后,广西桂物循环产业集团将在传承已有业务的基础上,深度融入广西循环产业体系,加快推动广西经济社会发展全面绿色转型,为广西生态文明强区建设和经济社会高质量发展做出应有的贡献。广西桂物循环产业集团与锂电池利用、回收体系、光伏储能、技术支撑等相关的企业、循环产业园、金融机构共32家单位签订了战略合作协议。

2021年7月,广西现代物流集团、贵港城投集团、中冶天工集团、中国一冶集团、中冶集团武汉勘察研究院五方在贵港市签署贵港生态科技产业园项目合作框架协议。

2021年10月,继"钦州模式""上思模式"后,广西现代物流集团公司环保板块又迎来一个水务一体化项目。环投水务集团与西林县人民政府签订西林县城镇供排水一体化项目合作框架协议,再次以实际行动落实集团公司"十四五"规划部署。

2022年6月,广西现代物流集团有限公司2022年第一期面向专业投资者,成功发行非公开发行公司债券5亿元,期限三年。

2022年上半年,经济活跃度下降,集团公司密切跟进政策变化及市场走势,根据资金统筹情况提前规划,积极与投资人、证券公司深入沟通,牢牢把握债券发行的窗口期时机,顺利完成本期债券发行工作。本次债券发行得到了桂林银行、申港证券的大力支持,从额度申报到发行历时仅2个多月,充分体现了现代物流速度。

2022年9月,由自治区人民政府主办的中国-东盟预制菜产业博览会在广西南宁举行。广西供应链服务集团在会上与广西全州县人民政府签订"桂北冷链物流分拨中心"项目投资协议。公司副总经理李兆斌代表公司签约。

习近平总书记一直高度重视国资国企工作,早在浙江工作期间,就把推动以公有制为主体的多种所有制经济共同发展纳入"八八战略",并分别在2004年、2007年主持召开的省属企业座谈会上,发表重要讲话,强调加大国企改革力度,进一步做大做强做优省属国有企业、搞好国有企业,增强国有经济的控制力、影响力、带动力。党的十八大以来,习近平总书记站在党和国家发展全局的战略高度,对国企改革发展发表系列重要讲话,做出系列重要指示批示,深刻回答了新的历史条件下办什么样的国企、怎样办好国企以及国有企业要不要加强党的建设、怎样加强党的建设等一系列重大理论和实践问题,为做好国资国企工作提供了根本遵循。①

当前,世界正经历百年未有之大变局,经济发展面临多年未见的需求收缩、供给冲击、预期转弱三重压力,市场主体面临的大环境仍然非常复杂,做好国资国企工作,必须心怀"国之大者",围绕高质量发展、竞争力提升、现代化先行和共同富裕示范的战略取向,推进国资国企系统性、变革性、整体性重塑,大力提升国企竞争力、创新力、控制力、影响力、抗风险能力和塑造变革的能力。具体要实现"三个重塑":一是功能重塑,推动国企的国民经济基础性支撑保障功能向全方位高水平服务现代化建设和共同富裕的功能跃升;二是优势重塑,推动国企的体量规模优势、党建政治优势转化为企业经营优势、市场竞争优势;三是体制机制重塑,以数字化改革牵引撬动国资监管体制、运营机制和国有企业系统性变革。

新阶段国资国企发展,要始终坚持以习近平新时代中国特色社会主义思想为指导,坚持党对国有企业的全面领导,坚持稳中求进工作总基调,完整、准确、全面贯彻新发展理念,构建新发展格局。总体来说,要在七个方面展现更大作为。一是在服务全局上展现更大作为。国企要顾大局、办大事、算大账。二是在深化改革上展现更大作为。国企要调整完善国资监管权力和责任清单,提升国资监管机构统筹能力,深化国有资本授权经营体制改革,努力实现从管企业向管资本的根本性转变。三是在龙头带动上展现更大作为。四是在"双碳"落实上展现更大作为。国企要深入贯彻新发展理念,"双碳"是重大变量,也是很大的市场,国资国企要探索探路、引领转型。五是在共同富裕道路上展现更大作为。实现共同富裕是宏大战略,是重大政治责任、重大经济战略和深刻社会变革,是人的全面发展和社会进步的重大方向。国企的特殊性质和功能定位,决定了它在实现共同富裕中具有不可替代的作用。六是在数字变革上展现更大作为。国企数字化改革是全省数字化改革纵深推进的重点领域,必须系统谋划、加快发力、融入大局,从现代企业治理、企业发展、风险防控等最现实、最紧迫、最重要的问题入手。七是全面加强国企党的建设。坚持党对国企的领导是重大政治原则,充分发挥国企党组织把方向、管大局、促落实的作用,以高质量党建引领、保障国企高质量发展。

---

① 李政.国有企业改革取得新突破[EB/OL].(2020-06-01)[2023-05-23]. https://m.gmw.cn/baijia/2022-06/10/35800357.html.

第十八节 新兴产业发展中的广西物流业

《广西物流业发展"十四五"规划》指出,广西要立足自身优势,通过嵌入供应链产供销各环节、产业链上下游全链条,推动物流业与制造业深度融合发展,加快构建广西现代产业体系,提升产业链、供应链现代化水平;围绕新一代信息技术、新能源汽车、高端装备制造、生物医药、新材料等新兴制造业,加快建设一批具备干支运输、仓储管理、即时配送、国际物流、供应链管理等功能的生产服务型物流枢纽,推动物流业与优势制造业在标准、平台、作业衔接环节上的融合;鼓励企业拓展供应链增值服务,整合上下游物流资源,提供全产业链资源整合以及定制化、专业化服务,强化现代物流的生产组织与资源优化配置功能;加快推进物流园产业园一体化,培育新一代信息技术、新能源汽车、高端装备制造、生物医药等产业的专业化物流服务能力;重点支持一批生产性物流服务企业与制造企业深度合作,为制造企业提供全球采购、库存管理、入厂物流、调运配送、应急储备、逆向物流等一体化供应链服务。

一、新一代信息技术与物流业融合发展

新一代信息技术在物流领域得到广泛应用,物流运作方式创新发展,带动成本优势转化、效率提高和结构调整,智慧物流在提升物流效率与服务效能、降低物流成本等方面发挥的作用进一步提高。在这一过程中,ICT(信息与通信技术)企业成为推动融合发展的主导力量。一方面,随着互联网、物联网、工业互联网、大数据、云计算、人工智能、区块链等信息技术的不断成熟,市场孕育了一批港口集装箱

智慧化运输、车载智能称重、物流企业数字化转型服务、第三方物流协同、快消领域共仓配货等物流细分领域的"专精特新小巨人",它们将信息技术组合叠加应用,整体提升了物流产业的智能化、网络化、数字化水平,对物流业发展的带动作用更加明显。另一方面,大型 ICT 企业借助技术、市场、资金等优势加快"入局"智慧物流,在部分细分市场领域强势突起。它们围绕仓储、运输、配送、供应链管理等物流关键环节,开展物流场景数字化、物流数据交互化、运作环节互联化、管理决策智能化等功能的搭建应用,满帮、货拉拉等带有互联网基因的新型物流企业不断涌现,并发展为行业的"独角兽"。

新一代信息技术有助于推动物流业向纵深方向发展,不断推动物流新业态、新模式的发展,使物流业迎来转型升级新动能的好时机。未来十年,广西物流行业将广泛开展以自动化、无人化和智能化为主要特征的智慧物流应用实践,产业新业态初步形成,主要表现为以下几点。一是自动化成为行业标配。智慧物流早期更多以电商领域为发力点,后逐步将业务拓展到制造领域。传统制造企业、物流企业围绕设备自动化、信息网络化、管理智能化等开展数字化改造,加快应用物流机器人、智能仓储、自动分拣等新型物流技术,推动业务数字化转型,实现了生产与物流管理的系统化、一体化、透明化和智能化,形成了从产线到仓库、覆盖全厂的物流自动化搬运能力,在提升物流效率、降低用工成本的同时,提高了物流系统的柔性。二是无人化趋势特征明显。2020年以来,广西以无人化为代表的物流服务新模式大规模试水,应用智能快递柜、无人配送车、无人机配送的"无接触配送""无人配送"场景落地成效显著,逐步由研发测试转向大规模商用。三是智能化成为发展新方向。智能物流作为智慧物流实现的基础和重要的组成部分,在技术层面保障了智慧物流的发展与升级,助力行业由自动化、无人化,向数据化、智能化发展。

二、新能源汽车在物流产业的应用

广西经济正处于蓬勃发展的重要时期,为了实现经济的高质量、可持续发展,必须降低石化能源的大量消耗,保护好广西的生态环境,促进广西进入绿色经济的新时代,助力国家"双碳"目标的实现。

中国与美国、日本等发达国家相比,新能源汽车产业发展起步较晚,但因为我国拥有庞大的市场、强有力的政府支撑以及一定的技术积累,新能源汽车产业发展的速度相当惊人。随着中国电商崛起和新零售业的发展,我国的物流行业迅速崛起,其中快递、城市配送、冷链等领域更是高速发展,市内短途运输的需求大大增加。由于各地市主导绿色物流,且燃油车的运营成本较高,因此顺丰、申通、京东等众多物流企业均购置零排放、节能环保的新能源物流车替换重污染、高成本的燃油车。对于大型物流企业来说,购置新能源物流车属于能力范围内的事情,也能大力拉动新能源汽车产业的发展。

近些年,在政府的大力支持下,相关部门出台了众多与新能源物流车相关的政策,推动了新能源物流车的大范围投产。同时,电商、物流企业对新能源物流车的需求拉动了新能源汽车在物流行业的应用。与此同时,由于购置成本高、充电难、售后维修繁杂等,一些物流企业对于自购新能源物流车望而却步,地上铁、八匹马、传化慧联等一批新能源物流车租赁企业迅速崛起。新能源物流车租赁企业大大降低了中小型物流企业使用新能源汽车的成本,进一步带动了新能源物流车产业的发展,也进一步加强了新能源汽车在物流企业中的使用程度。

目前,大数据信息技术和5G通信技术的不断发展,物流产业大数据化、智慧化技术的运用,推动了智慧物流的发展。同时在国家政策的指导作用下,越来越多的制造企业、高科技企业入局新能源汽车产业,为新能源汽车发展提供了动力。新能源汽车物流产业的快速发展,也将引导我国物流运输进入发展新方向,助力广西国民经济进入绿色发展新模式。

三、物流业与高端装备制造业的联动发展

近年来,广西的物流业和装备制造业各自实现了迅速发展,而两者间的联动发展相对滞后。一方面,广西物流业总体上尚处于商品集散的低端起步阶段,能够通过网络化、信息化、电子商务等现代管理手段,为装备制造企业提供专业化的原料及零部件的咨询、检测、推荐、采购、仓储、配送、技术服务的一站式外包服务基本还是空白点;另一方面,装备制造企业,特别是大中型企业苦于运营成本高、利润率低,迫切希望将采购、仓储等非主导业务分离,减少资金占用,降低运营成本,促进零部件的升级换代。因此发展专业化的服务于装备制造企业的高端物流业具有重大意义,是加快提升广西装备制造业基地层次和竞争力的必经之路。

物流外包是装备制造企业将非核心生产环节外置化、独立化和专业化的重要手段之一。高端物流外包业能够适应装备制造企业规模不断扩大、竞争加剧以及专业化分工、主辅业分离的需求,为装备制造业提供优质、个性化的服务,满足企业发展多层次、全方位的需求。实践证明,在企业资源有限的情况下,将部分非核心业务外包给专业性更强的第三方物流企业,能够得到更加专业化的服务,从而降低成本,也能使企业更加专注于核心业务的发展。同时,物流外包可以提高企业的柔性运作,更好地控制其经营活动,在经营和物流中找到平衡点,扩大企业的应变空间,极大地提高企业的运作效率。高端物流业的完善服务有利于促使制造企业将原料、部件采购、仓储、商品集散等非主导业务分离,减少资金占用,降低运营成本。

物流企业对装备制造原料、部件的大宗采购,可以保证为企业提供更低的价格;高端物流企业的专业化和大企业的信誉,可以杜绝零部件采购的假冒伪劣问题;物流企业提供的整体采购方案、网上视频采购、配送到车间等服务,可以为企业节省外出采购、车间取料等成本支出,有利于消除采购人员"吃回扣"等问题,促进

零部件的升级换代。

服务于装备制造业的高端物流业目前处于发展的关键时期。装备制造企业正由原来的分散布局走向集聚式发展,这为高端物流业发展创造了更广阔的市场需求和发展空间。产业集聚带来物流量的集聚和成本的节约。在一个集聚区内,物流企业可以建设集中的服务设施(如仓库),为企业提供快捷、高效的配送服务,降低企业运作成本。生产性物流服务企业与制造企业的深度合作,可以为制造企业提供全球采购、库存管理、入厂物流、调运配送、应急储备、逆向物流等一体化供应链服务。

四、发挥优势做大生物医药物流产业

现代生物工程技术具有非常大的市场开发潜力,将成为未来全球经济技术重要的领军产业之一,拥有巨大的市场发展空间,而服务于这一领域的生物医药物流产业,目前还是一个新兴产业。抓住生物医药物流产业的发展机遇,不仅可以有效扩大本地区的就业,提高从业人员收入,还可以吸引更多的外来投资,增加贸易交往,形成新的产业链。因此,《广西地区物流业发展"十四五"规划》指出,要充分发挥生物医药的产业优势。这也是广西地区一个新的经济增长点,可以为广西地区经济增长提供推动力。

广西要充分发挥重要交通枢纽的优势,发挥其沿江、沿河和沿边的区位优势,加快建立广西的现代生物医药物流基地。广西各物流业应充分利用自身网络优势和现代信息技术手段,大力发展电子商务,迅速建设成为销售网络覆盖全国、国际影响力大的一流现代中药商业流通中心。广西要加快生物医药专业市场建设,加快构建营销网络覆盖全国、配送网络覆盖全区及周边省份、零售网点遍布全区城乡农村的生物医药销售"大网络",引导和支持商业企业根据市场分工和自身优势、特色发展,鼓励批发企业实行代理配送制,零售企业实行跨地域连锁经营制,培育一批竞争力强、发展独具特色的大型生物医药批发和零售连锁企业。通过打造生物医药物流"大基地"、营销"大网络",加速推动生物医药物流产业又好又快发展。

国家构建新发展格局为广西物流业发展带来新契机。东盟国家成为我国第一大贸易伙伴,《区域全面经济伙伴关系协定》(RCEP)生效实施,使广西在中国-东盟国际合作、高质量共建"一带一路"中的作用更加凸显。广西要充分发挥与东盟国家陆海相连的优势,加强与东盟国家的经贸合作,加快推动生物医药走出国门;扩大国际合作交流,支持生物医药开展国际认证,加快生物医药走进国际生物医药主流市场,加快生物医药走向世界的步伐。

五、深耕环保，绿色物流业新发展

2019年5月30日是一个值得广西物流人骄傲和铭记的日子，是广西环保领域聚焦关注的日子，广西环保产业投资集团有限公司在自治区人民政府支持、国资委见证和社会各界关注下隆重揭牌，从此，在国家打好"蓝天、碧水、净土"三大保卫战的国资队中又多了一家省级环保平台，它是八桂大地的环保事业的引领者，开启了环保事业的征程，可谓"扬帆起航正当时"。广西环保产业投资集团致力于发展成为国内领先、辐射东盟的八桂生态环保产业的一张亮丽名片。

广西环保产业投资集团作为广西壮族自治区人民政府批准成立的环保产业平台公司，从组建运营的第一天就承载着自治区党委、政府的政治使命，是广西环保产业的引领者，因此，一定要提高政治站位，用战略眼光、全局视野，牢牢把握作为自治区生态环保产业平台公司的功能定位，主动承担自治区党委、政府在环境保护和生态建设领域的服务及管理职能，引领全区生态环保产业快速发展。同时，广西环保产业投资集团既要做市场的竞争者，更要做全区环保行业资源要素的整合者，做实做大平台业务，以国企的信用引导更多社会资源投入广西的生态环保事业，建设好广西生态环保产业生态圈。

作为平台公司，广西环保产业投资集团要从以下几方面入手。

一是做要素的整合者。发挥平台优势，整合区内外生态环保资源要素，布局项目投资，将行业和市场上的各种环保资源聚集到相应的平台，不求所有、但求所用，以国企的信用引导更多社会资本、资源投入广西的生态环保事业。

二是做行业发展的引领者。在自身做大做强的同时，发挥行业领导企业的作用和社会影响力，在行业标准制定、争取行业政策等方面有所作为，积极营造健康有序的环保行业生态圈，带动广西环保产业高质量发展。

三是在水环境产业、再生资源产业、环境修复产业注重多领域协同发展，成为生态环境的综合服务商。以乡镇污水治理为突破口，积极整合自治区乡镇污水处理设施存量资产，以投资并购、战略合作等方式入专业化运营体系，解决各级政府的痛点、难点问题。

四是开展环境修复产业。作为污染防治攻坚战三大战役之一，"土十条"将带动万亿土壤修复市场。未来，广西环保产业投资集团将以土地整理、农田改良、土壤修复、山修复、重金属污染治理等为主要业务。在土地整理方面，通过对区内土地进行开发整理、复垦、增减挂、占补平衡等，形成储备土地指标，通力建立区域性的统一的土地指标交易中心，将本级储备的补充耕地指标、所增耕地节余指标、增减挂钩节余指标等进行跨区域公开竞价交易使用。

五是开展环境金融服务。政府通过投入财政资金到环保领域来加强与广西已有的产业引导基金、金融机构的合作，打造以基金管理、融资租赁、绿色保理、绿色资产运营等为核心的绿色金融业务体系、建设融结合运营平台。广西环保产业投资集团要把握政策机遇,做好上市规划,推进有条件的下属企业股份制改革,加快谋划推进企业上市。

处在"十四五"的关键时期,广西物流行业应该乘势而上、顺势而为,为"绿水青山就是金山银山"的环保事业贡献力量。广西物流行业在新时代不忘初心、牢记使命,深耕环保,为广西的蓝天、碧水、净土守护,为广西山清水秀生态美的"金不换"的招牌担当作为,力争将广西环保产业打造成国内领先、辐射东盟的八桂生态环保产业的亮丽名片。

第十九节　特色产业发展中的广西物流业

一、特色食品

近年来,广西各地各级部门立足特色食品资源,持续加大扶持培育和监管力度,推动地方特色食品产业健康发展,培育形成经济发展新动能,并为产业发展提供优质营商环境,取得较好成效,形成了标准认证体系日趋完善、品牌特色优势日益扩大、集群集聚效应越发凸显、惠企纾困力度不断加强、质量安全水平稳步提升的良好局面。广西应从本地特色农业和毗邻东盟有利条件出发,加快找到适合自己的特色战略性产业发展道路。广西与东盟国家陆海相邻,以东盟市场和良好的资源为依托发展特色食品产业,具有广阔的发展前景。近年来,广西特色产业的发展吸引了许多国内外加工产业聚集广西,这为广西与东盟在这方面的合作打下了一定的基础。

面向东盟市场的特色食品产业同样具有广阔的开发前景,比如黑色食品产业,黑色食品指黑米、黑豆、黑芝麻、黑蕨类。这些产品养生保健价值高,目前在广西的种植(包括野生)和加工已初有规模,并形成品牌,畅销东盟和国际国内市场。广西可以利用这方面的优势与东盟国家合作建设广西-东盟黑色食品生产基地,在更大范围带动自治区农业经济发展。

中草药类食品产业同样具有较大的发展空间。广西的玉林、梧州、贵港、河池、百色、桂林、来宾、柳州等地已经具备这方面的种植与加工基础,"十二五"时期广西以这些基地为基础,进一步发展西江流域,使之成为融种植、加工、销售为一体的中草药类食品产业带,并建设了广西-东盟中草药类食品生产基地,以在更大范围内带动广西农业经济发展,并与东盟国家合作开发同类资源。种植业提供的特色食品产业开发与养殖业提供的特色食品产业一样,与扩大对东盟国家合作紧密相联,与人的生活需求密切相关,发展前景广阔。

以农业为立足点,发展面向东盟的广西特色战略性产业,要利用好自贸区机制,以及国家的支农、支新产业和支"走出去"政策。除了创新扶持政策机制、大力推行现代生产经营模式和进入资本市场融资外,还必须建立与东盟农业紧密合作的联系机制,围绕中国-东盟自贸区的贸易与投资合作机制建设,抓紧与东盟建立紧密的种养开发投资与贸易合作联系机制。促进双方在种植养殖的土地使用规划及价格、经营税费和相关商品进出口方面达成协议,指定机构定期磋商解决相关问题,保障生产投资的稳定性及资源与市场开拓的可行性。

面向东盟"走出去"发展特色战略性产业的企业,除了可享受国内多项政策外,还可享受国内专项资金、融资、外汇等方面的支持。要通过规划把培育特色战略性产业转化为具体项目,落实具体企业承担,把国家支持政策切实落实到位,推动相应产业发展和企业面向东盟"走出去"。

二、木材加工

原材料价格的波动对木材加工行业有着负面影响。为保障木材加工行业的健康可持续发展,木材加工企业需要从"开源"和"节流"两个不同的维度对企业的相关日常经营活动进行适度调整。在"节流"方面,积极采用现代物流(物联网＋体系)助力木材加工行业发展,这样不仅有利于降低物流成本,而且有利于加快木制品的流通速度。以互联网为基础的物联网乃至物"联网＋"都已基本实现正常化运营,能够为生产制造型企业在生产过程中节省大量成本支出,这有助于促进木材资源消耗较大的木材加工类行业的可持续发展。

根据对全球木材原料的数据分析,2015年以来,国际木材市场上的各类型木材销售价格呈现极为不稳定的震荡波动趋势,这严重挤压了木材加工企业的利润空间,部分企业凭借成熟的"物联网＋"运营体系,及时调整木材原料进口的渠道与方式,最大限度地规避了木材原料价格风险。物流的全过程不仅仅是成品的有效运输,在"物联网＋"体系的支持下,原材料在木材加工企业的"内循环物流"也被予以调整。从木材原料的入库、建档到出库、上流水线,如何高效地完成这些操作,直接关系到成本支出。系统在这个过程中已经将原材料经过加工之后的废料尺寸以及数量估算出了一个大致的范围,能否具备二次加工或者回收再利用的价值,系统也会经过人工智能分析之后给出相对合理的取舍范围值,这也间接关系到成本支出。对于仓储部门而言,完成入库的所有原材料、半成品仅仅是一批具有一定尺寸的材料,而在"物联网＋体系"中,这些都是较为详细的数字,核减废品率之后,就可以按照客户对于板材的基本需求估算大致能够生产多少合格的成品。流水线上的操作工严格按照生产工艺进行加工,便能在有效节约成本的前提下提高产品生产能力。

企业在日常生产管理过程中对相关生产工艺的全面统计,是有效支撑物"联网+"体系生产运转的必要条件。企业依托计算机多媒体技术,采用远程数据采集的方式也能够对所有的生产工艺进行实时管理,有效提升其管理的执行力,让成本支出的控制做到量化管理。如果客观条件具备,企业还可以采用移动式数据采集器对木材的所有加工工艺、工序和流程进行定期或者不定期的抽检,这样就能够从源头上降低木材加工能耗。

循环经济模式下的现代物流体系,是推动木材加工业可持续发展的重要措施之一。随着"物联网+"技术的普及应用,促进生产技术的优化、创新与改革使企业实现经济效益与社会效益的双赢。未来,如何有效利用"物联网+"技术,控制木材加工业生产成本,降低资源能源消耗,将成为重要的研究课题。随着 5G 时代的到来,木材加工业将迎来前所未有的发展机遇,"物联网+"木材加工产业前景广阔。

三、茧丝绸

中国丝绸文明源远流长,在人类历史画卷上留下了浓墨重彩的一笔。广西凭借独特的地理位置和优越的自然条件,成为我国种桑养蚕的重要地区。广西在丝绸之路文化推广中扮演重要角色。2013 年,习近平主席提出建设丝绸之路经济带、建设 21 世纪海上丝绸之路。"一带一路"倡议为我国经济、社会、外交等多方面注入新活力,也为身处其中的广西带来机遇和挑战。广西抓住"一带一路"发展的机遇,推动广西茧丝绸产业发展,传承丝绸文明。

2006 年,在继续推进西部大开发的背景下,"东桑西移"工程开始实施,这加快了西部地区茧丝绸产业的发展,也奠定了我国蚕区新格局的基本方向,其中广西的迅猛发展最为引人瞩目。广西位于亚热带季风气候区,全区大部分区域日照适中,气候温和,雨水充沛,为种桑养蚕提供了理想的自然条件,因此桑树生长期较长,年养蚕批次较多,比国内其他蚕区略具优势,为茧丝绸产业的发展提供了重要的基础条件。广西地理位置特殊,位于西南经济圈、华南经济圈以及东盟经济圈接合部,与东盟国家既有陆地接壤又有海上通道,具有明显的区位优势,为推动广西成为茧丝绸产业国际合作枢纽提供了重要条件。

2013 年,广西取得七个全国第一,包括蚕茧产量、生丝产量、桑园面积、桑枝栽培食用菌产量、亩桑产量、蚕农售茧收入、蚕种产量等指标,其中蚕茧产量连续 9 年全国第一,桑园面积连续 8 年全国第一,广西茧丝绸产业发展速度惊人,在全国的茧丝绸产业中具有非常重要的地位。

广西将产业融合植入茧丝绸产业的流通环节,利用产业渗透来优化广西茧丝绸产业的供应链。一方面,加大茧丝绸产业实体物流中心的建设和完善。随着广西茧丝绸产业的迅猛发展,茧丝绸产业的流通环节逐步得到了当地的重视,各类实体物流中心纷纷为茧丝绸产业提供服务。广西海吉星农产品国际物流中心项目,是西南地区功能最完善、规模最大的农产品现代物流中心为目标,承担综合加工、进出口贸易等多项功能,为多种产品提供物流综合服务,其中茧丝绸产品就是其重要的规划产品之一。广西应充分利用现有物流中心资源,完善茧丝绸产业的物流服务,并加快新建茧丝绸产业国际物流中心。另一方面,除了利用实体物流中心提高广西茧丝绸产品的流通效率之外,广西还运用现代信息技术,完善并推广广西茧丝绸产业电子商务平台,将先进物流技术与广西茧丝绸产业融合,优化茧丝绸产业的供应链,提升广西茧丝绸产业整体流通效率。由广西大宗茧丝交易市场有限责任公司运营的茧丝交易网是B2B茧丝交易电子商务平台,用户可以其通过电子商务手段开展茧丝交易活动。这也是我国茧丝交易的重要电子商务平台之一,茧丝交易网提供茧丝数据、茧丝报价、供求信息等栏目,大大提高了广西茧丝绸产品的交易效率。今后广西要继续将电子商务技术与茧丝绸产业进行结合,完善广西茧丝绸产业的流通服务,同时将电子商务平台与实体物流中心结合,实现茧丝绸产业供应链的优化。

四、精品碳酸钙

2015年7月,广西壮族自治区人民政府提出"以贺州为龙头,形成贺州、来宾、河池、百色碳酸钙低碳产业链示范基地。通过打造碳酸钙低碳产业链,到2020年,实现碳酸钙产业规模突破千亿元,成为广西工业发展的重要新兴增长极"[①]。经过几年的发展,广西碳酸钙产业基本形成了贺州以重质碳酸钙粉体生产为主,桂林、来宾、百色和河池四市以轻质碳酸钙生产为主,五市在碳酸钙低碳产业链发展过程中优势互补的发展格局。碳酸钙发展要按照"生产产业化、产业生态化"工作思路,充分利用优势资源做大做强做优碳酸钙、新型建筑材料等特色优势加工业。

碳酸钙产业要持续健康发展,必须调整产业结构,加速转型升级。一是继续深入与广西碳酸钙产业研究院等科研机制共建创新驱动基地,加大研发投入,开拓新型下游产业链,加速转型升级。二是转换产业链条,消除过剩产能,转变产业链形成模式,以市场为中心,将传统的产供销顺势模式变成销供产反向模式,鼓励有条件的企业在内部形成一个产业链,使生产的产品环环相扣,消除过剩产能,实现利益最大化。三是淘汰落后企业,提高资源利用效率。建议在全区范围内启动实施"碳酸钙企业转型升级三年行动计划",通过行政和市场手段,淘汰各地碳酸钙工业

---

① 贺州市委宣传部."重钙之都"广西贺州要打造碳酸钙千亿元产业[EB/OL].(2018-09-18)[2023-03-08].https://www.xianjichina.com/special/detail_358929.html.

园区内的小作坊和个体生产户,强制引导个体经营户向规范企业转型升级,小企业向大企业集中。同时,鼓励优势企业通过联合重组等形式整合资源,增强市场把控力,强化新产品和短缺产品供给,大力发展新型功能性建筑材料,从而实现降成本、增收益的目的。

此外,碳酸钙产业还要注重绿色发展,打响广西品牌。一是以节能减排为重点,以提高资源产出效率为目标,健全激励与约束机制,构建循环产业体系。二是健全质量监管和环境监控工作体系,推进质量和环境诚信体系建设,支持各地碳酸钙园区打造自治区级、国家级碳酸钙产品质量监督检验中心,建立质量监督控制机制,加大对企业产品质量管控力度,提高企业自检自控能力,促进产品质量总体水平稳步提高,为品牌的树立打好基础。三是拓宽营销渠道,进一步融合跨境电商、现代物流、互联网金融及物联网技术,加快配套软硬件设施尤其是交通基础设施建设,发展江海铁联运,建设"无水港"及保税区,支持把贺州市旺高工业区等重点工业园区培育成又一个类似于南安水头的国际知名建材交易展示中心,打通国内外市场渠道,争夺资源配置主动权。

第八章 物流业发展与建设壮美广西

物流业贯穿经济发展的生产、分配、流通和消费等各个领域,是连接产业链、供应链和价值链的关键环节,是国民经济的基础性和先导性产业,也是服务业融入新发展格局的重要支撑。加快广西现代物流业发展,对于引领结构调整、推进转型升级、规范市场秩序和建设现代化经济体系等具有重要意义。"十四五"以来,广西壮族自治区立足新发展阶段、贯彻新发展理念、构建新发展格局,以推动高质量发展为主题,以建设现代物流强区为目标,以满足人民日益增长的美好生活需要为根本目的,着力优化物流空间布局、夯实现代物流业发展基础、推进物流服务集约高效发展、健全现代冷链物流服务体系、促进物流与产业融合发展、形成区域开放合作新局面、提升现代物流治理能力,加快构建"通道+枢纽+网络"的现代物流运行体系,提升国际和区域供应链物流组织能力,为打造国内国际双循环重要节点枢纽、建立现代经济体系、建设新时代中国特色社会主义壮美广西提供有力支撑。

一、广西物流业的发展目标

《广西物流业发展"十四五"规划》明确指出,到2025年,广西基本建成集聚高效、区域协同、创新融合、智能绿色、安全可控的现代物流体系,将广西打造成为国内国际双循环的重要节点枢纽。物流社会化、专业化、组织化水平进一步提升,新的物流装备、技术广泛应用,使物流基础设施及运作方式衔接更加顺畅,物流整体运行效率和服务质量明显提高,符合广西区情和产业结构特点、适应经济社会发展需要的冷链物流体系基本建成,形成一批具有较强竞争力的大型物流企业和服务品牌,物流业对经济社会的支撑保障作用显著增强。

一是"通道+枢纽+网络"现代物流运行体系基本形成。经济、高效、便捷、绿色、安全的西部陆海新通道基本建成,北部湾港的国际枢纽作用得到充分发挥,国家物流枢纽设施更加完善,干支仓配一体化衔接更加顺畅。国家示范物流园区示范作用显著增强。国家骨干冷链物流基地建设条件更加成熟。县、乡、村三级物流配送体系更加完善。分工有序、联动合作的边境口岸物流配送体系实现差异化发展。储备充足、反应迅速、抗冲击能力强的应急物流体系逐步健全。

二是现代物流服务效率和品质大幅提升。社会物流总费用与GDP的比率低于全国平均水平,物流降本增效取得新的突破。公路、铁路货运量显著提升,铁路货运量占比较2020年末提升2个百分点,多式联运货运量年均增长超过20%。北部湾港货物吞吐量、集装箱吞吐量再上新台阶,集装箱铁水联运量年均增长10%以上。航空物流规模取得突破性增长。中国至东盟跨境直通班列基本覆盖国内产业转移和国际产能合作主要区域的物流节点。统筹推进农村物流高质量发展,城乡物流服务均等化程度明显改善。

三是物流市场主体服务能力显著提升。物流龙头企业和骨干企业数量显著增长。整合公共物流信息平台,形成互联互通的物流信息网络,一体化运作、网络化经营、专业化服务能力进一步提高。物流数字化治理能力大幅提升,标准化建设逐步完善。物流业与制造业、商贸业深度融合发展,打造一批物流业与制造业深度融合创新发展示范企业。

四是国际物流供应链保障能力明显增强。构建形成中国-东盟跨境物流体系,口岸物流及配套设施功能明显提升,电子口岸公共信息平台不断完善,跨境物流供应链、产业链、价值链深度融合。铁路跨境班列、公路跨境班车稳定畅通,国际航空货运能力和国际海运竞争力显著提升,面向东盟的国际物流和产能合作成效显著,基本形成内外联通、安全高效的物流网络。

到2035年,建成具有广西特色的现代物流体系,形成面向东盟、服务RCEP的枢纽经济增长极,成为服务广西高水平开放、高质量发展的重要支撑。物流业提质降本增效效果显著,物流服务与通关能力达到全国一流、西部领先水平,海陆空多式联运顺畅衔接、协同发展,通道运输能力充分释放,物流专业化、网络化、智能化水平全面提升,现代冷链物流体系全面建成,有力推动广西构建面向东盟的国际大通道、打造西南中南地区开放发展新的战略支点和形成"一带一路"有机衔接的重要门户。为广西建立现代经济体系,为建设新时代中国特色社会主义壮美广西提供有力支持。

二、夯实现代物流业发展基础,加快构建现代物流产业体系

广西人民牢记习近平总书记嘱托,结合区位优势和发展优势,着力构建跨区域物流通道体系,提高智慧物流信息服务水平,加快现代物流产业体系建设。

(一)加快建设国内国际双循环物流通道

广西致力于提升国际物流通道能力和水平,畅通以西部陆海新通道为主轴的南向北联大通道,加快成渝地区至北部湾港口铁路、高速公路扩能改造,加快提升北部湾港口作业能力,做强做优东南亚航线,培育拓展洲际远洋航线,强化广西在"一带"和"一路"陆海联动通道中的有机衔接门户作用。构建对接粤港澳大湾区的东融大通道,推进凭祥、东兴等陆路边境口岸运输服务升级,加强与东盟国家在国际道路运输、国际铁路联运的全面对接,推进桂北、桂中、桂南连接粤港澳大湾区铁路和公路通道建设,完善西江-珠江航道码头,促进广西加快融入粤港澳大湾区建设。完善跨省物流通道网络。强化广西同粤港澳大湾区、海峡西岸经济区货运联系,加强广西和港澳合作,带动珠江-西江经济带创新绿色发展。强化广西同长三角等发达地区货运联系,推进产业结构调整,承接产业转移需求。强化广西同京津冀地区消费品货运物流联系,促进国内消费升级,带动区域优质农业发展。强化广西同成渝地区双城经济圈货运联系,加快成渝地区至广西货运铁路扩能改造。强

化广西同中缅经济走廊货运联系,加快南昆铁路升级改造。以大通道大物流促进区域协调发展、优化产业布局,提升产业链现代化水平。

(二)加快建设开放合作的物流枢纽

广西正加快完善物流枢纽体系,建设以国家物流枢纽、国家骨干冷链物流基地、国家示范物流园区为核心,层次分明、功能完善的枢纽体系,加强枢纽之间的联动,鼓励依托通道开展跨区域协同物流活动。补齐物流枢纽设施短板,加强铁路专用线、多式联运转运设施、通关保税等配套设施建设,扩大干线运输规模,提高支线运输密度。推进物流枢纽综合信息服务平台建设,推动枢纽内企业、供应链上下游企业信息共享。支持枢纽开展国际物流业务,进一步完善中转联运设施,提升国际中转联运能力。培育发展特色鲜明的枢纽经济,提高城市经济发展能力和产业竞争力。

广西加快建设专业化物流园区,重点建设一批干支衔接紧密、协同效应强、专业化能力强的物流园区,有效连接国家物流枢纽、货运场站、配送中心、仓储基地等物流设施,形成布局合理、运作高效的区域配送网络。深入推进交通、物流、信息与经济社会深度融合,重点推进第三方、第四方物流企业在园区集聚,全面提升物流园区服务能力。推进示范物流园区建设,着力打造一批辐射范围广、示范带动作用强的物流园区承载平台。

(三)加快建设开放共享的现代物流平台

充分发挥广西与东盟陆海相连,以及沿海、沿江、沿边的区位优势,利用跨境电商试验区通关便利化等政策,积极建设中国-东盟多式联运联盟基地和服务中心。加快推进数字口岸建设,完善"智慧口岸"平台,积极推进北部湾国际集采中心建设。积极引进和培育有实力的国际货运公司和货代企业,搭建国际物流(供应链)平台。以进出口贸易特色商品为重点,加快补齐广西特色商品运输与交易短板,积极在南宁或防城港布局国际商品交易中心,推动建设中国-东盟跨境电商平台。支持防城港建设中国-东盟大宗商品集散交易中心。推动北部湾港与西江船舶交易、航运交易便利化、规范化,设立北部湾和西江航运交易所。

三、推进物流服务高效发展,推动壮美广西建设迈出新步伐

(一)推进绿色物流发展,推动经济可持续发展

随着经济发展和电商行业的飞速发展,居民对于物质生活品质提出了更高的标准与要求。近年来物流业的发展势头越来越好,各个物流板块与领域均有了较

大的进步。但粗放式的发展必然伴随着资源的浪费和环境的污染,随着经济全球化的发展,我国的物流业想要在激烈的国际竞争中取得一席之地,必然要选择转型升级,朝着绿色循环、低碳发展的方向发展,这也是我国物流业赢得发展空间、实现碳中和、碳达峰目标的必然选择。

在"十四五"期间,广西应大力发展绿色物流业。加快运输结构调整,推广先进的物流组织模式,推进低污染负荷的循环物流系统建设。加快推广绿色低碳技术,鼓励企业采用节能和清洁能源运输工具与物流装备,推广应用节能型绿色仓储设施和绿色包装,建立第三方标准化托盘循环共享网络。推进绿色物流评估标准和认定体系建设。加快发展回收物流,提高逆向物流服务水平。为广西生态环境建设和保护工作中的痛点、难点问题提供专业服务和系统性解决方案,引领全区节能环保产业高质量发展,助推广西打好污染防治攻坚战,为推动经济可持续发展,建设壮美广西做出新的贡献。

(二)建立健全农村物流体系,全面推进乡村振兴

农村物流包括农产品和生活用品的双向流通。2021年2月21日,《中共中央、国务院关于全面推进乡村振兴加快农业农村现代化的意见》指出,全面促进农村消费[1],加快建设县城乡村三级的农村寄递物流服务体系,改造提升农村专业寄递物流服务基础配套设施,深入推进电子商务进入农村和特色农产品走出乡村流入城市,有效推进城乡农业生产与农村消费联动。农村物流是联结城乡之间物资输送的重要渠道,是农村经济发展的重要组成部分,推动农村物流的发展,建立健全农村物流体系,对乡村经济的发展和推进乡村振兴具有重大的意义。

广西要加快县城物流配送中心、乡镇物流服务站和建制村物流服务点建设,建立全区"一张网"的农村物流信息共享平台,打造畅通便捷、经济高效、便民利民的县、乡、村三级农村物流服务体系。在总体谋划、集约资源的前提下,继续推动实施"邮政在乡""快递进村"工程,鼓励骨干物流(寄递)企业开展"业务下沉"工程。积极推进电商企业渠道下沉,向农村延伸服务网络,进一步提升电商进农村配套物流服务能力。推进在普通公路服务区、停车区等服务设施合理布局农村物流仓储站或集散中心。整合交通运输、农业、商务、供销、邮政快递等资源,推进农村客货邮融合发展。鼓励开展城乡共同配送,努力构建"资源共享、场站共用、服务同网、便利高效"的农村物流发展新格局。

广西要挖掘潜在的市场消费潜力。2021年是中国与东盟建立对话30周年,中国与东盟正式宣布建立全面战略伙伴关系。在广西和东盟的商品贸易中,农产品贸易居于重要地位。就农产品的消费而言,广西传统农产品的核心流通渠道是

---

[1] 中共中央关于全面推进乡村振兴加快农业农村现代化的意见[EB/OL].(2021-02-21)[2023-04-01]. http://www.gov.cn/xinwen/2021-02/21/content_5588098.htm.

以农产品批发市场和零售企业为核心的。随着经济的发展,消费者的需求日益增加,面对安全、生态、绿色的消费诉求,传统农产品物流模式急需变革。广西要积极探索符合广西地域特色的农村物流发展模式,搭建"大数据＋农产品物流平台",为农产品的销售搭建流通平台,科学地监测农产品质量,建立农产品质量溯源机制,迎合国内外市场消费者诉求的同时促进广西国民经济发展。

(三) 推进物流服务集约高效发展,推动广西国民经济高质量发展

随着数字时代的到来,广西互联网用户规模迅速扩大,全面脱贫攻坚目标的实现更是极大地提高了居民的人均可支配收入,人们的钱袋子鼓起来了,人民对美好生活的向往更加强烈,购物热情自然也会高涨,庞大的消费群体和网购热潮的兴起,为广西物流业的发展创造了有利的条件。而电商产业的发展,如"直播带货""网络电商平台"等新形式、新业态的突起更是推动了物流业的高质量发展。物流园区、物流场站、多式联运、口岸物流和保税物流、大宗商品物流供应链、农产品供应链及冷链物流、制造业物流、邮政快递和电商物流网络、城乡物流网络、物流信息平台等全方位、多样化的物流体系的建构使得物流发展与产业发展交织相融,广西应抓住消费升级机遇,加快完善现代商贸流通体系和城乡消费物流体系,支持便利店、农贸市场等商贸流通设施建设,加快构建县、乡、村三级网络配送体系,提高建制村快递服务覆盖率、农村物流服务质量和效率,优化货物运输结构,创新运输组织模式,提升物流服务专业化水平,加强应急物流保障能力建设,推动智慧绿色物流创新发展,进一步推动物流业提质降本增效,不断提升人民获得感、幸福感、安全感,为广西的国民经济发展和建设新时代中国特色社会主义壮美广西提供有力支撑。

参考文献

[1] 吴承明.帝国主义在旧中国的投资[M].北京:人民出版社,1956.
[2] 孙健.中国经济通史[M].北京:中国人民大学出版社,2000.
[3] 严中平.中国近代经济史统计资料选辑[M].北京:科学出版社,1955.
[4] 虞和平.中国现代化历程:第一卷[M].江苏:江苏人民出版社,2001.
[5] 吴申元.中国近代经济史[M].上海:上海人民出版社,2003.
[6] 王之泰.新编现代物流学[M].北京:首都经济贸易大学出版社,2005.
[7] 顾亚竹.港口物流园区战略管理[M].北京:中国物资出版社,2008.
[8] 田青,郑力,缪立新.物流产业经济学[M].南京:南京大学出版社,2007.
[9] 丁俊发.中国物流[M].北京:中国物资出版社,2002.
[10] 詹姆斯·C.约翰逊,唐纳德·F.伍德,丹尼尔·R.小墨菲,等.现代物流学[M].张敏,译.北京:社会科学文献出版社,2003.
[11] 汉斯·克里斯蒂安·波弗尔.物流前沿——实践·创新·前景[M].张计划,李铁倩,陈晖,译.北京:机械工业出版社,2004.
[12] 海峰.区域物流论——理论、实证与案例[M].北京:经济管理出版社,2006.
[13] 曹瑛.现代物流与区域经济发展研究[D].成都:四川大学,2007.
[14] 何黎明.中国物流园区[M].北京:中国物资出版社,2009.
[15] 姜超峰.中国古代"物流"一瞥[J].中国储运,2006(3):44-46.
[16] 聂宝璋.中国近代航运史资料:第一辑[M].上海:上海人民出版社,1983:844.
[17] 李春梅.从轮船招商局看中国近代股份制的兴起[J].四川师范大学学报(社会科学版),1995(3):132-138.

[18] 吴承明.经济学理论与经济史研究[J].经济研究,1995(4):3-9.

[19] 丁俊发.江泽民同志的流通思想[J].物流研究,2023(1):6-9.

[20] 丁俊发.中国共产党建党百年流通理论马克思主义中国化[J].物流研究,2021(2):7-11.

[21] 丁俊发.中国流通走过 70 年光辉岁月[N].国际商报,2019-09-27(K21).

[22] 丁俊发.改革开放 40 年的中国流通业[J].商业经济研究,2018(24):193.

[23] 丁俊发.中国物流市场研究[J].财经智库,2016(4):98-116,138.

[24] 丁俊发.改革开放 40 年中国物流业发展与展望[J].中国流通经济,2018(4):3-17.

[25] 丁俊发.中国物流业的经济学思考——纪念改革开放以来中国物流业发展 30 年[J].中国流通经济,2008(11):8-11.

[26] 贾杉.中国物流近代化研究(1840—1949 年)[D].西安:西北大学,2009.

[27] 熊辛格.中外约章与中国近代物流业的嬗变(1840-1937)[D].长沙:湖南师范大学,2020.

[28] 张义祥.北宋大运河功能及社会影响研究[D].郑州:郑州大学,2021.

[29] 沈胜群.清代漕运旗丁研究[D].长春:吉林大学,2017.

[30] 张梅.广西物流业现状分析与发展对策探讨[J].改革与战略,2007(11):123-125.

[31] 李娟.物流业发展质量对区域经济协调发展的影响研究[D].西安:陕西师范大学,2019.